SCHÄFFER
POESCHEL

D1678186

Ergänzende Unterlagen zum Buch bieten wir Ihnen unter
www.schaeffer-poeschel.de/webcode zum Download an.
Für den Zugriff auf die Daten verwenden Sie bitte Ihre E-Mail-Adresse und Ihren
persönlichen Webcode. Bitte achten Sie bei der Eingabe des Webcodes auf
eine korrekte Groß- und Kleinschreibung.

Ihr persönlicher Webcode: 2973-xgeff

Gordon H. Eckardt

Business-to-Business-Marketing

Eine Einführung für Studium und Beruf

2010
Schäffer-Poeschel Verlag Stuttgart

Bibliografische Information der Deutschen Nationalbibliothek
Die Deutsche Nationalbibliothek verzeichnet diese Publikation in der Deutschen
Nationalbibliografie; detaillierte bibliografische Daten sind im Internet
über <http://dnb.ddb.de> abrufbar.

Gedruckt auf chlorfrei gebleichtem, säurefreiem und alterungsbeständigem Papier

ISBN 978-3-7910-2973-3

© 2010 Schäffer-Poeschel Verlag für Wirtschaft · Steuern · Recht GmbH
www.schaeffer-poeschel.de
info@schaeffer-poeschel.de

Einbandgestaltung: Melanie Frasch
Druck und Bindung: CPI – Ebner & Spiegel, Ulm
Layout: Ingrid Gnoth | GD 90, 79256 Buchenbach
Satz: Johanna Boy, Brennberg

Printed in Germany
September 2010

Schäffer-Poeschel Verlag Stuttgart
Ein Tochterunternehmen der Verlagsgruppe Handelsblatt

Für Elias und Jonathan

Zu diesem Buch ...

Wenn es um das Thema Marketing geht, verbinden die meisten Menschen dieses mit der Vermarktung von Konsumgütern. Das ist verständlich! Zum einen ist es das breiteste und für jeden Einzelnen von uns auch das sichtbarste Feld der Anwendung dieser Disziplin. Zum anderen hat das Marketing seine Wurzeln in der Vermarktung von Konsumgütern.

Und dennoch sind die meisten Geschäftsbeziehungen in nahezu allen Branchen solche, die zwischen Organisationen bzw. Unternehmen ablaufen. Hier werden die mit Abstand größten Umsätze getätigt. Wurden diese Beziehungen in der Vergangenheit häufig nur als dem Konsumgeschäft vor- bzw. nachgelagerte Bereiche betrachtet und waren diese vor allem auf das Schöpfen von Effizienzpotenzialen ausgerichtet, so findet dort heute in nahezu allen Branchen ein immer stärkerer Wandel hin zur aktiven Vermarktung und zur gezielten Anwendung von Marketing statt. Die Ursachen dafür sind mehr oder weniger die gleichen, die seinerzeit die Ausbreitung des Konsumgütermarketing forcierten: Marktsättigung und zunehmender Wettbewerb, Wandel von Verkäufer- hin zu Käufermärkten, eine zunehmende Ausdifferenzierung der Nachfrage und der Leistungsangebote etc.

Für dieses hier im Mittelpunkt stehende Teilgebiet des Marketing hat sich im deutschsprachigen Raum der Begriff des Investitionsgütermarketing oder Industriegütermarketing verbreitet. Leider geht damit eine mehr oder weniger starke Eingrenzung auf Produktivgüter und industrielle Bereiche einher. Soll darüber hinaus auch die Vielzahl an Produkten und Dienstleistungen berücksichtigt werden, die zwischen Unternehmen und Institutionen anderer Branchen oder Wirtschaftsbereiche (inkl. staatlicher Organisationen) ausgetauscht werden bzw. stattfinden, scheint der Begriff des Business-to-Business-Marketing geeigneter.

Neben vielen Gemeinsamkeiten weist das Marketing auf Business-Märkten eine Reihe an Besonderheiten auf: Die Interaktionspartner sind Unternehmen oder andere Organisationen. Der Bedarf ist aus den Zielen dieser Organisationen und ggf. deren Nachfrage auf der Absatzseite abgeleitet. Es bestehen vielfältige Beziehungen zwischen den Personen innerhalb und außerhalb der Organisationen, etc.

Das vorliegende Buch widmet sich der Analyse und Vermittlung der Besonderheiten des Business-to-Business-Marketing, also des Marketing zwischen Organisationen. Es ist in vier Teile untergliedert:

▸ Teil 1 widmet sich den Grundlagen des Business-to-Business-Marketing. Im Wesentlichen geht es darum, ein Verständnis für die unterschiedlichen Formen des Business-to-Business-Marketing sowie der Situation im Markt, insbesondere der Absatzmarktseite, zu erzeugen.

▸ Teil 2 widmet sich den ersten Teilschritten zur Erstellung einer Marketing-Konzeption: Analyse, Zielsetzung und Strategieentwicklung im Business-to-Business-Marketing. Die wesentlichen Instrumente der Umfeld- und Unternehmensanalyse (strategische Situationsanalyse), der Zielbildung sowie

Ansätze zur unternehmensindividuellen Strategieentwicklung werden theoriebasiert und praxisorientiert vorgestellt.

▶ Teil 3 widmet sich den weiteren Teilschritten zur Erstellung einer Marketing-Konzeption, dem Marketing-Mix. Produkt-, Preis-, Distributions- und Kommunikationspolitik im Business-to-Business-Marketing werden unter Rückgriff auf das Geschäftstypenmodell von Backhaus differenziert auf die Besonderheiten des Produkt-, Anlagen-, System- und Zuliefergeschäftes übertragen.

▶ Teil 4 enthält im ersten Abschnitt eine Fallstudie zum Business-to-Business-Marketing sowie entsprechende darauf aufbauende Aufgaben mit Transfercharakter. Desweiteren wird für Lehrende auf eine Fallstudie sowie auf Materialien zur didaktischen Unterstützung verwiesen, die einen kombinierten Einsatz dieses Buches mit dem Unternehmensplanspiel TOPSIM – General Management II unterstützen.

Inhaltsverzeichnis

Abbildungsverzeichnis

Leserhinweise

Das leserfreundliche Layout dieses Lehrbuchs verdeutlicht seine inhaltliche Struktur, vermittelt Orientierung und erleichtert das Lernen und Arbeiten mit dem Text in vielfältiger Weise.

Eine Besonderheit dieses Buches ist außerdem die an das Unternehmensplanspiel TOPSIM – General Management II angelehnte, ausführliche Online-Fallstudie »Copy Company AG«, die für Sie zum Download bereit steht. Sie finden Ihren persönlichen Zugangscode auf der ersten Seite dieses Buches.

Marginalien: Marginalien direkt neben dem Text führen stichwortartig durch die wesentlichen Inhalte des jeweiligen Kapitels. Sie dienen der ersten Orientierung, verdeutlichen die Gliederung des Textes und fassen diesen zusammen. Darüber hinaus helfen die Marginalien, bestimmte Schlagworte und Abschnitte rasch aufzufinden. Außerdem finden die Studierenden hier in der Randspalte zusätzlichen Platz für eigene Notizen.

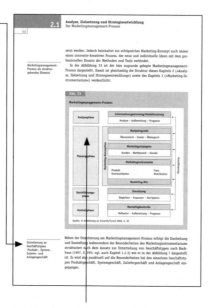

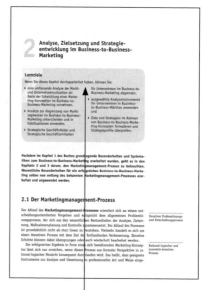

Abbildungen: Die zahlreichen Abbildungen veranschaulichen und ergänzen die im Text beschriebenen Sachverhalte. Im Text wird jeweils auf die Abbildungen Bezug genommen und an gegebener Stelle auf diese verwiesen. Im Abbildungsverzeichnis, das direkt hinter dem Inhaltsverzeichnis steht, finden die Leser eine komplette Liste aller Abbildungen.

Lernziele: Jedes Kapitel verfolgt mehrere »Lernziele«, die jeweils ganz zu Beginn des betreffenden Abschnitts aufgeführt sind. Diese Lernziele stimmen inhaltlich auf die nun folgenden Themen ein und verweisen auf die zu erwerbenden Kenntnisse und Fähigkeiten.

Zusammenfassungen: Am Ende von Kapiteln und Unterkapiteln findet der Leser kompakte Wiederholungen der wichtigsten Inhalte der vorangehenden Abschnitte. Die Zusammenfassungen können auch gut zur Prüfungsvorbereitung oder zum raschen »Aufwärmen« bereits vor längerer Zeit durchgearbeiteter Kapitel genutzt werden.

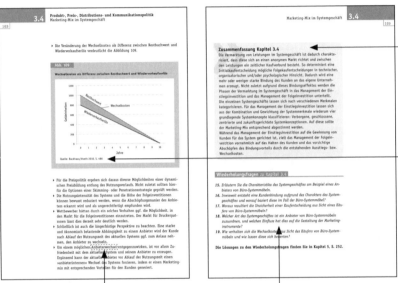

Literaturverzeichnis: Die Literaturverweise stehen direkt im Text, und zwar unter Nennung der Autoren und des Erscheinungsjahres. Im Literaturverzeichnis im hinteren Teil des Buches sind sämtliche Literatur- und Quellenangaben vollständig aufgeführt.

Sachregister: Das Sachregister am Ende des Buches dient zum raschen Auffinden von Begriffen, Definitionen, Instrumenten und Praxisbeispielen im Text.

Wiederholungsfragen: Am Ende jedes Kapitels werden mittels zahlreicher Wiederholungsfragen die zentralen Elemente und Zusammenhänge der vorangegangenen Abschnitte abgefragt und auf Fälle aus der Praxis übertragen. Die Lösungen zu den Fragen befinden sich am Ende des Buches in Kapitel 5. Bitte beantworten Sie zuerst selbständig die Fragen und schauen Sie erst dann in den Lösungen nach. Der Lerneffekt ist auf diese Weise umso größer. Sollten Sie auf Wissenslücken oder Unsicherheiten stoßen, wird empfohlen, die entsprechenden Abschnitte nochmals genau durchzuarbeiten und zu wiederholen.

1 Abgrenzung, Grundlagen und Besonderheiten des Business-to-Business-Marketing

Lernziele

Wenn Sie dieses Kapitel durchgearbeitet haben, können Sie:

▸ den Begriff und die Besonderheiten des Business-to-Business-Marketing erklären,

▸ verschiedene Produkt- und Geschäftstypen im Business-to-Business-Marketing klassifizieren und zur Strukturierung der

mögliche Marketinginstrumente anwenden sowie

▸ das Verhalten von Nachfragern und Anbietern auf Business-Märkten beschreiben und in der Praxis analysieren.

1.1 Begriff und Merkmale des Business-to-Business-Marketing

In den vergangenen Jahren haben sich im deutschsprachigen Raum die Begriffe des Investitionsgütermarketing und des Industriegütermarketing verbreitet. Diese basieren auf dem englischsprachigen Begriff des »Industrial Marketing«. Die damit begrifflich implizierte Einschränkung dieses Teils der Marketingdisziplin erscheint insoweit problematisch, als dass eine Vielzahl von »Nicht-Konsumgüter-Geschäften« wie beispielsweise Dienstleistungen, die von Organisationen für Organisationen erbracht werden, unberücksichtigt bleiben.

Industrial Marketing vs. Business-to-Business-Marketing

Nicht zuletzt aus diesem Grunde setzt sich in der englischsprachigen ebenso wie in der deutschsprachigen Literatur mehr und mehr der Begriff des »Business-to-Business-Marketing« durch. In einer bewusst breiten Abgrenzung sollen hierunter gefasst werden:

▸ alle an Industrieunternehmen, staatliche Organisationen sowie Handels- und Dienstleistungsunternehmen gerichteten Absatzprozesse sowie

▸ alle Bereiche des Marketing, die nicht zum Konsumgütermarketing gehören bzw. sich nicht direkt an private Endabnehmer wenden.

Auf beiden Seiten des Austauschprozesses stehen damit kommerzielle oder nicht-kommerzielle Organisationen und keinesfalls private Anbieter oder Abnehmer (vgl. Godefroid/Pförtsch 2008, S. 21; Kleinaltenkamp/Plinke 2002a, S. 137 f.).

Organisationen im Fokus

Die umfassende Sichtweise und Abgrenzung des »Business-to-Business-Marketing« gegenüber den beiden verwandten Begriffen des Investitionsgütermarketing und des Industriegütermarketing ist ergänzend in der nachfolgenden Abbildung 1 verdeutlicht.

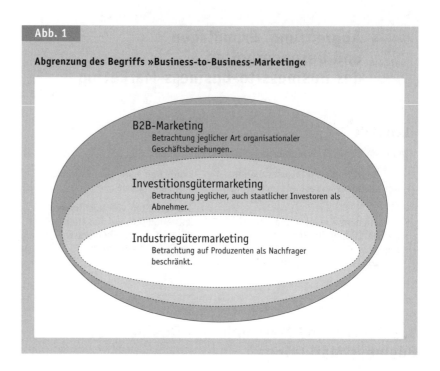

Abb. 1

Abgrenzung des Begriffs »Business-to-Business-Marketing«

B2B-Marketing
Betrachtung jeglicher Art organisationaler Geschäftsbeziehungen.

Investitionsgütermarketing
Betrachtung jeglicher, auch staatlicher Investoren als Abnehmer.

Industriegütermarketing
Betrachtung auf Produzenten als Nachfrager beschränkt.

Vielfältige Erscheinungsformen

Vergegenwärtigt man sich die Marketing- und Vertriebsbeziehungen zwischen Herstellern bzw. Anbietern von Leistungen und den verschiedenen Arten von Abnehmern entlang der Distribution, lassen sich die vielgestaltigen **Erscheinungsformen** des Business-to-Business-Marketing (B2B-Marketing) verdeutlichen. In der nachfolgenden Abbildung 2 sind diese dargestellt. Die grau unterlegten und mit durchgezogener Linie versehenen Teile gehören zum B2B-Marketing. Es wird ersichtlich, dass dies nicht nur die Beziehungen zwischen Herstellern und Geschäftskunden betrifft, sondern auch große Teile des Konsumgütergeschäftes durch Business-to-Business-Beziehungen und natürlich entsprechendes Marketing charakterisiert sind.

B2B-Marketing auch im Konsumgütergeschäft

Das B2B-Marketing ist – vor allem gegenüber dem in der Literatur weiter verbreiteten Konsumgütermarketing – durch eine Vielzahl von Besonderheiten zu charakterisieren. Die wesentlichen **Merkmale und Besonderheiten** des Business-to-Business-Marketing sind in der Abbildung 3 zusammenfassend dargestellt und werden im Anschluss daran kurz umrissen (vgl. Godefroid/Pförtsch 2008, S. 21 ff.; Backhaus/Voeth 2010, S. 7 ff.).

Abb. 2

Erscheinungsformen des Business-to-Business-Marketing (B2B-Marketing)

Vielfalt an Erscheinungsformen und Besonderheiten

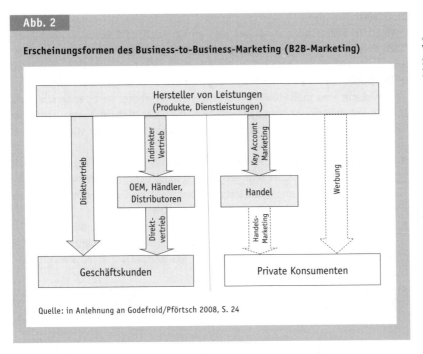

Quelle: in Anlehnung an Godefroid/Pförtsch 2008, S. 24

Abb. 3

Merkmale und Besonderheiten des Business-to-Business-Marketing

Markt
▸ Starke Segmentierung, längere, interaktive Geschäftsbeziehungen → Individualität
▸ Formalisierte Prozesse
▸ Geografische Konzentration → Internationalität
▸ Weniger Marktteilnehmer → Oligopol

Produkte
▸ Sachgüter, Dienstleistungen, Rechte, Nominalgüter (Beteiligungen)
▸ Technisch anspruchsvoll, erklärungsbedürftig
▸ Hohe Kundenindividualität
▸ Leistungspakete Produkt und Dienstleistung
▸ Mitunter zugleich Konsumgut

Preise/Konditionen
▸ Sehr differenziert, individualisiert
▸ Hohe Verhandlungsintensität

Vertriebswege
▸ Kürzere Vertriebswege
▸ Häufig direkt

Business-to-Business-Marketing

Kommunikation
▸ Direkt, individuell
▸ Persönlicher Verkauf

Bedarf/Nachfrage
▸ Aus Organisationszielen abgeleitet, nicht originär
▸ Geringe Beeinflussbarkeit

Käufer
▸ Benutzer, Verbraucher, Verwender, Händler, »Berater«
▸ Unternehmen, Staatliche Stellen, »andere« Organisationen
▸ Nicht anonym
▸ Multipersonale Entscheidungsprozesse → Buying Center
▸ Rationalität
▸ Weitreichende Produktkenntnisse
▸ Mitunter Gegenseitigkeitsgeschäfte

Der Markt

Business-to-Business-Märkte lassen sich im Vergleich zu Business-to-Consumer-Märkten u. a. durch folgende **Anbieter-Nachfrager-Verhältnisse** charakterisieren:

▸ Die Märkte sind häufig sehr stark segmentiert. D. h. es gibt viele unterschiedliche und individuelle Bedürfnisse und Angebote, die in unterschiedlichen Konstellationen aufeinandertreffen. Die Geschäftsbeziehungen sowie die ausgetauschten Leistungen sind dementsprechend häufig sehr stark individualisiert.

▸ Die Verhältnisse zwischen Anbietern und Nachfragern sind in der Regel weit weniger anonym – Käufer und Verkäufer kennen sich. Gleichzeitig sind an den Entscheidungs- und Geschäftsprozessen meist mehrere Personen beteiligt. Die Geschäftsbeziehungen sind oft längerfristiger Natur.

▸ Es gibt in der Regel weniger Anbieter und Nachfrager, was oft oligopolistische Marktstrukturen zur Folge hat. Gleichzeitig sind die Anbieter wie die Nachfrager oft räumlich konzentriert. Die Geschäftsbeziehungen sind oft international ausgerichtet.

▸ Die Austauschbeziehungen vor allem zwischen großen Organisationen sind häufig stark formalisiert. Mitunter verlaufen die Aktivitäten stark routinisiert.

Die vorstehend beschriebenen Bedingungen sind in der Praxis in unterschiedlicher Kombination und Intensität, d. h. sehr variantenreich anzutreffen. Sie hängen stark von der jeweiligen Branche und den konkreten Produkten bzw. Leistungen ab.

Die Vielzahl an individuellen Ausprägungen lässt sich nur erahnen. Vorstellbar ist sicherlich, dass die tatsächliche Ausprägung der Situation auf den Märkten starke Auswirkungen auf das erforderliche Marketing hat. Ein im Vergleich zum Konsumgütermarketing deutlich umfangreicherer und vielgestaltigerer Mix an Instrumenten und deren Kombination ist die Folge.

In Anlehnung an Plinke (1991) lassen sich die auf Business-to-Business-Märkten in Abbildung 4 verdeutlichten **Marktsituationen** abgrenzen.

Die Produkte/Leistungen

Wie bereits aus der Beschreibung der Marktbedingungen ersichtlich, sind die Produkte bzw. Leistungen im Business-to-Business-Marketing sehr vielgestaltig. Grundsätzlich können dies Sachgüter, Dienstleistungen, Rechte oder Nominalgüter (Beteiligungen) sein. Vielfach werden es sogar Kombinationen aus den verschiedenen Güter- bzw. Leistungsarten sein.

Produkte, die gleichzeitig Konsumgüter sind (z. B. Geschäfts-PKW, Büromaterial), gehören ebenso zu den B2B-Leistungen wie technisch äußerst anspruchsvolle und erklärungsbedürftige Einzelanfertigungen (z. B. technische Anlagen für die Produktion). Diese sind oft individuell auf den einzelnen Kunden zugeschnitten. Die Entwicklung, Herstellung und Weiterentwicklung dieser Produkte erfolgt dann in enger Zusammenarbeit zwischen Anbieter und Nachfrager.

Abb. 4

Marktsituationen auf Business-to-Business-Märkten

Marktcharakteristikum	Erläuterung Produkte
Anonymer Markt	Standardisierte Produkte mit einer großen Zahl potenzieller Nachfrager werden auf relativ anonymen Märkten angeboten. Beispiel: Konsumgüter, die von Organisationen im Verlauf des Leistungserstellungsprozesses beschafft und verbraucht werden. In dieser Situation sind viele Aspekte des Konsumgütermarketing zu berücksichtigen.
Mittel- und langfristige Geschäftsbeziehungen	Die Leistungen/Produkte sind individuell angepasst, ggf. zum Teil standardisiert und werden in größerer Stückzahl hergestellt und geliefert. Die Austauschprozesse finden über einen längeren Zeitraum statt. Beispiele: die Komponentenfertigung bei Automobilzulieferern, Systemangebote (inkl. Service) von Büroausstattern.
Einzelaufträge	Das Produkt wird für den Auftraggeber individuell gefertigt. Eine wiederholte Vermarktung findet nicht statt. Beispiel: die Entwicklung einer Produktionsanlage für ein bestimmtes Automodell.

Quelle: in Anlehnung an Plinke 1991, S. 172–177

Häufig bestehen die Produkte aus Leistungsbündeln, innerhalb derer physische Produkte mit umfassenden Dienstleistungen wie Beratung, Installation, Wartung, Service etc. verknüpft sind. Im Gegensatz zu Konsumgütermärkten werden diese Leistungsbündel meist aus einer Hand angeboten.

Oftmals Kombination aus Produkten und Dienstleistungen

Der Bedarf und die Nachfrage

Der von Organisationen formulierte Bedarf ist aus den jeweiligen Organisationszielen und dem Unternehmenszweck abgeleitet. Er ist daher als nicht originär zu bezeichnen. Daraus resultiert, dass der Bedarf bzw. die Nachfrage auch nicht direkt durch die Anbieter beeinflusst werden können.

Abgeleiteter Bedarf

Häufig treten konjunkturelle Schwankungen auf den Konsumgütermärkten in den jeweils vorgelagerten Business-to-Business-Märkten mit einiger zeitlicher Verzögerung auf. Dies beinhaltet den Vorteil, dass derartige Schwankungen leichter antizipiert und entsprechende (Gegen-)Maßnahmen ergriffen werden können.

Die Nachfrager und ihr Verhalten

Versteht man **Marketing** grundlegend als »Führung des Unternehmens vom Markt her auf den Markt hin« (nach Raffée 1984), ist es für ein erfolgreiches Business-to-Business-Marketing insbesondere notwendig, die Nachfrager auf den Märkten zu kennen.

Nachfrager im Mittelpunkt

Nachfrager als Verwender,
Verbraucher, Vermittler,
Empfehler

Nachfrager auf Business-to-Business-Märkten können sehr vielgestaltig sein. Die Marktpartner, mit denen interagiert wird, können bezüglich der jeweiligen Leistung Verwender bzw. Verbraucher der Leistungen sein. Es können aber auch »nur« die Vermittler bzw. Händler oder die Empfehler bzw. Berater der Leistungen sein. Angefangen von Einzelpersonen über Unternehmen bis hin zu staatlichen Stellen und anderen Organisationen können die Kunden im Business-to-Business-Geschäft sehr unterschiedlich sein.

Große Unterschiede im Verhalten der Kunden resultieren aus der **Art der Produkt-Verwendung** und aus den **Zielen der Organisation**. Beide Faktoren haben einen großen Einfluss auf das Beschaffungsverhalten (vgl. Godefroid/Pförtsch 2008, S. 24 ff.).

Unterscheidung nach der **Art der Produkt-Verwendung**:

▶ **Benutzer und Verbraucher** können als die »klassischen« Kunden im Business-to-Business-Marketing gesehen werden. Sie kaufen ein Produkt mit dem Ziel, daraus oder mit dessen Hilfe eigene Leistungen zu erstellen. Die Produkte können typische Investitions- bzw. Anlagegüter (z. B. Fertigungsmaschinen, Computer, Büromöbel etc.) oder auch zu verarbeitende Roh-, Hilfs- und Betriebsstoffe (z. B. Stahl, Holz, Leim etc.) sein.

▶ **Verwender und »Original Equipment Manufacturer (OEM)«** kaufen fertige (Teil-)Produkte, um sie nahezu unverändert in die eigenen Produkte einzubauen. Ein typisches Beispiel hierfür ist die Automobilindustrie, die fertige Produktkombinationen, z. B. Scheinwerfer von Hella, Reifen von Continental, Navigationssysteme von Blaupunkt, verbauen. Häufig sind diese Zulieferteile für den Endkunden durchaus als solche zu erkennen. Je nach strategischer Ausrichtung der Markenpolitik bilden diese sogar wichtige Positionierungselemente und Qualitätsindikatoren (z. B. »intel inside«) für das Endprodukt.

▶ **Händler, Distributoren und Makler** sind sowohl Kunden als auch Teil des (indirekten) Vertriebs. Sie kaufen und verkaufen die Leistungen – häufig kombiniert mit weiteren Produkten und Dienstleistungen – auf eigene Rechnung, im Auftrag oder sind vermittelnd tätig.

▶ **Ingenieurbüros und Unternehmensberatungen** sind insbesondere bei komplexeren Produkten am Beschaffungsprozess der Nachfrager beteiligt. Sie sind beratend tätig und genießen aufgrund ihrer Neutralität und guten Branchen-/Produktkenntnis hohes Ansehen bei den Käufern.

▶ **Messen, Auktionen und andere Marktveranstaltungen** bieten häufig Plattformen für die Anbahnung und/oder die Abwicklung von Geschäften auf Business-Märkten. Ein großes Volumen wird hier inzwischen über das Internet abgewickelt.

Nach den **Zielen der Organisation** lassen sich unterscheiden:

Ziele abhängig vom Zweck
der Organisation

▶ **Wirtschaftsunternehmen** verfolgen das Primärziel der Gewinnerzielung. Beschaffungsentscheidungen werden daher weitgehend an wirtschaftlichen Kriterien orientiert getroffen. Trotz vieler Variationen und zahlreicher subjektiver

Einflüsse lassen sich diese Entscheidungen relativ leicht nachvollziehen, zumal sich das Anbieterunternehmen an ähnlichen Regeln orientieren dürfte.

▸ **Staatliche Stellen** beschaffen nach den Regeln des Haushaltsrechts. Auch wenn hier in der Regel wirtschaftliche Entscheidungskriterien propagiert werden, sind die tatsächlichen Entscheidungen oft an einer Vielzahl zusätzlicher Kriterien orientiert (z. B. Förderung von Unternehmen einer bestimmten Branche oder Region zur Sicherung von Arbeitsplätzen). Die zunehmende Privatisierung im öffentlichen Sektor lässt hier eine stärkere Tendenz hin zum Verhalten von Wirtschaftsunternehmen erhoffen.

▸ **Andere Organisationen** können alle anderen öffentlichen und privaten Organisationen sein, die zuvor nicht eingeordnet wurden (z. B. Kirchen, Parteien, Wohlfahrtsverbände, Umweltorganisationen etc.). Sind diese durch ihre Rechtsform an das öffentliche Haushaltsrecht gebunden, verhalten sie sich in der Regel wie staatliche Stellen. Ansonsten verfügen sie häufig über sehr divergierende Zielsysteme und ein dementsprechend variationsreiches Beschaffungsverhalten. Eine grundlegende Analyse der Ziele und Verhaltensweisen ist für den Anbieter daher ratsam.

Handelt es sich bei den Kunden im Business-to-Business-Marketing um Organisationen, sind regelmäßig mehrere Personen mit unterschiedlichen Rollen, Interessen und Einflüssen an den Beschaffungsentscheidungen beteiligt. Meist ist das Verhalten eher rational ausgeprägt. Spontankäufe kommen sicher nur in Ausnahmefällen vor.

Eher rationale Entscheidungen

In der Regel verfügen die Beschaffer über eine weitreichende Kenntnis der Produkte und des jeweiligen Marktes. Die Nachfrager treten mitunter auf den gleichen oder anderen relevanten Märkten selbst als Anbieter auf und es finden somit **Gegenseitigkeitsgeschäfte** statt.

Produktkenntnis und Markttransparenz

Die Anbieter

Anbieter auf Business-Märkten sind in der Regel die Hersteller der Produkte. Wie vorstehend erläutert, können aber auch Händler, Makler und Distributoren sowie verschiedene Arten von Beratern oder Marktveranstaltungen als Anbieter auf solchen Märkten erscheinen.

Anbietervielfalt

Die Vertriebswege

Die Vertriebswege sind gegenüber den Konsumgütermärkten wesentlich kürzer. Es werden meist keine Groß- oder Einzelhändler eingeschaltet. Der **Direktvertrieb** zwischen Anbieter und Nachfrager ist der Normalfall. Findet indirekter Vertrieb statt, ist in der Regel nur eine Handelsstufe eingeschaltet.

Kurze Vertriebswege

Die Preise und Konditionen

Die Preis- und Konditionengestaltung hängt sehr stark von den jeweiligen Produkten und Marktkonstellationen ab. In relativ anonymen Märkten mit einem umfangreichen Absatz von Standardprodukten finden alle Instrumente der Preispolitik aus dem Konsumgütermarketing Anwendung. Daneben gibt es eine Vielzahl

Oftmals individuelle Preisbildung und Preisverhandlung

weiterer Instrumente der individuellen Preisbildung, beispielsweise bei Sonderanfertigungen von Maschinen oder Systemprodukten. Insbesondere Preisverhandlungen spielen im Business-to-Business-Marketing eine große Rolle.

Die Kommunikation

Persönliche Kommuni-
kation dominiert

In der Kommunikation dominieren aufgrund der Nähe zwischen Anbietern und Nachfragern persönlichere und direktere Formen des Austausches (z. B. der persönliche Verkauf, Direktmailing).

Zusammenfassung Kapitel 1.1

Business-to-Business-Marketing umfasst alle an Industrieunternehmen, staatliche Organisationen sowie Handels- und Dienstleistungsunternehmen gerichteten Absatzprozesse sowie alle Bereiche des Marketing, die nicht zum Konsumgütermarketing gehören bzw. sich nicht direkt an private Endabnehmer wenden.

Zahlreiche Besonderheiten grenzen das Business-to-Business-Marketing vom Konsumgütermarketing ab. Die wesentlichen Besonderheiten finden sich in der vorstehenen Abbildung 3 und sind kurz zusammengefasst in den folgenden Bereichen zu finden:

▸ Markt,
▸ Produkte,
▸ Preise/Konditionen,
▸ Vertriebswege,
▸ Kommunikation,
▸ Käufer und
▸ Bedarf/Nachfrage.

Wiederholungsfragen zu Kapitel 1.1

1. *Was versteht man unter Business-to-Business-Marketing? Nehmen Sie eine Abgrenzung zu den Begriffen Investitionsgütermarketing und Industriegütermarketing vor.*
2. *Skizzieren und erläutern Sie Marketing- und Vertriebsbeziehungen innerhalb des gesamtwirtschaftlichen Distributionssystems zwischen Anbietern und Nachfragern. An welchen Stellen ist von Business-to-Business-Marketing zu sprechen, wo von Konsumgütermarketing?*
3. *Welche Besonderheiten charakterisieren das Business-to-Business-Marketing gegenüber dem Konsumgütermarketing in Bezug auf den Markt, die Produkte, die Käufer, die Nachfrage und die klassischen »4 P's«?*

Die Lösungen zu den Wiederholungsfragen finden Sie in Kapitel 5 auf S. 219 ff.

1.2 Produkt- und Geschäftstypologien im Business-to-Business-Marketing

Die Vielzahl und Vielfältigkeit an Produkt-Markt-Konstellationen sowie die dazu gehörenden Marketingprogramme haben in der Literatur zahlreiche Versuche hervorgebracht, typische Leistungsbündel und daraus abgeleitete Charakteristika von Geschäftsbeziehungen zusammenzufassen.

Typologien zur Abgrenzung von Produkt-Markt-Konstellationen

Die abzugrenzenden Geschäftstypen sollen dabei in sich möglichst homogen, untereinander möglichst heterogen sein. Ziel dieser Typologien ist es jeweils, Empfehlungen für die Ausgestaltung und Umsetzung des strategischen und operativen Marketing abzuleiten.

Die Unterteilung nach Geschäftsarten basiert bei allen **Typologisierungsansätzen** auf zwei wesentlichen Ansatzpunkten (vgl. ähnlich Richter 2001, S. 130):

Ansatzpunkte

1. Der Grad der **Spezifität bzw. Individualität der Leistungen.** Hier wird ein Spektrum zwischen maximaler **Individualisierung** (z. B. anwenderspezifische Fertigungssysteme) und maximaler **Standardisierung** (z. B. Standardmaschinen, Normteile) aufgespannt.
2. Die **Art bzw. Intensität der Beziehung zwischen den Geschäftspartnern.** Auch hier gibt es ein Kontinuum zwischen zwei Extremen: **einmalig** stattfindende Geschäftsbeziehungen (Einzelgeschäfte) und **wiederholt** stattfindende, kooperative Geschäftsbeziehungen.

Im Folgenden werden die Typologisierungsansätze verschiedener Autoren vorgestellt. Dies sind im Einzelnen:

▶ Kleinaltenkamp (1995, S. 145 ff.; 1997, S. 753 ff.),
▶ Richter (2001, S. 154 ff.),
▶ Backhaus (1997, S. 290 ff.),
▶ Engelhardt et al. (1993, S. 395 ff.),
▶ Plinke (1997),
▶ Weiber/Adler (1995, S. 59 ff.) und
▶ Kaas (1995, S. 23).

1.2.1 Typologie von Kleinaltenkamp

Kleinaltenkamp bietet gleich zwei Ansätze zur Typologisierung von Geschäftstypen. Ein erster, älterer Ansatz bezieht sich auf das Investitionsgütermarketing und berücksichtigt lediglich die Produktcharakteristika. Basierend darauf werden **Großanlagen**, **Einzelaggregate**, **Systemtechnologien** und **Dienstleistungen** unterschieden und charakterisiert (Kleinaltenkamp 1995, S. 145 ff.).

Der zweite Ansatz von Kleinaltenkamp (1997, S. 753 ff.) berücksichtigt zum einen die Dimension »**Integrationsgrad des externen Faktors**« aus Sicht des Verkäufers. Damit ist die Intensität der Einbeziehung des Kunden in den Leistungsprozess gemeint. Die zweite Dimension beinhaltet die »**Intensität der Geschäftsbeziehungen**«. Aus der Kombination der Dimensionen und der jeweiligen

Integrativität vs. Intensität

1.1 **Abgrenzung, Grundlagen und Besonderheiten**
Produkt- und Geschäftstypologien im Business-to-Business-Marketing

10

Unterteilung in niedrig und hoch ergeben sich vier Geschäftsstypen (Kleinaltenkamp 1997, S. 757).

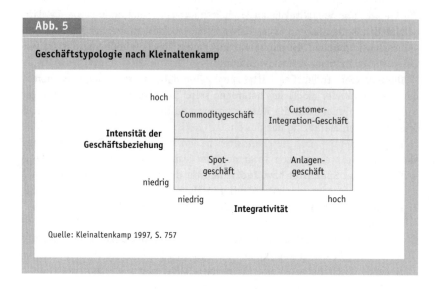

Abb. 5

Geschäftstypologie nach Kleinaltenkamp

hoch

Commoditygeschäft	Customer-Integration-Geschäft

**Intensität der
Geschäftsbeziehung**

Spot-geschäft	Anlagen-geschäft

niedrig

niedrig   hoch
Integrativität

Quelle: Kleinaltenkamp 1997, S. 757

Vier Geschäftstypen

‣ **Spotgeschäfte** finden dann statt, wenn die zugrunde liegenden Produkte
äußerst homogen und damit austauschbar sind. Lieferanten können frei ge-
wählt und ausgetauscht werden. Zwischen den Geschäftspartnern bestehen
keine intensiveren Beziehungen. Der Leistungserstellungsprozess erfolgt ohne
Integration externer Faktoren bzw. des Kunden. Die Art des Geschäftes ist
dem für Konsumgüter sehr ähnlich.

‣ **Commodity-Geschäfte** beinhalten ebenfalls homogene und grundsätzlich
austauschbare Produkte. Allerdings sind für diese umfangreiche Zusatzleis-
tungen (z. B. Lieferservice, Beratung, Entsorgung, Kundendienst etc.) zu
erbringen, wodurch eine hohe Intensität der Geschäftsbeziehung zwischen
Verkäufer und Käufer entsteht.

‣ **Anlagengeschäfte** erfordern einen hohen Grad der Integration des Kunden
in den Leistungserstellungsprozess. Häufig ist die Zusammenarbeit auf das
einzelne Projekt beschränkt und ist nach Abschluss des Geschäftes beendet.

‣ **Customer-Integration-Geschäfte** entstehen bei äußerst individuellen Produkten, deren Erstellung eine starke Integration des Kunden erfordert. Die
Geschäftsbeziehung ist dementsprechend sehr intensiv.

1.2.2 Typologie von Richter

Richter (2001, S. 154 ff.) zieht zwei Dimensionen zur Abgrenzung von Geschäftsarten heran: die **Spezifität** (Individualisierung) einer Leistung und die **Relationalität** (Beziehungsintensität) zwischen den Geschäftspartnern. Aus der Kombination der Ausprägungen hoch/niedrig ergeben sich vier Grundtypen. Ein fünfter Geschäftstyp leitet sich aus der **Kombination** der mittleren Ausprägungen ab (Richter 2001, S. 154):

Spezifität vs. Relationalität

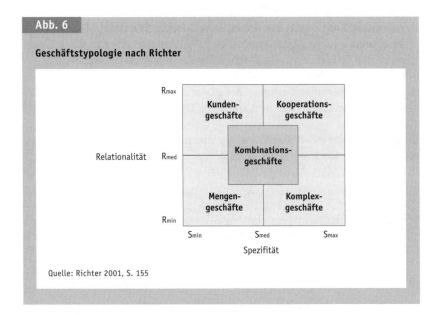

Abb. 6

Geschäftstypologie nach Richter

Quelle: Richter 2001, S. 155

▸ **Mengengeschäfte** sind charakterisiert durch niedrige Spezifität und niedrige Relationalität.

▸ **Kundengeschäfte** zeichnen sich durch niedrige Spezifität und hohe Relationalität aus.

▸ **Kooperationsgeschäfte** haben hohe Spezifität und niedrige Relationalität.

▸ **Komplexgeschäfte** sind durch hohe Spezifität und hohe Relationalität gekennzeichnet.

▸ **Kombinationsgeschäfte** verfügen über mittlere Spezifität und mittlere Relationalität.

Fünf Geschäftstypen

Für die einzelnen Geschäftstypen werden von Richter (2001, S. 155 ff.) differenzierte Marketing-Verhaltensprogramme erarbeitet und empfohlen.

1.2 **Abgrenzung, Grundlagen und Besonderheiten**
Produkt- und Geschäftstypologien im Business-to-Business-Marketing

12

1.2.3 Typologie von Backhaus

Ausrichtung auf Anbieter-Nachfrager-Konstellation

Backhaus (1997, S. 290 ff.) typologisiert die vier Geschäftsarten Produktgeschäft, Systemgeschäft, Anlagengeschäft und Zuliefergeschäft. Grundlage der Abgrenzung bzw. Einordnung bilden die folgenden drei Kriterien:

▸ **Grad der gegenseitigen Abhängigkeit**: Dieser ergibt sich aus der Spezifität bzw. Individualität der Leistung sowie der daraus resultierenden Abhängigkeit für den Anbieter bzw. den Nachfrager. Durch die spezifischen Investitionen sind hohe anbieter- bzw. nachfragerseitige Quasi-Renten bei gleichzeitig hoher Abhängigkeit vom Anbieter bzw. Nachfrager zu erwarten.

▸ **Intensität/Kontinuität der Anbieter-Nachfrager-Beziehung**: Hier ist ein Kontinuum zwischen Einzelgeschäft (z.B. Anlagengeschäft) und durch kontinuierliche Transaktionen (Kaufverbund) gekennzeichneten Geschäftsbeziehungen unterstellt.

▸ **Breite der Marktbearbeitung**: Hier ist ein Spektrum zwischen hoch individuellen Einzelkunden und dem anonymen (Massen-)Markt zugrunde gelegt.

Die daraus entstehenden Kombinationen sind in der nachfolgenden Abbildung 7 veranschaulicht (Backhaus 1997, S. 295).

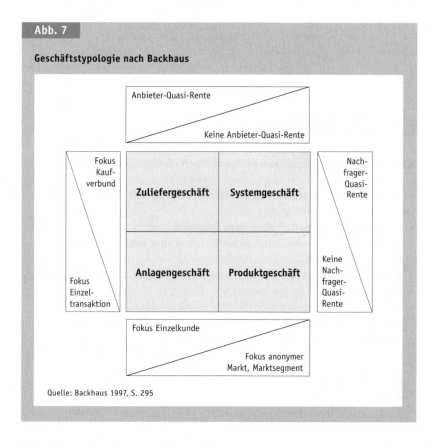

Abb. 7

Geschäftstypologie nach Backhaus

Quelle: Backhaus 1997, S. 295

Das **Produktgeschäft** bezieht sich auf reproduzierte Standardleistungen (Norm- bzw. DIN-Teile, Standardmaschinen etc.). Der niedrige Individualisierungsgrad eröffnet dem Produktgeschäft einen großen, anonymen Markt. Es handelt sich um Einzelgeschäfte ohne Kaufverbund. Es entstehen keine Abhängigkeiten und dem- entsprechend keine Quasi-Renten zwischen Anbieter und Nachfrager. Beide kön- nen mehr oder weniger beliebig wechseln.

Vier Geschäftstypen

Das **Systemgeschäft** beinhaltet kundenunabhängig entwickelte Leistungen, die in Kaufverbunden auf einem anonymen Markt angeboten werden. Die Kauf- verbunde können aus technologisch und zeitlich determinierten Teilprozessen bestehen (Fertigungssysteme, Informationssysteme). Auf der Nachfragerseite ent- steht eine Abhängigkeit und damit eine Quasi-Rente. Der Anbieter bleibt aufgrund seines Angebotes auf einem anonymen Markt unabhängig, erhält damit aber auch keine Quasi-Rente.

Beim **Anlagengeschäft** verkaufen ein oder mehrere Anbieter (Konsortium) in einer abgeschlossenen Transaktion (Einzeltransaktion) komplette Projekte. Diese bestehen aus funktionsfähigen Bündeln kundenindividueller Leistungen (Monta- gewerke, Ölraffinerien etc.). Für den Anbieter ergibt sich aus der hohen Individu- alität eine hohe Quasi-Rente und damit eine starke Abhängigkeit vom Kunden. Beim Nachfrager entsteht keine Quasi-Rente, da eine abgeschlossene Transaktion ohne Kaufverbund vorliegt.

Das **Zuliefergeschäft** (z.B. Komponentenlieferung in der Automobilindustrie mittels Just in Time) beinhaltet aufgrund der stark individuellen Leistungen eine hohe wechselseitige Abhängigkeit zwischen Anbieter und Nachfrager. Beide erzie- len dadurch Quasi-Renten. Die Geschäftsbeziehungen sind langfristig angelegt und durch eine hohe Intensität gekennzeichnet (Kaufverbund).

1.2.4 Typologie von Engelhardt et al.

Der zunehmenden Integration und Relevanz von Dienstleistungen innerhalb des Business-to-Business-Marketing tragen Engelhardt/Kleinaltenkamp/Reckenfelder- bäumer mit ihrer Typologisierung Rechnung (Engelhardt et al. 1993, S. 395 ff.). Die zugrunde liegenden Kriterien sind:

Berücksichtigung von Dienstleistungen

Integrativität vs. Materialität

▸ Der **Leistungsprozess** (Integrativitätsachse): Hier geht es um die Gestaltung der Betriebsprozesse hinsichtlich des Einbezugs der Kunden in den Leistungs- prozess. Es wird ein Kontinuum zwischen autonomer Tätigkeit (ohne Einbe- zug des Kunden) und Integration des externen Faktors (vollständiger Einbe- zug des Kunden) zugrunde gelegt.

▸ Das **Leistungsergebnis** (Materialitätsachse): Hier wird zwischen materiellem und immateriellem Ergebnis unterschieden.

Aus der Kombination der Kriterien Leistungsergebnis und Leistungsprozess erge- ben sich folgende Ausprägungen (vgl. Engelhardt et al. 1993, S. 417) wie in Ab- bildung 8 zusammengestellt.

Vier Geschäftstypen

Abb. 8

Kombination Leistungsergebnis und Leistungsprozess

Kombination	Beispiel
integrativ/materiell	Sondermaschine
integrativ/immateriell	Unternehmensberatung
autonom/materiell	vorproduziertes Teil
autonom/immateriell	Datenbankdienst

Wechselnde Geschäfts-
typen im Verlauf einer
Geschäftsbeziehung

Vielfach finden sich im Verlauf der Abwicklung eines Auftrages im B2B-Bereich
mehrere der Kombinationen. Wenn es beispielsweise um die Einrichtung einer
neuen computergesteuerten Anlage (CIM-Lösung) geht, die als teilweise Sonder-
anfertigung für einen Kunden erstellt wird, werden

▸ ggf. vorproduzierte Normteile eingekauft (autonom/materiell),
▸ die Entwicklung der Sondermaschine erfolgt unter Einbezug des Auftraggebers (integrativ/materiell),
▸ im Vorfeld der Entwicklung und Einrichtung sowie im Verlauf des Einsatzes
  werden Beratungsleistungen erbracht (integrativ/immateriell),
▸ die notwendigen, ggf. vorhandenen Softwareprogramme im Rahmen des
  Gesamtauftrags mitgeliefert (autonom/immateriell).

Die Leistungstypologie nach Engelhardt et al. ist in der Abbildung 9 dargestellt
(Engelhardt et al. 1993, S. 417).

1.2.5 Typologie von Plinke

Transaktion vs. Beziehung

Plinke (1997) geht in seinen Überlegungen davon aus, dass das Absatzverhalten
der Anbieter und das Beschaffungsverhalten der Nachfrager situationsbezogen
von zwei grundsätzlichen Alternativen bestimmt wird:

a) von den Bedingungen des Einzelgeschäftes (**Transaction Buying** und **Transaction Selling**) und
b) als fortlaufender Prozess im Rahmen einer Transaktionsfolge, die auf Geschäftsbeziehungen beruht (**Relationship Buying** und **Relationship Selling**).

Daraus abgeleitet spricht Plinke vom Transaction Marketing und vom Relationship
Marketing.

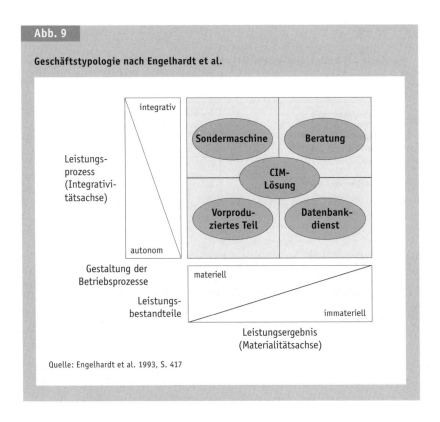

Abb. 9

Geschäftstypologie nach Engelhardt et al.

integrativ

Leistungs-
prozess
(Integrativi-
tätsachse)

Sondermaschine

Beratung

CIM-
Lösung

Vorprodu-
ziertes Teil

Datenbank-
dienst

autonom

Gestaltung der
Betriebsprozesse

Leistungs-
bestandteile

materiell

immateriell

Leistungsergebnis
(Materialitätsachse)

Quelle: Engelhardt et al. 1993, S. 417

Die Kriterien zur Unterscheidung der beiden Marketingalternativen sind:
▸ die **Häufigkeit** der Kaufentscheidung,
▸ die **Spezifität** der Kaufentscheidung,
▸ die **Unsicherheit** bei der Kauf- bzw. Verkaufsentscheidung.

Relationship Marketing, d. h. wiederkehrende Geschäftsbeziehungen zwischen denselben Anbietern und Nachfragern, ist vor allem dann besonders vorteilhaft, je häufiger die Transaktionen erfolgen, je höher der Spezifikationsgrad des Transaktionsobjektes und je höher der Unsicherheitsgrad ist. Umgekehrt ist **Transaction Marketing** sinnvoller, je weniger Transaktionen stattfinden, je niedriger die Spezifität des Kaufobjektes und je geringer die Unsicherheit ist.

Spezifität vs.
Unsicherheit

Die Typologie des Business-to-Business-Marketing von Plinke zeigt die Abbildung 10 (Plinke 1997, S. 15).

Aus der Kombination von Transaktionshäufigkeit (Kontinuum (einmalige) Transaktion versus Wiederkauf) und Nachfragerstruktur (Fokus Einzelkunde versus Marktsegment) leitet Plinke vier Transaktions- bzw. Geschäftstypen ab. Diese sind in Anlehnung an Plinke (1997, S. 19) in Abbildung 11 dargestellt und erläutert.

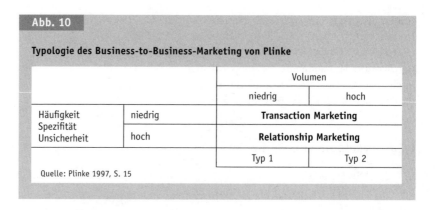

Abb. 10

Typologie des Business-to-Business-Marketing von Plinke

		Volumen	
		niedrig	hoch
Häufigkeit Spezifität	niedrig	**Transaction Marketing**	
Unsicherheit	hoch	**Relationship Marketing**	
		Typ 1	Typ 2

Quelle: Plinke 1997, S. 15

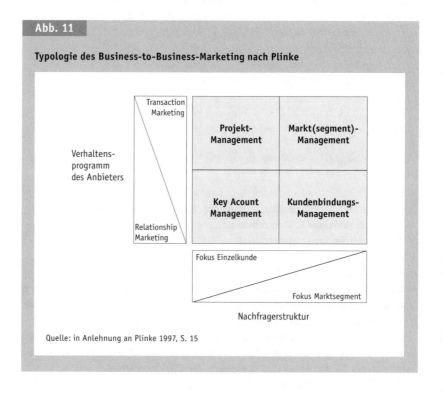

Abb. 11

Typologie des Business-to-Business-Marketing nach Plinke

Transaction Marketing

Verhaltens-
programm
des Anbieters

**Projekt-
Management**

**Markt(segment)-
Management**

**Key Acount
Management**

**Kundenbindungs-
Management**

Relationship
Marketing

Fokus Einzelkunde

Fokus Marktsegment

Nachfragerstruktur

Quelle: in Anlehnung an Plinke 1997, S. 15

Vier Geschäftstypen

Projekt-Management: Einzelne Transaktionen werden mit Einzelkunden abgewickelt.

Markt(segment)-Management: Einzeltransaktionen werden an einen anonymen Markt (Marktsegment) gerichtet. Bindungen zwischen den Transaktionspartnern entstehen nicht. Der Anbieter ist vornehmlich am Absatzvolumen orientiert.

Kundenbindungs-Management: Es finden wiederholte Transaktionen zwischen den Geschäftspartnern statt. Engere Bindungen entstehen.

Key Account Management: Es finden wiederholte Transaktionen zwischen den Geschäftspartnern statt. Der Anbieter ist an einem hohen Transaktionsvolumen mit dem Schlüsselkunden interessiert.

1.2.6 Typologie von Weiber/Adler

Die Typologie von Weiber/Adler beruht auf Erkenntnissen der Informationsökonomik. Jede Kaufentscheidung ist mit mehr oder weniger großen Unsicherheiten verbunden. Die Informationstätigkeiten des Nachfragers hängen von den Eigenschaften der Leistungsangebote ab. Es wird zwischen Such-, Erfahrungs- und Vertrauenseigenschaften unterschieden. Alle diese Eigenschaften treten mehr oder weniger ausgeprägt bei jedem Kaufprozess auf, wobei jeweils die Dominanz einer der Eigenschaften unterstellt wird (Weiber/Adler 1995a; 1995b):

Eigenschaften der Kaufobjekte beeinflussen die Kaufsituation

▸ **Sucheigenschaften** – »... sind dadurch gekennzeichnet, dass sie von dem Nachfrager durch Inspektion des Leistungsangebots oder durch eine entsprechende Informationssuche bereits *vor* dem Kauf vollständig beurteilt werden können. Die Informationssuche wird erst dann abgebrochen, wenn der Nachfrager ein subjektiv als ausreichend wahrgenommenes Informationsniveau erreicht hat oder eine weitere Informationssuche als zu kostspielig empfindet.« (Weiber/Adler 1995a, S. 54)

▸ **Erfahrungskäufe** – »... sind dadurch gekennzeichnet, dass eine Beurteilung durch den Nachfrager erst nach dem Kauf erfolgt, wobei die Beurteilung entweder erst nach dem Kauf möglich ist oder aber eine Beurteilung aufgrund der subjektiven Wahrnehmung eines Nachfragers bewusst auf die Erfahrung bei Ge- bzw. Verbrauch eines Produkts verlagert wird.« (Weiber/Adler 1995a, S. 54)

▸ **Vertrauenskäufe** – »... sind dadurch gekennzeichnet, dass sie durch den Nachfrager weder vor noch nach dem Kauf vollständig beurteilt werden können. Das Unvermögen des Nachfragers, eine Beurteilung von Vertrauenseigenschaften vorzunehmen, ist darauf zurückzuführen, dass er nicht über ein entsprechendes Beurteilungs-Know-how verfügt und dieses auch nicht in einer vertretbaren Zeit aufbauen kann bzw. will oder die Kosten der Beurteilung subjektiv als zu hoch einstuft.« (Weiber/Adler 1995a, S. 54)

Je nachdem, welche der Eigenschaften in einem konkreten Kaufprozess dominiert, liegt ein Such-, Erfahrungs- oder Vertrauenskauf vor. Auf Basis dieser Überlegungen sind anhand der Abbildung 12 und dem darin enthaltenen Eigenschaftsraum konkrete Produktpositionierungen möglich (Weiber/Adler 1995a, S. 63).

Eigenschaftsraum zur Positionierung von Geschäftstypen

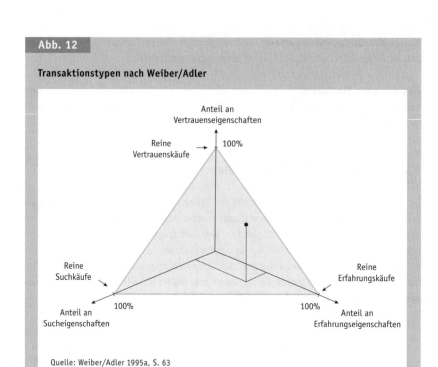

Abb. 12

Transaktionstypen nach Weiber/Adler

Quelle: Weiber/Adler 1995a, S. 63

1.2.7 Typologie von Kaas

Kaas entwickelt auf Basis der Erkenntnisse der Neuen Institutionenökonomik eine Dreier-Typologie (Kaas 1995, S. 25):

Drei Geschäftstypen

▸ **Austauschgüter** sind fertige, standardisierte Produkte, denen klassische Verträge zugrunde liegen. Sie werden auf Vorrat gefertigt und auf anonymen (Massen-)Märkten angeboten. Qualitätsunsicherheiten können durch ausreichende Suchaktivitäten vor dem Kauf vollkommen abgebaut werden. Die Hersteller/Lieferanten sind aufgrund hoher Standardisierung und niedriger Spezifität der Leistungen substituierbar. Das damit zusammenhängende Marketing wird als Austauschgütermarketing bezeichnet.

Standardisierung vs. Investitionsbedarf vs. Zusammenhang

▸ **Kontraktgüter** erfordern von beiden Transaktionspartnern spezifische (Vor-)Investitionen. Zum Zeitpunkt des Vertragsabschlusses liegen die Leistungen noch nicht vor. Es erfolgt die Vereinbarung über Leistung und Gegenleistung in der Zukunft. In der Regel handelt es sich um hochspezifische Leistungen. Sie werden im Rahmen von Kontraktgütermarketing erstellt und abgesetzt.

▸ **Geschäftsbeziehungen** entstehen durch die innere Verbindung mehrerer Geschäfte z.B. mit Austauschgütern und/oder Kontraktgütern. Instrumente des Beziehungsmarketing werden eingesetzt.

Zusammenfassung Kapitel 1.2

In der Literatur zum Business-to-Business-Marketing gibt es eine Reihe von Typologisierungsansätzen zur Systematisierung und Einordnung der vielfältigen Geschäftsarten. Die Unterteilung soll dabei helfen, für die jeweiligen Geschäftsarten geeignete Marketingkonzepte zu entwickeln und ggf. erprobte Konzepte zu übertragen.

Wesentliche Kriterien, die in diesen Ansätzen zur Unterscheidung von Geschäftsarten herangezogen werden, sind:

▸ der Grad der **Spezifität bzw. Individualität der Leistungen** und

▸ die **Art bzw. Intensität der Beziehung zwischen den Geschäfts- partnern.**

Ein in der deutschen Literatur recht weit verbreiteter Ansatz ist der von Backhaus, der im Wesentlichen die Breite der Marktbearbeitung (Einzelkunde vs. Massenmarkt) und die Intensität/Kontinuität der Anbieter-Nachfrager-Beziehung betrachtet. Daraus leitet er die Typen Produktgeschäft, Systemgeschäft, Anlagengeschäft und Zuliefergeschäft ab.

In vorliegendem Buch werden wir uns – insbesondere im Rahmen der Betrachtung der Marketinginstrumente – im Wesentlichen an dieser Typologie orientieren.

Wiederholungsfragen zu Kapitel 1.2

4. Zu welchem Zweck werden in der Literatur Produkt- bzw. Geschäftstypologien für Business-to-Business-Märkte entwickelt?

5. Welches sind die grundlegenden Abgrenzungskriterien, die allen Typologisierungs- ansätze mehr oder weniger gemein sind? Warum werden gerade diese Abgren- zungskriterien herangezogen?

6. Erarbeiten Sie selbstgewählte Beispiele für die einzelnen Ausprägungen der Typologisierungsansätze von Kleinaltenkamp, Richter, Backhaus, Engelhardt et al., Plinke, Weiber/Adler und Kaas. Verwenden Sie dafür die folgende Tabelle:

Ansatz	Ausprägungen	Beispiele
Kleinaltenkamp et al.	Spotgeschäfte	
	Commodity-Geschäfte	
	Anlagengeschäfte	
	Customer-Integration-Geschäfte	

Ansatz	Ausprägungen	Beispiele
Richter	Mengengeschäfte	
	Kundengeschäfte	
	Kooperationsgeschäfte	
	Komplexgeschäfte	
	Kombinationsgeschäfte	
Backhaus	Produktgeschäft	
	Systemgeschäft	
	Anlagengeschäft	
	Zuliefergeschäft	
Engelhardt et al.	integrativ/materielles Geschäft	
	integrativ/immaterielles Geschäft	
	autonom/materielles Geschäft	
	autonom/immaterielles Geschäft	
Plinke	Projekt-Management	
	Markt(segment)-Management	
	Kundenbindungs-Management	
	Key Account Management	
Weiber/Adler	Dominanz von Sucheigenschaften	
	Dominanz von Erfahrung(seigenschaften)	
	Dominanz von Vertrauen(seigenschaften)	
Kaas	Austauschgüter	
	Kontraktgüter	
	Geschäftsbeziehungen	

7. *Versuchen Sie für die nachfolgenden Beispiele von Business-to-Business-Geschäften eine Zuordnung zu den jeweiligen Ausprägungen der Typologisierungsansätze von Kleinaltenkamp, Backhaus und Kaas. Verwenden Sie dafür die untenstehende Tabelle. Welche Unterschiede und Gemeinsamkeiten sind aus den Zuordnungen erkennbar?*

Beispiele:
▸ *Ein **Anbieter von Warenwirtschaftssystemen**, die – basierend auf dem Standardsystem – jeweils individuell an die Bedürfnisse des Handelspartners angepasst werden. Für den Einsatz des Systems gibt es umfangreiche Service-, Support- und Updateleistungen, u. a. eine Telefonhotline.*
▸ *Ein **Anbieter von Windkraftanlagen** vermarktet diese weltweit an vornehmlich öffentliche Auftraggeber. Für die Wartung und Reparatur gibt es Servicegesellschaften in den einzelnen Ländern.*
▸ *Ein **Konsortium von Anbietern** baut und vermarktet **Ölplattformen** weltweit an vornehmlich öffentliche Auftraggeber. Für die Wartung und Reparatur gibt es Servicegesellschaften in den einzelnen Ländern.*

- Ein **zahntechnisches Labor,** das in einem Umkreis von 100 Kilometern zahntechnische Arbeiten für niedergelassene Zahnärzte und Kliniken erstellt.
- Ein **IT-Dienstleister**, der Websites für diverse Firmen programmiert und wartet, Server zur Verfügung stellt etc.
- Ein **Hersteller** von **System-Büro-Möbeln** vermarktet diese an kleinere Bürogemeinschaften, mittelständische und große Unternehmen. Zum Teil läuft der Vertrieb oder die Vermittlung der Systemmöbel über Fachgroßhändler. Die hergestellten Sitzmöbel werden über geeignete Fachhandelsbetriebe auch an Endkunden vermarktet.
- Ein **Armaturenhersteller**, der im Wesentlichen als Zulieferer für die Autoindustrie tätig ist. In den letzten Jahren wurde auch zunehmend der freie Teilehandel beliefert.

Ansatz	Ausprägungen	1. WWS	2. Windkraft	3. Ölplattform	4. Labor	5. IT-DL	6. System-Möbel	7. Armaturen
Kleinaltenkamp et al.	Spotgeschäfte							
	Commodity-Geschäfte							
	Anlagengeschäfte							
	Customer-Integration-Gesch.							
Backhaus	Produktgeschäft							
	Systemgeschäft							
	Anlagengeschäft							
Backhaus	Zuliefergeschäft							
Weiber/ Adler	Dominanz Sucheigenschaften							
	Dominanz von Erfahrung(seigenschaften)							
	Dominanz von Vertrauen(seigenschaften)							

Die Lösungen zu den Wiederholungsfragen finden Sie in Kapitel 5 auf S. 220 ff.

1.3 Käuferverhalten auf Business-Märkten

Organisationale
Beschaffung

Versteht man Marketing generell als »Führung des Unternehmens vom Markt her auf den Markt hin« (nach Raffée 1984), so ist evident, dass es notwendig ist, den Markt zu kennen und allem voran die (potenziellen) Käufer zu verstehen. In diesem Kapitel werden wir uns dem Kaufverhalten von Abnehmern auf Business-Märkten zuwenden.

Betrachtung von Typen, Prozessen und Beteiligten

Die Betrachtung des Beschaffungsverhaltens institutioneller Kunden soll unter folgenden drei Blickwinkeln erfolgen:

▸ Zunächst ist es wichtig, das Verhalten und die Entscheidungsmotive der Beteiligten innerhalb eines Beschaffungsprozesses in Organisationen zu erkennen und zu verstehen. Ein erster Schritt dazu wird getätigt, indem man sich verdeutlicht, um welchen Kauftyp es sich bei einer geplanten Anschaffung handelt. In der Literatur wurden hierzu ein- und mehrdimensionale **Kauftypologien** entwickelt (Abschnitt 1.3.1).

▸ Andere Ansätze in der Literatur betrachten das Phänomen der organisationalen Beschaffung aus prozessualer Sicht und konzentrieren sich darauf, die einzelnen **Kaufphasen** eines Beschaffungsprozesses zu beschreiben und zu durchleuchten, damit in praxisnaher Weise auf die potenziellen Geschäftspartner in den Kaufverhandlungen eingegangen werden kann (Abschnitt 1.3.2).

▸ Neben der Betrachtung von Kauftypen und Kaufphasen sind im Zuge eines komplexen Beschaffungsprozesses in Unternehmen auch die organisatorischen und personalen Aspekte mit ins Kalkül zu ziehen. Untersuchungen zur personellen Beteiligung an Beschaffungsprozessen werden in dem Modell des **Buying Centers** oder der **Decision Making Unit (DMV)** angestellt. Dabei werden alle Personen, die direkt oder indirekt in den Beschaffungsprozess eingebunden sind, mit in die Überlegungen einbezogen (Abschnitt 1.3.3).

1.3.1 Kauftypen

Kriterien zur Abgrenzung

Für das Verhalten der Nachfrager, insbesondere im Verlauf der Entscheidungsfindung, spielt die Art und Bedeutung des **Kaufobjekt**s aus Sicht des beschaffenden Unternehmens eine wesentliche Rolle. Folgende wichtige Unterscheidungskriterien können herangezogen werden (vgl. Backhaus/Voeth 2010, S. 74):

▸ Wert des Investitions- oder Beschaffungsobjekts,
▸ Kaufanlass,
▸ Wiederholungsgrad,
▸ Produkttechnologie.

Eindimensionale und mehrdimensionale Typologien

Anhand dieser Kriterien – einzeln oder in Kombination – werden in der Literatur verschiedene **Kauftypologien** diskutiert. Während die eindimensionalen Kauftypologien sich jeweils an nur einem der Kriterien orientieren, verwenden mehrdimensionale Kauftypologien zwei oder mehr Kriterien.

1.3.1.1 Eindimensionale Kauftypologien

Wert des Investitions- oder Beschaffungsobjekts

Der Wert des Investitions- oder Beschaffungsobjekts bzw. die Investitionshöhe stellt nach einer Spiegel-Untersuchung von 1982 (zit. nach Backhaus/Voeth 2010, S. 75) den maßgeblichen Faktor für die Art und den Ablauf von Entscheidungen dar.

Höhe der Investition

Je höher der Wert,
- desto mehr Entscheidungsstufen und Personen sind innerhalb eines Unternehmens an der Entscheidung beteiligt,
- desto langwieriger ist in der Regel auch der Entscheidungsprozess,
- desto größer ist die Zahl der in Betracht gezogenen Lieferanten.

Kaufanlass

Nach dem Kaufanlass kann differenziert werden in Erst-, Ersatz- oder Erweiterungsinvestitionen. Diese unterscheiden sich nach dem Umfang des Informationsbedarfs sowie nach den möglichen Schnittstellenproblemen.

Erstbeschaffungen sind häufig durch geringe oder keine Erfahrungen charakterisiert. Der Informationsbedarf und das (empfundene) Risiko ist dementsprechend hoch.

Informationsbedarf

Bei **Ersatzbeschaffungen/-investitionen** liegen bereits Erfahrungen vor. Diese können sich jedoch auf alte Produkte oder bestimmte Hersteller beschränken bzw. aufgrund von Technologiesprüngen veraltet sein. Der Informationsbedarf kann daher unterschiedlich hoch sein. Bei positiven Erfahrungen besteht eine entsprechend starke Bindung an bestehende Lieferanten (Insupplier). Negative Erfahrungen mit diesen bringen dagegen andere, neue Lieferanten (Outsupplier) in eine bessere Position.

Komplexität

Erweiterungsbeschaffungen/-investitionen bringen häufig ein Schnittstellenproblem mit sich. Neue Produkte, Anlagen etc. müssen ggf. zu bereits vorhandenen oder bisher eingesetzten passen. Meist ist hier eine starke Bindung an bestehende Lieferanten gegeben. Die Intensität dieser Bindung wird jedoch auch durch positive oder negative Erfahrungen mit diesen Lieferanten beeinflusst.

Erfahrung

Wiederholungsgrad

Nach dem Wiederholungsgrad einer Beschaffung unterscheiden Robinson et al. (1967) **drei Klassen**:
- Neukauf (new task),
- modifizierter Wiederkauf (modified rebuy),
- identischer Wiederkauf (straight rebuy).

Beim **Neukauf**, d.h. der erstmaligen Beschaffung einer Leistung, existiert ein umfangreicher Informationsbedarf und eine große Unsicherheit über die zu treffende Beschaffungsentscheidung. Der Neukauf kann des Weiteren unterschieden werden in die Beschaffung von Standardprodukten und die Beschaffung von noch nicht etablierten Innovationen (Godefroid/Pförtsch 2008, S. 41). Bei Standard-produkten (z. B. eine gängige Verpackungsmaschine) ist lediglich das nach sachlichen und ökonomischen Kriterien geeignetste Produkt auszuwählen. Die grundsätzliche Funktionsfähigkeit sollte außer Frage stehen. Problematischer wird es, wenn das Produkt noch keine Reife entwickeln konnte oder es erst noch entwickelt werden muss. Die Beschaffungsentscheidung (Lieferanten- und Produktwahl) ist dann wesentlich risikoreicher, da mangelnde Funktionalität fatale Folgen für das beschaffende Unternehmen mit sich bringen kann.

Beim **modifizierten Wiederkauf** sollen bereits vorhandene Produkte durch Neubeschaffungen ersetzt oder erweitert werden. Der Informationsbedarf beschränkt sich daher häufig auf die Unterschiede neuer oder anderer Produkte gegenüber den im Unternehmen vorhandenen und bekannten Produkten/Lieferanten. Die Zahl der in Betracht gezogenen bzw. zu vergleichenden Alternativen kann je nach Qualität der Erfahrungen deutlich niedriger oder auch höher als beim Neukauf ausfallen. Hat man beispielsweise schlechte Erfahrungen mit einem Produkt/Lieferanten gemacht, kennt sich inzwischen mit derartigen Produkten sehr gut aus und verfügt über eine gute Marktkenntnis, werden ggf. auch deutlich mehr – kleinere, unbekanntere – (Nischen-)Anbieter in Betracht gezogen. Umgekehrt ist es bei sehr positiven Erfahrungen mit dem bestehenden Lieferanten. Sie führen häufig auch zum identischen Wiederkauf.

Beim **identischen Wiederkauf** wird eine einmal getroffene Beschaffungsentscheidung wiederholt. Dies entspricht einer Routinebeschaffung, die häufig unter Nutzung von Bestelloptimierungssystemen und elektronischen Interaktionen (EDI – electronic data interchange) optimiert und automatisiert wird.

Insupplier vs.
Outsupplier

Für die bestehenden Lieferanten (Insupplier) ist die Situation des identischen Wiederkaufs sehr günstig. Sie können sich mit verhältnismäßig geringem Marketingaufwand auf die Wiederholung des Geschäfts konzentrieren. Die Outsupplier werden hingegen versuchen, ihr Marketing auf neue/bessere Eigenschaften ihrer Produkte auszurichten, um so die Situation des modifizierten Wiederkaufs und damit eine bessere Position für sich selbst zu erlangen.

Die auf dem Wiederholungsgrad basierenden Kaufklassen sind nachfolgend in Abbildung 13 zusammenfassend dargestellt (in Anlehnung an Backhaus 1997, S. 82).

Produkttechnologie

Chancen und Risiken
abwägen

Insbesondere bei technisch anspruchsvolleren Produkten spielt die Technologie eine entscheidende Rolle bei der Kaufentscheidung. Je nach Stand der Technologie ändert sich das Kaufverhalten: Neue Technologien beinhalten ggf. besondere Absatzpotenziale oder Effizienzvorsprünge. Gleichzeitig bergen sie das Risiko, dass diese Technologie noch nicht ganz ausgereift ist oder schnell wieder veraltet.

Gerade der in vielen Bereichen schnelle technologische Wandel erzeugt bei den Nachfragern häufig Unsicherheit bezüglich der Investitionsnotwendigkeit und -sicherheit. Mitunter werden – gerade bei kurzen Lebenszyklen – bewusst einzelne Schritte der Entwicklung übersprungen und auf die nächste Technologie gewartet (Weiber/Pohl 1996, S. 675 ff.).

Abb. 13

Kaufklassen basierend auf dem Wiederholungsgrad

	Nachfragersicht			Anbietersicht	
Kaufklasse	Neuheit des Problems	Informationsbedarf	Betrachtung neuer Alternativen	Zielsetzung Marketing des Insuppliers	Zielsetzung Marketing des Outsuppliers
Neukauf	Hoch	Maximal	Bedeutend	Gewinnen/ Sichern	Erobern durch ‣ Qualität, ‣ Preisvorteile, ‣ Differenzierung
Modifizierter Wiederkauf	Mittel	Eingeschränkt	Begrenzt	Beziehung/ Sichern	
Identischer Wiederkauf	Gering	Minimal	Keine	Beziehung/ Sichern	

1.3.1.2 Mehrdimensionale Kauftypologien

In der Literatur dominieren die eindimensionalen Kauftypologien, von denen die wichtigsten im vorhergehenden Abschnitt vorgestellt wurden. Ein mehrdimensionaler Ansatz wurde von Kirsch/Kutschker (1978) entwickelt. Diese Typologie basiert auf drei Faktoren, die ausgehend von einer Faktorenanalyse gewonnen wurden (Kirsch/Kutschker 1978):

Kombinierte Betrachtung

‣ Wert des Investitionsobjekts,
‣ Neuartigkeit des Problems,
‣ Grad des organisatorischen Wandels.

Aus der Kombination der drei Faktoren leiteten Kirsch/Kutschker (1978) **drei generelle Typen** von Investitionsentscheidungen ab:

Drei Beschaffungstypen

‣ Typ A: Hier handelt es sich um sehr einfache Beschaffungsvorgänge (z. B. Büromaterial, geringwertige Wirtschaftsgüter): Der Wert des Investitionsobjektes ist gering. Häufig erfolgt ein reiner Wiederholungskauf. Es sind nur wenige bis keine organisatorischen Anpassungen erforderlich.
‣ Typ C: Beinhaltet außerordentlich komplexe und für das Unternehmen bedeutsame Vorgänge (z. B. neue Produktionsanlage): Der Wert des Investitionsobjektes ist hoch. Der Kauf erfolgt erstmalig. Er bringt erhebliche organisatorische Maßnahmen mit sich.
‣ Typ B: Alle Zwischenformen (in der Praxis am häufigsten).

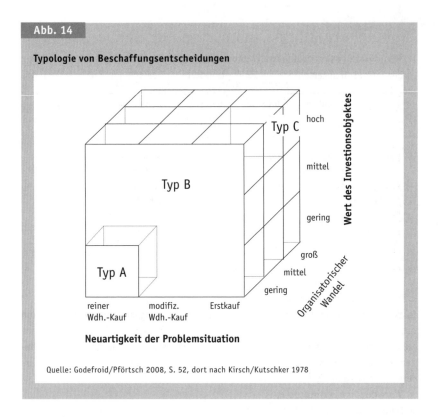

Abb. 14

Typologie von Beschaffungsentscheidungen

Quelle: Godefroid/Pförtsch 2008, S. 52, dort nach Kirsch/Kutschker 1978

Zusammenfassung Kapitel 1.3.1

Um das Verhalten bei Beschaffungsentscheidungen in nachfragenden
Organisationen besser verstehen und ggf. beeinflussen zu können,
werden in der Literatur verschiedene Ansätze zur Typologisierung von
Kaufentscheidungen aus Sicht des beschaffenden Unternehmens
diskutiert. Diese lassen sich unterteilen in ein- und mehrdimensionale
Ansätze. Als wesentliche Kriterien zur Klassifizierung der
unterschiedlichen Kauftypen werden
▸ der Wert des Investitions- oder Beschaffungsobjekts,
▸ der Kaufanlass,
▸ der Wiederholungsgrad und
▸ die Produkttechnologie
herangezogen.

1.3.2 Kaufphasen

Mit dem Ziel der Beschreibung des organisationalen Beschaffungsprozesses werden in der Literatur unterschiedliche **Phasenmodelle** vorgeschlagen. Ein Überblick findet sich bei Backhaus/Voeth (2010, S. 42 ff.) sowie Richter (2001, S. 48 ff.).

Stufen des Beschaffungsprozesses

   Nach dem Ansatz von Robinson et al. (1967, S. 14) lassen sich die Phasen wie folgt unterteilen (vgl. dazu auch Richter 2001, S. 49; Godefroid/Pförtsch 2008, S. 43 ff.):

▸ Phase 1: Vorwegnahme oder Erkennen eines Problems (Bedürfnisses) und einer allgemeinen Lösungsmöglichkeit
▸ Phase 2: Bestimmung der Produkteigenschaften und -mengen
▸ Phase 3: Beschreibung der Produkteigenschaften
▸ Phase 4: Suche und Beurteilung möglicher Lieferanten/Produktquellen
▸ Phase 5: Einholen und Bewerten von Angeboten
▸ Phase 6: Auswahl des Lieferanten
▸ Phase 7: Verhandlung und Abwicklung
▸ Phase 8: Leistungsfeedback und Neubewertung

Backhaus/Günther (1976) orientieren sich bei ihrer Phasenabgrenzung an fünf generellen Phasen, die aus der Perspektive des Anbieters leicht erkennbar sind (Backhaus/Voeth 2010, S. 42). Die Phasen folgen der zeitlichen Beschaffungsprozedur und setzen sich zusammen aus:

Fünf-Phasen-Modell

▸ Voranfragephase,
▸ Angebotserstellungsphase,
▸ Kundenverhandlungsphase,
▸ Abwicklungsphase und
▸ Gewährleistungsphase.

An dieser Unterteilung orientieren sich die weiteren Ausführungen in diesem Kapitel. Ein Vergleich der beiden Ansätze verdeutlicht, dass die von Robinson et al. definierten Phasen 1., 2. und 3. in die Voranfragephase, die Phase 8. in die Gewährleistungsphase integriert wurden.

Im Rahmen der **Voranfragephase** geht es darum, zunächst die Probleme auf der nachfragenden Seite zu erkennen. Der Anstoß für eine neue Beschaffung kann aus vielen Situationen heraus erfolgen. Angefangen von notwendigen Ersatz- oder Erweiterungsinvestitionen aufgrund des Verschleißens der alten Anlagen, technologischer Neuerungen oder gesetzlicher Vorschriften bis hin zu gezielter Bedarfsweckung durch erfolgreiches Marketing seitens des Anbieters der Leistungen.

Analyse des Bedarfs

   Nach Erkennen derartiger Beschaffungsprobleme oder -bedarfe sind die Produkteigenschaften festzulegen und zu beschreiben. Es ist die Entscheidung zu fällen, ob die Leistungen selbst erstellt werden sollen oder ob eine Fremderstellung vorgenommen werden soll (Make-or-Buy-Entscheidung). Bei Entscheidung für Fremderstellung sind entsprechende Beschaffungsziele zu definieren und geeignete Lieferanten bzw. Anbieter im Markt zu eruieren. Dies erfolgt vielfach über das

Instrument einer öffentlichen Ausschreibung. Die verfügbaren Lieferanten sollten dann nach qualitativen (Zuverlässigkeit, Qualität, Flexibilität etc.) und ökonomischen Kriterien (Marktanteil, Liefer- und Zahlungsbedingungen, räumliche Nähe etc.) beurteilt und ausgewählt werden. Bei den als geeignet erscheinenden können schließlich (ergänzende) Anfragen vorgenommen werden. Ein geeignetes Hilfsmittel zur Bewertung und Auswahl von Lieferanten ist sicher die Nutzwertanalyse.

Ausarbeitung der Anforderungen

In der **Angebotserstellungsphase** überwiegen die Aktivitäten beim Anbieter. Dieser arbeitet das Angebot aus. Häufig geschieht dies in Verbindung mit Rückfragen beim Kunden oder gar mit diesem gemeinsam. Oftmals werden die Anforderungen an das Produkt bzw. die Leistung im Verlauf dieser Phase revidiert und weiter ausgearbeitet. Schließlich werden die Angebote durch die Anbieter unterbreitet und vom Kunden beurteilt.

Festlegen der Konditionen

In der **Kundenverhandlungsphase** werden die Angebote seitens des Nachfragers inhaltlich und finanziell mit den Anbietern verhandelt. Anschließend erfolgt die endgültige Auswahl und Vergabe an einen Anbieter.

Erbringen der Leistung

Die **Abwicklungsphase** beginnt mit der Erteilung des Auftrags durch den Kunden. Sie umfasst die Zeit bis zur Auslieferung, Installation und endgültigen betriebsbereiten Übergabe mit Probelauf und Inbetriebnahme. Häufig wechseln in dieser Phase die Interaktionspartner auf Anbieter und Nachfragerseite vom Vertrieb/Einkauf hin zu technischem Service/Produktionsverantwortlichen. Diese Personen sind oftmals nicht an den vorhergehenden Phasen beteiligt gewesen und verbinden mitunter völlig andere Zielsetzungen mit dem Projekt. Wichtig ist es daher, dass die Projektverantwortung nicht abgegeben wird, sondern eine fortlaufende Betreuung durch den Vertrieb bzw. Einkauf gewährleistet wird. Mögliche negative Erfahrungen in dieser Phase gefährden ansonsten nicht nur das aktuelle Projekt, sondern können auch zukünftige Geschäfte verhindern.

Ggf. Ergänzung, Reflexion und Verbesserung

In der **Gewährleistungsphase** erfolgen mitunter nötige Anpassungen und Nachbesserungen durch den Anbieter. Der Kunde wird in dieser Zeit eine kritische Analyse der erreichten Ziele der Beschaffung durchführen. Dies erfolgt in der Praxis mehr oder weniger gezielt und systematisch. Häufig bleibt eine ernsthafte, systematische Analyse aus, weil man sich dem Tagesgeschäft zuwendet. Hinzu kommt, dass die an der Beschaffung beteiligten Personen mögliche eigene Fehler im Beschaffungsprozess ungern hervorheben möchten oder diese bereits mit einem neuen Projekt beauftragt sind.

Zusammenfassung Kapitel 1.3.2

Zum Verständnis und ggf. zur Beeinflussung des Vorgehens bei Beschaffungsentscheidungen in nachfragenden Organisationen werden in der Literatur verschiedene Ansätze zur Abgrenzung der einzelnen Phasen einer Kaufentscheidung beim beschaffenden Unternehmen diskutiert.

In Anlehnung an Backhaus/Günther (1976) wurden hier die folgenden Phasen unterschieden:

▸ Voranfragephase,
▸ Angebotserstellungsphase,
▸ Kundenverhandlungsphase,
▸ Abwicklungsphase und
▸ Gewährleistungsphase.

Wiederholungsfragen zu Kapitel 1.3.1 und 1.3.2

Für die nachfolgenden Wiederholungsfragen versetzen Sie sich bitte in die Situation eines großen Automobilherstellers. Stellen Sie sich bei diesem Hersteller die folgenden zwei sehr verschiedenen Beschaffungssituationen vor:

▸ *Situation 1: Es ist regelmäßig Papier- und Büromaterial für die verschiedenen, vor allem administrativen Bereiche zu beschaffen.*
▸ *Situation 2: Für ein neu zu errichtendes Werk im Ausland ist eine komplette Produktionsanlage zu beschaffen. Es bestehen bereits Erfahrungen aus der Errichtung anderer Werke. Diese sind jedoch zum großen Teil veraltet. Insbesondere haben sich die Technologien sehr stark weiterentwickelt.*

8. *Diskutieren Sie die unterschiedlichen Kauftypen für die beiden Beschaffungssituationen differenziert nach dem Wert des Investitions- oder Beschaffungsobjekts, dem Kaufanlass, dem Wiederholungsgrad und der Produkttechnologie.*
   ▸ *Welche Konsequenz ergibt sich daraus für das beschaffende Unternehmen?*
   ▸ *Wie sollten sich Anbieterunternehmen gemäß der jeweiligen Situation verhalten?*
9. *Ordnen Sie die Beschaffungssituationen den Typen von Investitionsentscheidungen nach dem mehrdimensionalen Ansatz von Kirsch/Kutschker zu.*
10. *Übertragen Sie die Phasen des organisationalen Beschaffungsprozesses nach Robinson et al. oder Backhaus/Voeth auf die vorliegenden Situationen. Wie sollten sich Anbieterunternehmen bei den jeweiligen Situationen und in den einzelnen Phasen des Beschaffungsprozesses verhalten?*

Die Lösungen zu den Wiederholungsfragen finden Sie in Kapitel 5 auf S. 224 f.

1.3.3 Buying Center – Decision Making Unit (DMU)

Eine umfassende Analyse des Beschaffungsprozesses auf der Abnehmerseite sollte neben der Betrachtung der Kauftypen und Phasen der Beschaffung auch die organisatorischen und personellen Aspekte berücksichtigen. Im Vergleich zum Konsumgütermarketing, wo in der Regel Kaufentscheidungen durch eine einzelne Person getroffen werden, sind im Business-to-Business-Marketing an der Entscheidung wie der Durchführung meist mehrere und wechselnde Personen beteiligt. Auch in den wenigen Ausnahmen, in denen formal nur eine Person die im vorherigen Abschnitt beschriebenen Phasen begleitet, ist diese regelmäßig verpflichtet, die Entscheidungen abzustimmen und zu rechtfertigen.

Die gedankliche Zusammenfassung der am Beschaffungsprozess direkt oder indirekt beteiligten Personen (und ggf. Organisationen) wird als **Buying Center** oder **Decision Making Unit (DMU)** bezeichnet. Dieses Buying Center besteht aus einer Gruppe von Personen innerhalb und außerhalb des Unternehmens, die problembezogen miteinander interagieren, um zu einer Lösung zu gelangen. Diese Gruppen können informell entstehen und sind in der Regel auch nicht institutionell verankert (Backhaus/Voeth 2010, S. 45 und die dort angegebene Literatur). Dies macht es für den Anbieter bisweilen sehr schwierig, die Mitglieder des Buying Centers zu bestimmen.

Nicht zuletzt aus dieser Unsicherheit heraus wurden zahlreiche Modelle entwickelt, die die Prozesse, Funktionen, Rollen und Ziele der möglichen Beteiligten des Buying Centers beschreiben.

Bevor auf die einzelnen Modelle eingegangen wird, soll das Buying Center zusammenfassend wie folgt beschrieben werden (Godefroid/Pförtsch 2008, S. 54):

▸ Es besteht aus einer meist **informellen Gruppe** der in **einer** konkreten Beschaffung involvierten Personen, d. h.
  - Häufig wird das Buying Center für jede Beschaffung neu zusammengesetzt.
  - Auch Außenstehende können zum Buying Center gehören.
  - Die Gruppe ist offen; die Mitglieder können wechseln.
  - Häufig hat niemand einen vollständigen Überblick über die Mitglieder des einzelnen Buying Centers.

▸ Die Mitglieder des Buying Centers nehmen unterschiedliche **Rollen** ein:
  - Eine Rolle kann von mehreren Personen übernommen werden.
  - Eine Person kann mehrere Rollen spielen.
  - Einzelne Rollen können nicht besetzt sein.

Für den Marketingverantwortlichen auf der Anbieterseite ist es wichtig, die Zusammensetzung und Struktur des Buying Centers möglichst gut zu erfassen. Folgende Fragen sind dafür zu beantworten (vgl. auch Godefroid/Pförtsch 2008, S. 54):

▸ Wie groß ist das Buying Center?
▸ Welche Personen mit welchen Funktionen gehören dazu?
▸ Welche sachlichen und persönlichen Interessen verfolgen die einzelnen Mitglieder?

▸ Welches aktive und passive Informationsverhalten zeigen die Buying-Center-Mitglieder?

▸ Durch welches Entscheidungsverhalten sind die Beteiligten charakterisiert? Welche Rollen nehmen die Personen ein?

▸ Welcher Einfluss geht von den Mitgliedern des Buying Centers auf die einzelnen Phasen und die letztendliche Kaufentscheidung aus?

▸ Wie kommt die Gruppenentscheidung zustande?

1.3.3.1 Rollenstruktur im Buying Center

Den Ausgangspunkt für Modelle, welche die Rollenstruktur von Buying Centern beschreiben, bildete das von Robinson et al. (1967, S. 101) vorgestellte Modell. Dieses wurde von Webster/Wind (1972) präzisiert und von Bonoma (1982) und Kotler (1991) erweitert.

Unterschiedliche Rollenkonzepte

Nach diesen Rollenkonzepten können Buying Center folgende idealtypische Zusammensetzung haben (vgl. Richter 2001, S. 78):

▸ Einkäufer (buyer),

▸ Benutzer (user),

▸ (fachlicher) Beeinflusser (influencer),

▸ Informationsselektierer (gatekeeper),

▸ Entscheider (decider),

▸ Initiator (Bonoma 1982, S. 111ff.) und

▸ Genehmigungsinstanzen (Kotler et al. 2007, S. 327).

Die Abbildung 15 verdeutlicht die idealtypische Zusammensetzung eines Buying Centers in Ergänzung des Modells von Webster/Wind (1972).

Idealtypische Zusammensetzung

Abb. 15

Rollenstruktur im Buying Center

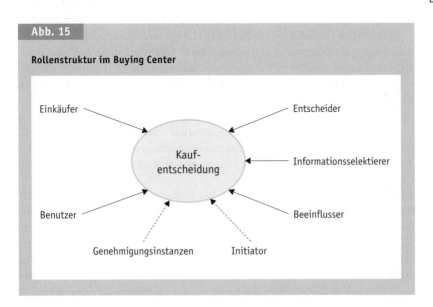

Mögliche Rollen
der Mitglieder eines
Buying Centers

Die Rollen lassen sich wie folgt beschreiben:

Einkäufer (buyer) sind formal damit betraut, Lieferanten auszuwählen und Kaufabschlüsse zu tätigen. Bei einfachen Beschaffungen des modifizierten oder identischen Wiederkaufs können diese mitunter völlig selbstständig entscheiden. Die übrigen Mitglieder des Buying Centers werden dann ggf. nur noch informiert. Bei komplexeren Beschaffungsvorgängen übernehmen die Einkäufer häufig eine Koordinationsfunktion für die Tätigkeit des Buying Centers in Bezug auf die einzuhaltenden formalen Vorgänge. Das Gesagte gilt vornehmlich für den operativen Einkäufer. Mitglieder des strategischen Einkaufs nehmen in Bezug auf die Rollenstruktur eher Entscheider-Rollen ein (vgl. Backhaus/Voeth 2010, S. 51f.).

Benutzer (user) arbeiten (verwenden, verbrauchen) später mit den beschafften Leistungen. Je nach Art der zu beschaffenden Leistung spielen sie eine mehr oder weniger große Rolle im Beschaffungsprozess. Insbesondere bei komplexen Produkten ist die besondere Sachkenntnis und Erfahrung mit Anwendungsproblemen von entscheidender Bedeutung. Häufig sind die Benutzer aufgrund von bestehenden Anwendungsproblemen Initiatoren der Beschaffung. Auch ohne die Berücksichtigung der fachlichen Kompetenz ist es vielfach schon aus psychologischen Gründen wichtig, die späteren Benutzer frühzeitig in den Beschaffungs- und Veränderungsprozess einzubinden. Ein Boykott dieser Gruppe kann eine Beschaffungsmaßnahme leicht zum Misserfolg werden lassen.

Beeinflusser (influencer) sind formal nicht am Kaufprozess beteiligt, haben aber erheblichen Einfluss auf die Auswahl der Beschaffungskriterien und der einzubeziehenden Alternativen. Dieser kann, z. B. aufgrund einer entsprechenden hierarchischen Funktion dieser Person, formeller Natur sein. Es ist aber auch möglich, dass dieser Einfluss nur auf der guten informellen Vernetzung und dem Informationsstand dieser Person beruht. Für den Anbieter ist es daher besonders wichtig, zu diesen Personen einen guten Kontakt aufzubauen und zu halten.

Informationsselektierer (gatekeeper) steuern den Informationsfluss innerhalb des Buying Centers. Sie beeinflussen die Art, Menge und Qualität der Informationen, die in das Buying Center hinein und heraus gehen. Dadurch haben sie einen erheblichen indirekten Einfluss auf die Entscheidungsfindung, auch wenn sie nicht direkt involviert sind. Informationsselektierer können beispielsweise Assistenten oder Sekretärinnen sein.

Entscheider (decider) fällen formal – aufgrund ihrer hierarchischen Position – oder informal – aufgrund ihres Informationsvorsprungs oder ihrer Erfahrungen – die letztendliche Kaufentscheidung. Bei identischem Wiederkauf kann auch der Einkäufer gleichzeitig Entscheider sein.

Initiatoren sind in Ergänzung des Rollenkonzeptes durch Bonoma (1982, S. 113ff.) diejenigen, die den Kaufprozess in Gang bringen. Dies kann durch das Erkennen und Aufzeigen von Problemen mit bestehenden Leistungen bestimmter Lieferanten, Schwierigkeiten mit vorhandenen, ggf. veralteten Anlagen oder auch das Erkennen und Aufzeigen von Kostensenkungspotenzialen etc. entstehen. Der Initiator kann durchaus auch außerhalb des Unternehmens stehen. Beispielsweise kann dies ein Anbieter sein, der durch aktives Marketing auf eine geeignete Problemlösung aufmerksam macht.

Genehmigungsinstanzen sind in Ergänzung des Modells durch Kotler et al. (2007, S. 327) Personen, die die vom Buying Center vorgeschlagenen Beschaffungen genehmigen müssen. Dies können beispielsweise Juristen, Finanzfachleute, Logistiker oder in größeren Unternehmen bestimmte Ausschüsse sein. In der Regel werden diese Personen/Instanzen erst in einer späteren Phase des Beschaffungsprozesses einbezogen, wenn die grundlegenden Fragen nach Lieferanten, Produktspezifikationen etc. geklärt sind.

Die Bedeutung der einzelnen Rollen entlang der Phasen des Beschaffungsprozesses sind in Anlehnung an Webster/Wind (1972), sowie ergänzt um die weiteren Rollen, in der Abbildung 16 dargestellt.

Wechselnde Bedeutung der Rollen im Verlauf des Entscheidungsprozesses

---

Abb. 16

Bedeutung der Rollen entlang der Phasen des Beschaffungsprozesses

Beschaffungsphase	Rollen						
	Benut-zer	Beein-flusser	Ein-käufer	Ent-schei-der	Gate-keeper	Initia-tor	Ge-neh-miger
Bedarfserkennung	X	X				X	
Klärung von Zielen	X	X	X	X			
Ermittlung von Beschaffungs-alternativen	X	X	X		X		
Bewertung von Alternativen	X	X	X				
Lieferantenauswahl	X	X	X	X			X

Quelle: in Anlehnung an Webster/Wind 1972, S. 80

Neben den wahrgenommenen Rollen spielen weitere Faktoren eine große Rolle für die Entscheidungsfindung im Buying Center. Hierzu gehören individuelle, situationsabhängige Befindlichkeiten der einzelnen Personen in Verbindung mit Positionen und hierarchischen Stellungen im Unternehmen, damit verbundenen Machtpositionen und Zielsetzungen sowie die fachlichen Kompetenzen der einzelnen direkt oder indirekt Beteiligten.

Macht, Hierarchie etc. als weitere Einflussfaktoren

Die Abbildung 17 versucht, den Prozess der Entscheidungsfindung unter Berücksichtigung dieser Faktoren zusammenfassend zu verdeutlichen.

Abb. 17

Prozess der Entscheidungsfindung im Buying Center

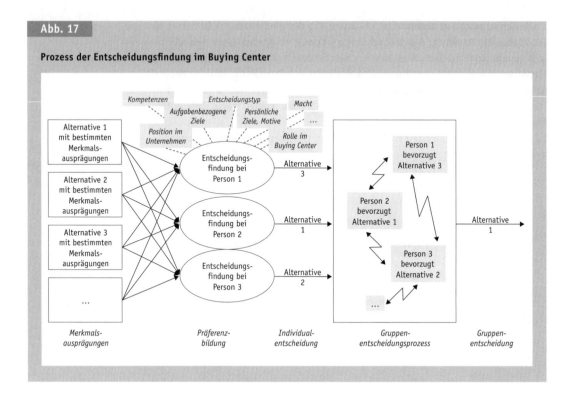

Im Weiteren sollen einzelne Faktoren, die die individuelle Präferenzbildung und die Entscheidungsfindung im Buying Center beeinflussen, dargestellt und systematisiert werden. Das Verständnis dieser Parameter stellt für das Anbieterunternehmen eine wichtige Voraussetzung zur zielgerichteten Beeinflussung und ggf. Steuerung des Verkaufsprozesses zu seinen Gunsten dar.

1.3.3.2 Zusammensetzung des Buying Centers

Buying-Center-Analyse mittels unterschiedlicher Kriterien

Die Zusammensetzung des Buying Centers lässt sich nach Johnston/Bonoma (1981) durch folgende vier Kriterien charakterisieren:

▸ **Vertikale Beteiligung** (vertical involvement) steht für die Anzahl der hierarchischen Stufen des Unternehmens, die Einfluss ausüben und innerhalb des Buying Centers kommunizieren.

▸ **Horizontale Beteiligung** (lateral involvement) steht für die Anzahl der Abteilungen auf gleicher hierarchischer Stufe, die in den Beschaffungsprozess einbezogen werden.

▸ **Ausdehnung** (extensity) meint die Gesamtzahl der Personen, die in das Kommunikationssystem des Buying Centers integriert sind.

▸ **Verbundenheit** (connectedness) misst den Grad der tatsächlich in Bezug auf die Beschaffung durchgeführten Kommunikation.

Die Ausprägung dieser Kriterien ist abhängig von den spezifischen Eigenschaften des beschaffenden Unternehmens und den Charakteristika der zu beschaffenden Leistungen. Mögliche Beziehungen zwischen diesen situativen Ausprägungen und den genannten Kriterien sind in der Abbildung 18 verdeutlicht (vgl. Johnston/ Bonoma 1981).

Abhängigkeit von den Eigenschaften des Unternehmens und der Leistung

Abb. 18

Charakterisierung der Zusammensetzung des Buying Centers

	Eigenschaften des Unternehmens		Charakteristika der zu beschaffenden Leistung			
	Starke Formalisierung, erhöhte schriftl. Kommunikation	Zentralisierter Einkauf	Hohe Bedeutung	Hohe Komplexität	Hoher Neuigkeitsgrad	Kapitalgüter vs. Dienstleistungen
Vertikale Beteiligung			X	X		X
Horizontale Beteiligung	X		X	X	X	
Ausdehnung	X		X	X		X
Verbundenheit		X				

Quelle: in Anlehnung an Johnston/Bonoma 1981, S. 255

Danach führt eine starke Formalisierung des Beschaffungsprozesses in Verbindung mit erhöhter schriftlicher Kommunikation zu einer umfassenderen horizontalen Beteiligung mehrerer Abteilungen und zu einer Ausdehnung des Entscheidungsprozesses auf viele Personen. Eine große Bedeutung und/oder eine hohe Komplexität führen zu einer starken Beteiligung mehrerer hierarchischer Stufen, einer stärkeren horizontalen Beteiligung mehrerer Abteilungen und zu einer Ausdehnung des Entscheidungsprozesses auf viele Personen.

1.3.3.3 Zielstruktur im Buying Center
Neben der Rollenstruktur ist es für den Anbieter wichtig zu wissen, welche Personen Mitglied des Buying Centers sind und welche Ziele diese verfolgen. Dabei werden die innerhalb der Beschaffungsentscheidung verfolgten Ziele einerseits geprägt von der Aufgabe, Position und Verantwortlichkeit im Unternehmen. An-

Aufgabenbezogene und persönliche Ziele

dererseits haben die individuellen, persönlichen Motive und Interessen einen erheblichen Einfluss auf die verfolgten Ziele.

Positionsabhängigkeit und Konfliktpotenzial

Die **aufgabenbezogenen Ziele** hängen stark mit der jeweiligen Position im Unternehmen zusammen. Diese Ziele können sehr unterschiedlicher Natur und durchaus konfliktär zueinander sein. Während für den Produktionsverantwortlichen die Funktionseigenschaften und die Qualität im Vordergrund stehen, werden für den Einkaufsverantwortlichen wirtschaftliche Kriterien die größere Rolle spielen.

Die Abbildung 19 enthält beispielhaft Entscheidungskriterien, die aus der Sicht der unterschiedlichen Unternehmensbereiche regelmäßig dominieren.

Abb. 19

Entscheidungskriterien im Buying Center

Bereich/Abteilung	Dominierende Entscheidungskriterien
Finanzabteilung	▸ Mengenrabatte ▸ Anbieter erfüllt alle Verträge
Produktionsplanung	▸ Anbieter kann auch im Notfall schnell liefern ▸ Reagiert flexibel auf Umbestellungen
Einkauf	▸ Anbieter erfüllt stets die Qualitätskriterien ▸ Weist rechtzeitig auf Probleme hin ▸ Liefert auch bei Lieferengpässen ▸ Beantwortet immer alle Fragen
Produktion	▸ Pünktliche Lieferung ▸ Nimmt fehlerhafte Produkte fair zurück ▸ Gibt Gutschrift für Nacharbeiten
Qualitätskontrolle	▸ Anbieter erfüllt stets die Qualitätskriterien

Quelle: in Anlehnung an Godefroid/Pförtsch 2008, S. 59; dort nach Reeder et al. 1991

Eventuelle Zielkonflikte zwischen den Bereichen/Abteilungen können in verschiedenen Unternehmen sehr unterschiedlich ausgeprägt sein. Mögliche Einflussfaktoren sind z. B. die Unternehmensphilosophie, die Branche, der Organisationsgrad im Unternehmen, der Führungsstil etc.

Zielstrukturanalyse im Buying-Center

Das Anbieterunternehmen kann beispielsweise durch gezieltes Fragen versuchen, die Zielstruktur der einzelnen Mitglieder im Buying Center zu erheben und zu bewerten. In der Praxis ist dies sicher nicht ganz einfach, da es oftmals schon schwierig ist, die einzelnen Teilnehmer und deren Rollen im Buying Center zu eruieren. Sollte es dennoch möglich sein, bietet sich ein Bewertungsmodell an, wie es nachfolgend in Abbildung 20 am Beispiel einer Beschaffungsanalyse für ein neues CAD-System für die Entwicklungsabteilung eines Unternehmens dargestellt ist.

Abb. 20

Beispiel einer Beschaffungsanalyse für ein neues CAD-System für die Entwicklungsabteilung eines Unternehmens

Kriterien	Bereiche				
	Entwick-lung	DV-Abtei-lung	Ge-schäfts-führung	Finanzen	Einkauf
	Buying-Center-Rollen				
	Benutzer	*Info-selek-tierer*	*Entschei-der*	*Beein-flusser*	*Einkäufer*
Kompetenz des Anbieters	20	20	40		
Erweiterbarkeit des Produkts, Kompatibilität	10	20	10	10	40
Installation des Produkts		10			10
Zahlungsbedingungen				20	
Ausbildung	30	30	50		10
Funktionsumfang der Software	40	20			
Rentabilität				70	
Wartung					40
Summe:	*100*	*100*	*100*	*100*	*100*

Quelle: Godefroid/Pförtsch 2008, S. 60

Entsprechend den Ergebnissen einer solchen Analyse sollten die einzelnen Mitglieder des Buying Centers bzw. Vertreter der Bereiche gezielt auf Kriterien angesprochen werden, die dort jeweils eine erhöhte Punktzahl (grau markierte Felder) aufweisen. Mit der Geschäftsführung sind daher vorrangig Themen der Kompetenz und der notwendigen Ausbildung zu besprechen, während im Finanzbereich die Rentabilität im Vordergrund stehen sollte.

Rollenbezogene Gewichtung bzw. Fokussierung der Ansprache

Neben der aufgabenbezogenen Analyse empfiehlt es sich, für jedes Mitglied des Buying Centers eine **individuelle Interessen- und Bedeutungsanalyse** durchzuführen. Hier helfen sicher nur persönliche Gespräche, die bei formalen oder informellen Treffen mit den einzelnen Personen geführt werden können.

Hinsichtlich der Bedeutung und des Einflusses eines Buying-Center-Mitglieds sollten z.B. folgende Fragen beantwortet werden (Kohli/Zaltman 1988; Godefroid/Pförtsch 2008, S. 61):

Ergänzende Einflussanalyse

▸ Welchen Einfluss hat er/sie auf das Entscheidungsverhalten der anderen BC-Mitglieder?

▸ Welche Wirkung hat sein/ihr Mitwirken im BC in Bezug auf die Rangreihe der Kaufalternativen?

▸ In welchem Ausmaß stimmt seine/ihre Beurteilung der Alternativen mit der Beurteilung der anderen BC-Mitglieder überein.

▸ ...

Analyse der persönlichen Ziel- und Motivstruktur

Schließlich spielen die ganz persönlichen Hintergründe und Motive des Einzelnen eine Rolle bei der individuellen Entscheidungsfindung. Diese **persönlichen Ziele** können auch bei fachlich identischen Situationen zu unterschiedlichen Ergebnissen führen. Daher gilt es, diese ebenfalls zu analysieren. Ein wesentlicher Faktor zur Beschreibung der persönlichen Ziel- und Motivstruktur ist der Umgang mit dem Risiko (Godefroid/Pförtsch 2008, S. 65 ff.).

Risiko als Einflussgröße

Eine jede nicht triviale Entscheidung erfolgt unter mehr oder weniger großer Unsicherheit. Aus den Folgen der Entscheidung resultiert aus Sicht des Entscheiders ein entsprechendes Risiko, und zwar in wirtschaftlicher Hinsicht für das Unternehmen und in persönlicher Hinsicht für den Entscheider. Eine Fehlentscheidung kann erhebliche persönliche Konsequenzen mit sich bringen, bis hin zum Verlust des Arbeitsplatzes.

Die unterschiedlichen **Risikoarten** für Einkäufer sowie die Bedeutung, die sie diesen zuordnen, sind von Hawes/Barnhouse (1987) untersucht worden. Mittels eines »**Risikofaktors**«, der aus der Multiplikation aus der jeweiligen Bedeutung und Wahrscheinlichkeit des Risikos ermittelt wird, haben sie eine Abstufung abgeleitet. Basis des Risikofaktors sind:

Beurteilung des Risikos

▸ die Bedeutung des Risikos (1: ärgerlich, aber nicht ernst, 2: ziemlich ernst, 3: sehr ernst)

▸ die Wahrscheinlichkeit des Risikos (1: nicht wahrscheinlich, 2: recht wahrscheinlich, 3: sehr wahrscheinlich)

Wird ein Risiko z.B. als sehr ernst aber unwahrscheinlich empfunden, ergibt sich ein Risikofaktor von 3x1=3. Ein Risiko, das als ziemlich ernst und recht wahrscheinlich empfunden wird, hat einen Risikofaktor von 2x2=4.

Die aus der empirischen Untersuchung von Hawes/Barnhouse (1987) erhaltenen Durchschnittswerte sind der Abbildung 21 zu entnehmen.

Lösungsstrategien

In einer Beschaffungssituation unter Unsicherheit gibt es verschiedene Lösungsstrategien:

▸ Reduktion der Unsicherheit durch Beschaffen zusätzlicher Informationen oder Ausschluss von Risikoelementen

▸ Verteilung des Risikos durch Aufteilung der Beschaffung auf mehrere Lieferanten

▸ Auswahl der intern »vertretbarsten« Alternative

Beachten möglicher Folgen einer Entscheidung

Die Auswahl der intern »vertretbarsten« Alternative beinhaltet eine differenzierte Analyse der möglichen Folgen einer Entscheidung. Eine Beschaffungsentscheidung mit positivem Ergebnis wird auch positive Konsequenzen für den Entscheider mit sich bringen, während umgekehrt ein negatives Ergebnis sehr negative Folgen für den Entscheider beinhalten kann.

Abb. 21

Risikoeinschätzung in Beschaffungssituationen

Art des Risikos	Risiko-faktor	Rang
Persönliche Enttäuschung, Frustration	6,32	1
Die Beziehungen zu den Benutzern werden leiden	5,13	2
Das Ansehen der Einkaufsabteilung wird sich verschlechtern	3,59	3
Die nächste Leistungsbeurteilung wird ungünstig ausfallen	3,41	4
Die Chancen auf eine Beförderung verschlechtern sich	2,92	5
Die nächste Gehaltserhöhung wird geringer ausfallen	2,71	6
Das Ansehen unter den Kollegen wird sich verschlechtern	2,68	7
Verlust des Arbeitsplatzes	2,25	8
Verringerung des persönlichen Ansehens	1,78	9

Quelle: Godefroid/Pförtsch 2008, S. 66; dort nach Hawes/Barnhouse 1987

Die meisten Beschaffungsalternativen unterscheiden sich durch ihr **Risiko-Kosten-Verhältnis**. Beschaffungsalternativen mit geringem Risiko sind meist teurer, aufgrund der Bekanntheit, Reputation, Marken- und Marktführerschaft des Anbieters. Aus der Kombination ergeben sich für den Entscheider die in Abbildung 22 zusammengestellten Konsequenzen.

Risiko-Kosten-Verhältnis

Abb. 22

Entscheidungssituationen im Buying Center

	Beschaffungsrisiko: hoch Kosten: niedrig	Beschaffungsrisiko: niedrig Kosten: hoch
Ergebnis: positiv	▶ Positive Beurteilung	▶ Keine besonderen Konsequenzen ▶ Existenz bzw. Erfolg einer kostengünstigeren Alternative kann nicht ohne Weiteres bewiesen werden
Ergebnis: negativ	▶ Erhebliche Konsequenzen für den Beschaffer ▶ Rechtfertigungsdruck ▶ Vorwurf der Fehlentscheidung	▶ I.d.R. keine besonderen Konsequenzen, sofern fehlerfreier, systematischer und dokumentierter Entscheidungsprozess ▶ Existenz bzw. Erfolg einer erfolgreicheren Alternative kann nicht ohne Weiteres bewiesen werden

Quelle: in Anlehnung an Godefroid/Pförtsch 2008, S. 67 f.

Daraus folgt, dass häufig eine Tendenz zur Wahl einer risikoärmeren, aber teureren Alternative besteht. Diese Erkenntnis ist eine wesentliche Basis sowie ein entscheidendes Verkaufsargument für das Marketing des Marktführers und das Verfolgen einer Präferenzstrategie.

1.3.3.4 Entscheidertypologien im Buying Center

Entscheidungsverhaltenstypen

In der Literatur sind neben der Analyse der Zielbildung und -struktur im Buying Center auch einige Ansätze zur grundlegenden Differenzierung von Entscheidertypen zu finden. Die meisten stammen aus der Innovationsverhaltensforschung. Drei der Ansätze sollen hier genauer vorgestellt werden: das Promotoren-Modell von Witte (1973), das Innovatoren-Modell von Strothmann (1979) und das Kaufentscheider-Modell von Droege et al. (1993).

1.3.3.4.1 Das Promotoren-Modell von Witte

Bei den meisten Gruppenentscheidungen wird es Personen geben, die eine bestimmte Entscheidung eher ablehnen, und solche, die eher dafür sind. Gestützt auf diese Erfahrungen sowie empirische Untersuchungen stellt Witte (1973) ein Modell auf. Dieses dient der Klassifizierung von

‣ **Promotoren**, die den Beschaffungsprozess aktiv fördern und von der Imitierung bis zum Kauf beeinflussen, sowie

‣ **Opponenten**, die den Prozess verhindern und verzögern (Witte 1973, S. 16).

Hierarchischer und fachlicher Hintergrund als Einflussgröße

Nach dem hierarchischen bzw. fachlichen Hintergrund unterscheidet er Fach- und Machtpromotoren sowie Fach- und Machtopponenten. Das Modell wurde später noch durch den Prozesspromotor ergänzt (Havelock 1982; Hauschildt/Chakrabarti 1988). Die Konzeption erfolgte ursprünglich für innovative Beschaffungsentscheidungen. In der Literatur findet jedoch durchaus eine Übertragung auf andere Typen von Beschaffungsentscheidungen statt.

Fachpromotoren sind alle Mitglieder des Buying Centers, die sich bezüglich der Beschaffungsobjekte durch umfassendes Fachwissen auszeichnen und als Fachleute gelten. Die hierarchische Stellung spielt dabei keine Rolle. Im Vordergrund steht die Expertenmacht, die dazu beitragen kann, das Sperrverhalten von Fachopponenten im Kaufprozess zu überwinden.

Machtpromotoren verfügen aufgrund ihrer relativ hohen hierarchischen Position über Entscheidungsmacht. Weniger aufgrund der fachlichen Detailkenntnis als vielmehr auf Basis ihrer – im Vergleich zu den Fachleuten – eher ganzheitlichen Sichtweise auf das Beschaffungsproblem fördern sie den Beschaffungsprozess. Ihre Aufgabe ist es, mittels ihres formal-hierarchischen Einflusses (Legitimations-, Belohnungs- und Bestrafungsmacht) Willensbarrieren bei Fach- und Machtopponenten zu überwinden.

Prozesspromotoren kennen sich in den Organisationsstrukturen des Unternehmens gut aus. Sie sind in der Lage, die formalen und informalen Beziehungen und Abläufe im Unternehmen zugunsten des Beschaffungsprozesses zu beeinflussen und voranzutreiben. Sie stellen Verknüpfungen zwischen Fach- und Machtpromotoren her. Vielfach fungieren sie als Übersetzer zwischen technischer und ökonomischer Sprachwelt. Administrative und organisatorische Barrieren sollen durch die Tätigkeit des Prozesspromotors überwunden werden (vgl. Hauschildt/ Schewe 1999, S. 166; Hauschildt/Chakratbarti 1988; Hauschildt/Schewe 1997, S. 509).

In der Abbildung 23 sind die Machtquellen, Leistungsbeiträge und Barrieren für die einzelnen Promotoren dargestellt.

Abgrenzung nach Machtquellen, Leistungsbeiträgen, Barrieren

Abb. 23

Machtquellen, Leistungsbeiträge und Barrieren von Promotoren

	Machtquellen	Leistungsbeiträge	Barrieren
Machtpromotor	▸ Hohe hierarchische Position	▸ Stellt organisationale Ressourcen bereit ▸ Legt Ziele fest ▸ Gewährt Anreize ▸ Sanktioniert Akteure ▸ Blockiert Opponenten	▸ Willensbarrieren ▸ Hierarchiebarrieren
Fachpromotor	▸ Expertenkompetenz	▸ Evaluiert neuartige und komplexe Probleme ▸ Beurteilt und entwickelt Problemlösungsvorschläge ▸ Realisiert Problemlösungen ▸ Initiiert und fördert fachspezifische Lernprozesse	▸ Fachspezifische Fähigkeitsbarrieren
Prozesspromotor	▸ Organisationskenntnisse ▸ Organisationsinterne Kommunikationspotenziale	▸ Sammelt, filtert, übersetzt und interpretiert Informationen und leitet diese gezielt an Akteure weiter ▸ Fördert Kommunikationsbeziehungen und Koalitionen zwischen Akteuren	▸ Organisatorische und administrative Barrieren

Quelle: Backhaus/Voeth 2010, S. 55, dort in Anlehnung an Walter 1998, S. 106 ff.

Opponenten erwachsen meist aus Willens- oder Fähigkeitsbarrieren der Macht- und Fachopponenten (Witte 1988, S. 167 ff.). Sieht man von subjektiven und eigennützigen Motiven ab, können Opponenten durchaus eine positive Rolle im Sinne der Risikovermeidung spielen (Richter 2001, S. 90).

Machtopponenten behindern, verzögern oder verhindern Beschaffungsentscheidungen durch Einsatz ihrer hierarchischen Stellung. **Fachopponenten** üben ihre Verhinderungsmacht durch das Ausspielen ihres Expertenwissens aus. Häufig agieren Opponenten aus dem Hintergrund heraus und sind daher insbesondere für Außenstehende (z. B. den Anbieter der Leistung) schwerer identifizierbar.

1.3.3.4.2 Das Innovatoren-Modell von Strothmann

Personenorientierte
Aspekte

Strothmann (1979) hat das Modell des Beschaffungsverhaltens von Organisationsmitgliedern um noch stärker personenorientierte Aspekte ergänzt. Er hat die Typologie der Fakten-Reagierer, der Image-Reagierer und der Reaktionsneutralen eingeführt.

»Bei den **Fakten-Reagierern** handelt es sich um einkaufsentscheidende Fachleute, die in Entscheidungsprozessen unter dem Bestreben stehen, eine möglichst vollständige abgerundete Beurteilung hinsichtlich der angebotenen Produkte für sich selbst herbeizuführen.« (Strothmann 1979, S. 99)

Bei den **Image-Reagierern** »... handelt es sich um einkaufsentscheidende Fachleute, die in Entscheidungssituationen eher durch imagepolitische Maßnahmen beeinflussbar sind als durch rational bewertbare Datenkonstellationen.« (Strothmann 1979, S. 100)

Die **Reaktionsneutralen** verhalten sich in unterschiedlichen Einkaufssituationen wechselhaft. Es können Image-Reagierer sein, die jedoch unter Sachzwängen zu Fakten-Reagierern werden.

Einflussnahme
auf Entscheidungen

Mittels einer weiteren Studie, die 1988 vom Spiegel-Verlag durchgeführt wurde, hat Strothmann eine noch differenziertere **Entscheidertypologie** entwickelt (Spiegel-Verlag 1988; Strothmann/Kliche 1989, S. 82 f.; Kliche 1991, S. 83):

▸ Der **Entscheidungsorientierte** ist durch zügiges Entscheiden charakterisiert. Er setzt sich im Entscheidungsgremium souverän durch. Dabei ist er an Fakten orientiert und vergleicht gezielt ggf. mehrere vorliegende Angebote.

▸ Der **Faktenorientierte** ist stark an Details orientiert. Dadurch verzögert er oft Entscheidungsprozesse.

▸ Der **Sicherheitsorientierte** legt besonderen Wert auf die Ausschaltung jeglichen Risikos. Er ist durch ein selektives Informationsverhalten gekennzeichnet und orientiert sich stark am Image des Anbieters.

Die einzelnen Merkmale sind der Abbildung 24 zu entnehmen.

Abb. 24

Merkmale der Entscheidertypen

	Der Entscheidungs-orientierte	Der Faktenorientierte	Der Sicherheits-orientierte
Entschei-dungsver-halten	▸ Souverän ▸ Zügig ▸ Alleinentscheider ▸ Höchste Entschei-dungsbeteiligung	▸ Detailbesessen ▸ Bedächtig, verzö-gernd, ohne Zeit-druck ▸ Mitwirkungsfunkti-on ▸ Mittlere Entschei-dungsbeteiligung	▸ Abhängig von äuße-ren Faktoren ▸ Zögernder Entschei-der, macht sich Entscheidungen schwer ▸ Impulsgeber, Prüfer ▸ Niedrigste Entschei-dungsbeteiligung, mehrere Entscheider
Vorbereitung, Absicherung der Entschei-dung	▸ Kümmert sich nicht um Details ▸ Denkt nicht kausal, kennt wesentliche Fakten ▸ Vorarbeiten werden delegiert ▸ Selektive Informati-onsaufnahme, Info wird vorbereitet ▸ Ist kein Ansprech-partner	▸ Klärt alle Details selbst, treibt Ent-scheidungen voran ▸ Hat Detailwissen, fachlich versiert ▸ Vorbereitende Aktivitäten und Klärungen: Angebo-te, Informationen ▸ Breites Informa-tionsspektrum, akzeptiert Macht-promotor ▸ Ist wichtiger An-sprechpartner	▸ Kümmert sich nicht um Details ▸ Kümmert sich um Sicherheitsfragen: Service, Anwen-dungsmöglichkeiten ▸ Problemdefinition, Konzepterstellung ▸ Selektive Infor-mation, Blick für Wesentliches ▸ Ist kein Ansprech-partner
Imagedenken	▸ Immun gegen Firmenimages ▸ qualitätsorientiert, nur bei gleicher Qualität entschei-det der Preis	▸ Imageunabhängig ▸ Preisorientiert	▸ Imagereagierer, sichert sich durch bekannte Namen ab ▸ Nur qualitäts-orientiert
Art des Unter-nehmens	▸ Unabhängig von der Betriebsgröße ▸ Forschungsaufkom-men: 6,1% ▸ Innovationspoten-zial: etwa gleiche Verteilung ▸ Im Konzern, Fir-menverbund ▸ Bei hohem Innova-tionspotenzial stark exportorientiert ▸ GmbH und AG ▸ Permanente Neu-produktentwicklung am ausgeprägtesten	▸ Eher im mittelstän-dischen Bereich ▸ Forschungsaufkom-men hoch: 7,6% ▸ Häufig niedriges oder mittleres In-novationspotenzial ▸ Eher in Einzelfirmen ▸ Bei mittlerem In-novationspotenzial exportorientiert ▸ Häufig in GmbH, selten in AG	▸ Überwiegend in Großunternehmen ▸ Forschungsaufkom-men: 6,3% ▸ Häufig mittleres In-novationspotenzial ▸ Im Konzern, Firmen-verbund ▸ Bei hohem Innova-tionspotenzial stark Exportorientiert ▸ GmbH und AG

Abb. 24

Merkmale der Entscheidertypen (Fortsetzung)

	Der Entscheidungs-orientierte	Der Faktenorientierte	Der Sicherheits-orientierte
Führungsstil	▸ Praktiziert koopera-tiven Führungsstil, delegiert viel, von guter Zusammenar-beit abhängig	▸ Hierarchie teilweise ausgeprägt (sehr kleine und sehr große Betriebe)	▸ Arbeitet am ehesten in Gruppen bedingt durch Firmengröße
Subjektive Meinung über Firmensitua-tion	▸ Hat die negativste Meinung über den Innovationsstand seiner Firma	▸ Schätzt sein Unter-nehmen am positiv-sten ein	▸ Ambivalent
Betätigungs-feld, Funktion	▸ Techniker, Kauf-mann, kein Orga-nisator ▸ Geschäftsleitung, Direktor, kaufmän-nische Leitung, Bevollmächtigter	▸ In allen Bereichen, nicht in kaufmän-nischen ▸ Geschäftsleitung, Abteilungsleitung, Organisationslei-tung	▸ Techniker, Organi-sator ▸ Konstrukteur, Ent-wickler, Abteilungs-leitung EDV ▸ Hat die meisten zusätzlichen berufli-chen Aufgaben
Ausbildung	▸ Praktische Ausbil-dung im kaufmänni-schen, technischen Bereich ▸ Fachschule	▸ Lehre, Fachschule	▸ Akademische Aus-bildung ▸ Uni, Technische Hochschule
Informations-verhalten im Entschei-dungsprozess	▸ Fachmessen ▸ User-Groups ▸ Dialog mit dem Hersteller ▸ Produktpräsenta-tion ▸ Fachliteratur	▸ Fachzeitschriften ▸ Fachliteratur ▸ Fachmessen ▸ User-Groups ▸ Schriftliches Materi-al der Hersteller ▸ Seminare ▸ Produktpräsenta-tionen	▸ Breites Informati-onsspektrum, exklu-sive Quellen ▸ Kurse, Seminare ▸ Messen, Ausstel-lungen ▸ User-Groups ▸ Dialog mit dem Hersteller ▸ Schriftliches Materi-al der Hersteller ▸ Produktpräsentation

Quelle: Spiegel-Verlag 1988; Strothmann/Kliche 1989, S. 84 f.

1.3.3.4.3 Das Kaufentscheider-Modell von Droege/Backhaus/Weiber

Fähigkeiten vs.
Reputation des Anbieters

Droege/Backhaus/Weiber (1993, S. 60 ff.) haben auf Basis einer Studie im Jahre 1992 ergänzend zu dem vorherigen Modell einen vierten Entscheidertyp abge-grenzt: den Inspekteur. Die Gesamttypologie ergibt sich durch die Klassifizierung des Entscheiderverhaltens nach den Dimensionen »Berücksichtigung der Fähigkei-ten des Anbieters« und »Reputation des Anbieters«.

Faktenorientierte sind stark an der Fachkompetenz des Anbieters orientiert. Beweise für die Fähigkeiten des Anbieters werden erwartet (z.B. Vorlage von Referenzen). Die Reputation spielt eine geringere Rolle.

Fähigkeiten und Image

Imageorientierte sind stark am Image des Anbieters orientiert. Die tatsächlichen Fähigkeiten sind für die Entscheidung nicht so relevant.

Sicherheitsmaximierer sind sowohl an den Fähigkeiten als auch am Image orientiert.

Inspekteure sind weder durch die Fähigkeiten noch durch die Reputation des Anbieters zu überzeugen. Sie glauben nur was sie sehen oder in anderer Form inspizieren können. Insbesondere bei Innovationen oder Individualanfertigungen, bei denen eine Inspektion oder Reputation im Vorhinein nicht möglich ist, sind solche Personen schwer zu überzeugen.

In der Abbildung 25 sind die Typen sowie die Verteilung der Angaben bei den befragten Unternehmen dargestellt.

Abb. 25

Entscheidertypen

	Unterdurchschnittliche Berücksichtigung der Reputation des Anbieters	Überdurchschnittliche Berücksichtigung der Reputation des Anbieters
Überdurchschnittliche Berücksichtigung der Fähigkeiten des Anbieters	Faktenorientierte 25%	Sicherheitsmaximierer 34%
Unterdurchschnittliche Berücksichtigung der Fähigkeiten des Anbieters	Inspekteure 23%	Imageorientierte 18%

1.3.3.5 Macht und Einfluss im Buying Center

Der Einfluss der einzelnen Mitglieder im Buying Center auf die Entscheidung sowie die Intensität, mit der sie ihre jeweilige Rolle ausspielen können, hängt in starkem Maße von ihrer Macht innerhalb des Beziehungsgefüges im Unternehmen ab. Für die Anbieterorganisation ist es daher neben der Einschätzung oder – wenn möglich – der Kenntnis der übernommenen Rollen und der vertretenen Typen von Entscheidern wichtig, möglichst genau abzuschätzen, wie die Macht innerhalb des Buying Centers strukturiert und verteilt ist. Mitunter kann – auf Grundlage der Machtverteilung – die Entscheidung für eine Beschaffung am »nein« einer Person scheitern. Es nützt dann wenig, wenn alle anderen mit »ja« gestimmt haben. Der Anbieter sollte daher vor allem die Gegner eines Projektes identifizieren und einschätzen, um geeignete Maßnahmen zur Absicherung des Geschäftes ergreifen zu können.

Analyse von Machtstruktur und -verteilung

Macht ist die Fähigkeit einer Person oder Institution, anderen Personen oder Institutionen ihren Willen aufzuzwingen.

Machtarten

In der Literatur werden verschiedene **Arten von Macht** unterschieden (Richter 2001, S. 98 ff.):

▸ **Referenzmacht** entsteht, wenn jemand eine gewisse Vorbild- oder Idolfunktion genießt. Diese Person hat dann anderen gegenüber Referenzmacht.

▸ **Informationsmacht** existiert, wenn jemand Zugang zu Informationen hat, die anderen nicht zugänglich sind.

▸ **Experten-/Spezialistenmacht** resultiert aus der Kompetenz einer Person in einer Sache.

▸ **Aktivierungsmacht** (Belohnungs-, Sanktionsmacht) äußert sich in Form der gezielten Verhaltensbeeinflussung durch die Gewährung von Vorteilen oder das Ausüben von Zwang.

▸ **Legitimationsmacht** entsteht aufgrund von strukturellen oder formalen Normen innerhalb eines Beziehungsgefüges (z. B. in Form der Weisungsbefugnis von Vorgesetzten gegenüber Mitarbeitern).

▸ **Abteilungsmacht** entsteht aus der relativ höheren Bedeutung eines Bereiches innerhalb eines Unternehmens gegenüber anderen.

1.3.3.6 Gruppendynamik im Buying Center

Gruppendynamische
Prozesse als Einflussgröße

Neben den bisher besprochenen aufgabenbezogenen und persönlichen Zielen, der Art des Entscheidungstyps sowie den Machtverhältnissen im Buying Center sind die gruppendynamischen Prozesse ausschlaggebend für die Entscheidung dieser Gruppe. Aufgrund der durchaus unterschiedlichen Ziele der einzelnen Gruppenmitglieder, wird es regelmäßig zu Zielkonflikten kommen, die es zu überwinden gilt.

Strategien zur
Konfliktlösung

In Abhängigkeit von dem Wunsch, die eigenen Ziele und/oder die Ziele der Gegenpartei durchzusetzen, lassen sich die folgenden **Konfliktlösungsstrategien** unterscheiden (Day/Michaels/Purdue 1988; Reeder et al. 1991, S. 122):

▸ **Kämpfen** (competing) zielt darauf, die eigenen Ziele ohne Rücksicht auf die Gegenseite durchzusetzen.

▸ **Sich arrangieren** (accomodation) bedeutet, die Ziele der Gegenseite zu akzeptieren und die eigenen Interessen zurückzustellen (ggf. mit Perspektive auf eine spätere Belohnung für dieses Verhalten).

▸ **Zusammenarbeit** (collaboration) setzt auf den Versuch, die Ziele beider Seiten möglichst vollständig zu erreichen.

▸ **Konfliktvermeidung** (avoiding) verhindert das Erreichen der Zielsetzungen beider Seiten, meist durch Verschieben der Entscheidung.

▸ **Kompromiss** (compromise) lässt beide Seiten nur einen Teil ihrer Zielsetzungen erreichen.

Bildung von Mehrheiten

Häufig kommt es in solchen Gruppen auf dem Weg zur Konfliktlösung zur Bildung von **Koalitionen**. Hierbei versuchen einige Gruppenmitglieder zusammenzuarbeiten, um in der Gesamtgruppe eine qualifizierte Mehrheit zu erreichen und das

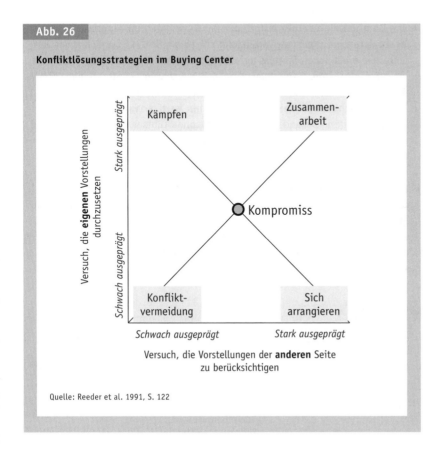

Abb. 26

Konfliktlösungsstrategien im Buying Center

Quelle: Reeder et al. 1991, S. 122

Gruppenergebnis in Sinne der Koalition zu beeinflussen (vgl. Godefroid/Pförtsch 2008, S. 70).

1.3.3.7 Zugang zu den Mitgliedern des Buying Centers

Die vorstehenden Ausführungen zur Struktur, Zusammensetzung und Verhaltensbildung des Buying Centers gingen implizit davon aus, dass die Mitglieder des Buying Centers dem Anbieterunternehmen bekannt und zugänglich sind. Dies ist in der Praxis jedoch eher die Ausnahme. Die Identifikation der »tatsächlichen Entscheidungsträger« eines Buying Centers stellt de facto die große Hürde dar, welche häufig die praktische Umsetzung des Modells sehr erschwert oder gar verhindert.

Nach Rudolphi (1981, S. 122 f.) gibt es drei wesentliche **Einschränkungen des Zugangs** zu den Mitgliedern des Buying Centers:

▷ Die **Identifizierbarkeit der Mitglieder** des Buying Centers wird mit zunehmender Größe des beschaffenden Unternehmens in der Regel auch immer schwieriger, während in kleineren Unternehmen ein Überblick eher möglich ist.

Identifikation
der Mitglieder und Rollen
als Voraussetzung

- Die **Dominanz einzelner Mitglieder** des Buying Centers aufgrund verschiedener Arten von Macht in Verbindung mit persönlichen Charakterzügen hat mitunter erheblichen Einfluss auf das Ergebnis der Entscheidung. Auch dies ist für das Anbieterunternehmen in der Regel schwer herauszufinden. Gleichzeitig ist dies aus Effizienzgesichtspunkten heraus aber sehr wichtig.
- Die **Ansprechbarkeit der Mitglieder** ist ein weiterer Engpass. Gerade die für die Entscheidung besonders wichtigen Personen (Entscheider) sind aufgrund ihrer hierarchischen Position zeitlich kaum verfügbar und haben zudem häufig kein besonderes Interesse an ausführlichen Gesprächen.

Lokalisieren von
Ansprech- und Kommunikationspartnern

Die folgende Darstellung veranschaulicht, dass die **Hauptzielpersonen** für die Ansprache und Kommunikation vor allem zu Beginn des Geschäftsprozesses (Anbahnungsphase) in der Schnittstelle der drei Personensegmente zu suchen sind: die identifizierbaren, ansprechbaren und dominierenden Mitglieder eines Buying Centers. Später sollte dann versucht werden, den Kreis gezielt zu erweitern, um das Geschäft erfolgreich betreuen zu können.

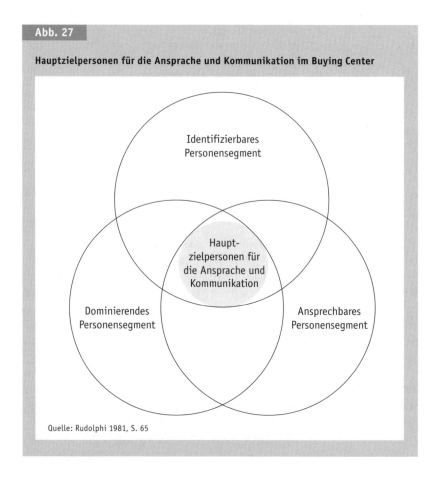

Abb. 27

Hauptzielpersonen für die Ansprache und Kommunikation im Buying Center

Identifizierbares
Personensegment

Haupt-
zielpersonen für
die Ansprache und
Kommunikation

Dominierendes
Personensegment

Ansprechbares
Personensegment

Quelle: Rudolphi 1981, S. 65

Zusammenfassung Kapitel 1.3.3

An Kaufentscheidungen im Business-to-Business-Marketing sind in der Regel mehrere Personen beteiligt. Die gedankliche Zusammenfassung der am Beschaffungsprozess direkt oder indirekt beteiligten Personen (und ggf. Organisationen) wird als Buying Center oder Decision Making Unit (DMU) bezeichnet. Die einzelnen Mitglieder eines solchen Buying Centers können einzeln oder gleichzeitig bestimmte Rollen übernehmen (Einkäufer, Benutzer, Beeinflusser, Informationsselektierer, Entscheider, Initiatoren, Genehmigungsinstanzen).

Die Mitglieder eines Buying Centers ...

▸ ... übernehmen die Rollen von sich aus oder aus ihrer Funktion heraus.
▸ ... können aus unterschiedlichen Funktionsbereichen und Hierarchieebenen des Unternehmen kommen.
▸ ... sind im Verlauf des Beschaffungsprozesses in unterschiedlicher Intensität und Qualität beteiligt.
▸ ... verbinden mit der Beschaffung unterschiedliche aufgabenbezogene und persönliche Ziele.
▸ ... gehören unterschiedlichen Entscheidertypen an.
▸ ... üben unterschiedliche Arten von Macht und Einfluss aus.
▸ ... nutzen unterschiedliche Konfliktlösungsstrategien.
▸ ... sind von außen unterschiedlich leicht zu identifizieren und anzusprechen.

Die Ausprägung dieser Faktoren hängt stark von der Art des Unternehmens, der Art der Beschaffung (Geschäftstyp, Kauftyp) sowie einer Vielzahl weiterer, zum Teil situativer Faktoren ab.

Das Hauptproblem des Buying-Center-Modells liegt in der schwierigen praktischen Umsetzung, die häufig an der mangelnden Möglichkeit zur Identifikation der »tatsächlichen« Entscheidungsträger im Buying Center scheitert.

Wiederholungsfragen zu Kapitel 1.3.3

Für die nachfolgenden Wiederholungsfragen versetzen Sie sich bitte in die Situation eines Herstellers von Kopiergeräten – der »Copy GmbH«. Es handelt sich dabei um ein mittelständisches Unternehmen mit Sitz in Hannover.

Das Rathaus der Stadt Hannover plant bereits seit mehreren Jahren die Beschaffung neuer Kopier- und Druckergeräte für die gesamte öffentliche Verwaltung. Für das kommende Jahr sollen hierfür Mittel bereitgestellt werden.

Herr Schmidt, Vertriebsleiter der Copy GmbH, will sich im Rahmen der öffentlichen Ausschreibung um diesen Auftrag bemühen. Es ist das erste Mal, dass die Copy GmbH mit einem Kunden aus der öffentlichen Verwaltung zu tun hat. Besonders interessant wäre ein solcher Auftrag auch deshalb, weil in den Kommunen allgemein ein Investitionsstau im Kopierer- und Druckerbereich vorherrscht. Eine solche Referenz wäre daher für die Akquisition weiterer Aufträge aus dem öffentlichen Sektor sicher sehr hilfreich.

Zur Vorbereitung des Angebotes ruft Herr Schmidt seinen Jagdfreund Meier an. Dieser ist in leitender Funktion im Planungsbereich der Stadt und für die Genehmigung größerer Aufträge zuständig. Er bietet Schmidt an, ein »gutes Wort« für ihn und seine Firma einzulegen. Zudem schlägt er ihm vor, einen Präsentationstermin »einzufädeln«, an dem Schmidt die Produkte der Copy GmbH vorstellen könnte. Außerdem könnten dabei die genauen Anforderungen an die Geräte spezifiziert werden. Schmidt nimmt diesen Vorschlag dankend an.

Nachdem der Gesprächstermin feststeht, erfährt Schmidt in einem weiteren Telefonat, wer an dem Gespräch teilnehmen wird. Folgende Liste schreibt er sich mit:

▸ Herr Wichtig, Leiter der EDV-Abteilung und Budgetverantwortlicher. Aus Gesprächen während gemeinsamer Jagdausflüge mit Meier glaubt Schmidt sich zu erinnern, dass Wichtig bereits Anfang sechzig sein müsste und gerne alten, ruhigeren Zeiten nachtrauert. Andererseits ist er sehr begeisterungsfähig für innovative Technologien.

▸ Herr Techner, EDV-Sachbearbeiter, zuständig für die technischen Fragen und die Einrichtung der Anlagen. Gerüchten zufolge ist er einer der wesentlichen Initiatoren und Treiber für die Beschaffung.

▸ Frau Helmerding, kaufmännische Sachbearbeiterin und zuständig für diese Ausschreibung. Sie machte bei der telefonischen Terminvereinbarung einen sehr ablehnenden Eindruck.

▸ Frau Küllmer, Personalrätin, bringt ein Meinungsbild der Mitarbeiter bzgl. der bisherigen Probleme mit Kopierern und geäußerten Wünschen der Mitarbeiter mit.

Jens Schlau, derzeit Praktikant bei der Copy GmbH, wird damit beauftragt, diesen potenziellen Auftrag aus Marketingsicht zu analysieren. Außerdem soll er grundlegende Empfehlungen für den Aufbau des Gesprächs und das anzustrebende Vorgehen geben.

Übernehmen Sie nun die Aufgaben von Herrn Schlau. Beschreiben/beantworten Sie folgende Fragen:

11. Wodurch ist das organisationale Beschaffungsverhalten grundsätzlich gekennzeichnet?
Wie verläuft der Prozess der Entscheidungsfindung bei organisationalen Beschaffungen?
Welche Besonderheiten treten in diesem Fall auf? Was verstehen Sie unter einem Buying Center?

12. Welche Funktion und Bedeutung hat die Analyse organisationalen Beschaffungsverhaltens bei der Entwicklung von Vermarktungsansätzen allgemein und hier im Fallbeispiel einer öffentlichen Verwaltung?

13. *Beschreiben Sie das Rollenkonzept nach Webster/Wind für die Beschaffungs-situation der Stadt Hannover und nehmen Sie eine Zuordnung zu den Rollen vor.*

14. *Welche Entscheider-Typologien kennen Sie? Versuchen Sie eine Übertragung des Promotoren-Modells von Witte auf die Mitglieder des Buying Centers.*

15. *Analysieren Sie die Zusammensetzung des Buying Centers sowie die Zielstruk-tur der einzelnen Mitglieder. Geben Sie Herrn Schmidt eine Empfehlung, auf welche Aspekte er in Einzelgesprächen mit den jeweiligen Personen besonders eingehen sollte.*

16. *Analysieren Sie die vermutlich vorhandenen Arten von Macht in dem vorliegen-den Buying Center. Wie sollte Herr Schmidt ggf. damit umgehen?*

Die Lösungen zu den Wiederholungsfragen finden Sie in Kapitel 5 auf S. 225 ff.

1.4 Anbieterverhalten auf Business-Märkten

1.4.1 Selling Center

Auf der Anbieterseite steht dem Buying Center des Kunden häufig nur eine mehr oder weniger anonyme Vertriebsorganisation bzw. ein Vertriebs-Ansprechpartner gegenüber. Gerade bei sehr komplexen Leistungen oder für den Kunden besonders bedeutenden Investitionen sollte eine dem Buying Center ähnliche informelle oder formelle Gruppe gegenübergestellt werden. Die Mitglieder eines solchen Sel-ling Centers haben eher die Chance, den komplexen Anforderungen des Kunden gerecht werden zu können (Godefroid/Pförtsch 2008, S. 94).

Selling Center als Pendant zum Buying Center

Die Funktionen, die sich dann im Buying Center und Selling Center gegenüber-stehen, sind in der Abbildung 28 dargestellt.

In fachlicher Hinsicht sollten dem Selling Center Personen angehören, die zur Klärung fachlich oder technisch besonders anspruchsvoller Fragen beitragen kön-nen. Dies könnten beispielsweise Experten aus der F&E-Abteilung sein. Mitunter sind in besonders schwierigen Verhandlungssituationen auch gut geschulte Mode-ratoren erforderlich.

Experten, Moderatoren, Manager zur Unter-stützung

Oftmals legen die Kunden großen Wert auf Gesprächs- oder Ansprechpartner »in Augenhöhe«, die also eine adäquate hierarchische Position inne haben. Die Zusammensetzung des Selling Centers sollte daher nicht nur in fachlicher, sondern auch in hierarchischer Hinsicht den Anforderungen des Kunden entsprechen. Für ein Projekt, das beim Kunden auf Vorstandsebene diskutiert wird, sollte ein An-sprechpartner aus dem oberen Management des Anbieters verfügbar sein. Dies ist nicht zuletzt häufig ein Grund dafür, dass im Vertriebsbereich klangvolle Titel vergeben werden, die nach außen wirken, intern aber nicht so hoch angesiedelt sind (Godefroid/Pförtsch 2008, S. 94).

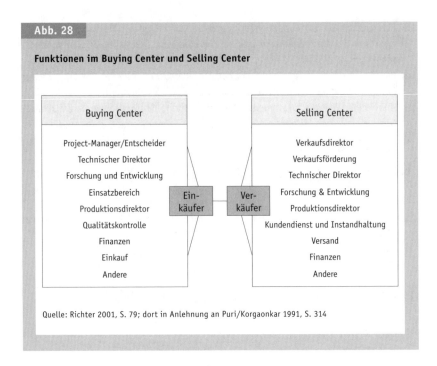

Abb. 28

Funktionen im Buying Center und Selling Center

Buying Center		Selling Center
Project-Manager/Entscheider		Verkaufsdirektor
Technischer Direktor		Verkaufsförderung
Forschung und Entwicklung		Technischer Direktor
Einsatzbereich	Ein-käufer / Ver-käufer	Forschung & Entwicklung
Produktionsdirektor		Produktionsdirektor
Qualitätskontrolle		Kundendienst und Instandhaltung
Finanzen		Versand
Einkauf		Finanzen
Andere		Andere

Quelle: Richter 2001, S. 79; dort in Anlehnung an Puri/Korgaonkar 1991, S. 314

Offenheit und Dynamik

Im Vergleich zum Buying Center ist das Selling Center in seiner Zusammensetzung meist wesentlich offener und dynamischer angelegt. Bis auf den Verkäufer, der entlang des gesamten Verkaufsprozesses als Ansprechpartner und Koordinator tätig sein sollte, kommen je nach Verkaufsphase Spezialisten aus verschiedenen Bereichen des Unternehmens hinzu, um bei der Klärung spezieller Probleme mitzuwirken. Mit wachsender Komplexität der zu verkaufenden Leistung wird das Selling Center festere Strukturen mit mehreren Mitgliedern aufweisen. Umgekehrt werden Verkäufe im Business-to-Business-Geschäft bei Leistungen mit geringem Individualisierungsgrad/geringer Spezifität nur durch eine Person, nämlich den Verkaufs- oder Vertriebsverantwortlichen, abgewickelt werden. (Richter 2001, S. 79)

Struktur abhängig von Individualisierung, Spezifität und Komplexität der Leistung

Im Vergleich zum Buying Center, sind in der Literatur kaum Rollenkonzepte für Selling Center verfügbar (vgl. z. B. Heger 1988, S. 90 f.). In Entsprechung der oben vorgestellten Rollenkonzepte für Buying Center schlägt Richter (2001, S. 80) eine Rollenverteilung wie in Abbildung 29 vor.

Selling Center von Anbieterorganisationen sind mit zunehmender Individualisierung, Spezifität und Komplexität der Leistung im Bedarfsfall fließend gebildete Teams, die aus Führungskräften und Fachspezialisten bestehen und die Aufgabe haben, optimale Problemlösungen für die Nachfragerorganisation zu erarbeiten, Wettbewerbsvorteile sichtbar zu machen und die Marketingziele optimal zu erreichen (in Anlehnung an Richter 2001, S. 81).

Abb. 29

Rollenverteilung im Selling Center

Rolle	Beschreibung
Entscheider (decider)	Verantwortlicher für die Finalentscheidung, hierarchisch hohe Position (Geschäfts-, Bereichsleitung)
Verkäufer (seller, vendor)	Außendienstmitarbeiter, aus dem Vertriebsbereich
(fachlicher) Reagierer (responder)	Produktspezialist (F&E Mitarbeiter, Konstrukteur, Technologie u. ä.), unterhält Kontakte zu Fachpromotoren potenzieller Nachfrager
Hersteller (maker)	Mitarbeiter der Fertigungsbereiche
Informationsverantwortlicher (gatekeeper)	Verantwortlicher für Informationssteuerung, oft im Wartestand für Führungspositionen
Anreger (stimulator)	Hat Kontakte zu Macht- oder Fachpromotoren, ermittelt Bedarfsfälle, regt Beschaffung beim potenziellen Nachfrager an
Genehmigungsinstanzen	Genehmigen Preise und Vertragskonditionen, Mitarbeiter des Finanzbereiches und der Rechtsabteilung

Quelle: Richter 2001, S. 80

1.4.2 Geschäftsbeziehungsmanagement auf Business-Märkten

Das Verhältnis zwischen Anbieter- und Nachfragerorganisation ist in starkem Maße durch das bestehende **Vertrauen**, insbesondere das Vertrauen der Mitglieder des Buying Centers in die direkten Verhandlungspartner, geprägt. Hierbei spielen die Persönlichkeiten und individuellen Sympathien eine große Rolle. Untersuchungen ergaben, dass Kaufentscheidungen sowie zukunftsbezogene Beziehungen zwischen Nachfrager- und Anbieterorganisation sowohl von der Anbieterorganisation als Institution als auch von der Persönlichkeit des Verkäufers beeinflusst werden (Doney/Cannon 1997, S. 35 ff.).

Einflussgröße Persönlichkeit

Für die Nachfragerorganisation und die Mitarbeiter im Buying Center sind folgende Faktoren seitens der Anbieterorganisation von besonderer Bedeutung (vgl. Richter 2001, S. 101 f.):

Erfolgsfaktoren im B2B-Vertrieb

▶ Reputation, Referenzen, Firmengröße und Image der Anbieterorganisation
▶ Fachkompetenz der Mitarbeiter
▶ Identifikationsbereitschaft mit den Problemen des Kunden
▶ Vertrauensvoller Informationsaustausch
▶ Dauer der Geschäftsbeziehung

Hinsichtlich der Außendienstmitarbeiter und der Mitglieder des Selling Centers sind es folgende Aspekte (vgl. Richter 2001, S. 101 f.; Doney/Cannon 1997, S. 39 f.):

▶ Erfahrungen mit Anwenderproblemen
▶ Fachliche Kompetenz
▶ Durchsetzungsvermögen bei der Lösung von Problemen
▶ Entgegenkommendes Verhalten
▶ Häufige geschäftliche und soziale Kontakte
▶ Dauerhaftigkeit der Beziehungen zu gleichen Personen

Vertrauensbildung
und Geschäftserfolg

Aus diesen Faktoren entwickelt sich das Vertrauen in den Lieferanten und seine Mitarbeiter. Sie bilden damit eine wichtige Voraussetzung für die aktuelle Beschaffungsentscheidung zugunsten der Anbieterorganisation sowie die zu erwartende zukünftige Geschäftsbeziehung. Ziel einer jeden Anbieterorganisation sollte es sein, gezielt vertrauensbildende Maßnahmen zu entwickeln, um auf diese Weise langfristige Geschäftsbeziehungen mit den entsprechenden Nachfragerorganisationen zu entwickeln.

In der Abbildung 30 sind die Zusammenhänge zwischen Vertrauenswurzeln, Vertrauensausprägungen und Vertrauenskonsequenzen dargestellt.

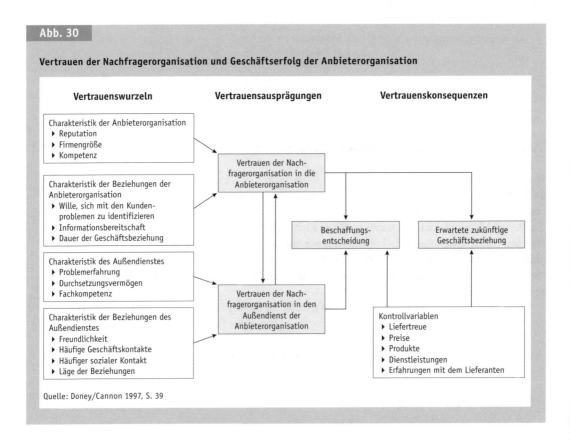

Abb. 30

Vertrauen der Nachfragerorganisation und Geschäftserfolg der Anbieterorganisation

Quelle: Doney/Cannon 1997, S. 39

Neben der gezielten Entwicklung von Vertrauen zur Sicherung möglichst langfris-
tiger Geschäftsbeziehungen stehen den Anbieterorganisationen auch noch weitere, härtere **Bindungsinstrumente** zur Verfügung. Nachfolgend sind diese tabel-
larisch dargestellt.

Möglichkeiten
der Kundenbindung

Abb. 31

Bindungsoptionen zwischen Unternehmen

Vertragliche Bindungen	▸ Langfristige Liefer-/Abnehmerverträge ▸ Rahmenverträge ▸ Exklusivverträge ▸ Just-in-time-Systeme ▸ F&E-Kooperationen ▸ Lizenz- und Know-how-Verträge ▸ Wartungs- und Reparaturverträge ▸ Rabattsysteme, finanzielle Anreize
Technologische Bindungen	▸ Alleinstellungen ▸ Systembindungen ▸ Computerized Buying ▸ Schnittstellenerklärungen ▸ Just-in-time-Systeme ▸ Gemeinsame C-Technologien
Psychologische Bindungen	▸ Persönliche Beziehungen ▸ Hilfestellungen ▸ Gewohnheiten ▸ Aus- und Weiterbildung, Schulung ▸ Gemeinsame Geheimnisse ▸ Vertrauen ▸ Sprachregelungen
Institutionelle Bindungen	▸ Kapitalbeteiligungen ▸ Mandate in Aufsichtsgremien ▸ Tätigkeit in gemeinsamen Verbänden

Quelle: Godefroid/Pförtsch 2008, S. 96; dort nach Rieker 1992

Die generellen **Beziehungsstile** im Business-to-Business-Geschäft hat Ivens
(2002) auf Basis einer Studie systematisiert. 297 Einkäufer aus zwei Branchen
(Verpackungsindustrie und Marktforschungsinstitute) wurden hierzu nach ihrer
Beziehung zu ihren Lieferanten befragt.

Lieferantenbeziehung

Abb. 32

Beziehungsstile im B2B-Geschäft

Stil 1: Hart, aber herzlich 43,2 %	Stil 2: »Laissez-faire«-Stil 27,3 %
Starkes Engagement, um mit der Beziehung Kundennutzen zu stiften und Wert zu schöpfen. Zugleich striktes Monitoring und restriktive Positionen bei Konflikten.	Reaktive statt proaktive Beziehungsführung. Beschränkung auf Erfüllung der grundlegenden Erwartungen.
Stil 3: Ökonomischer Stil 22,5 %	**Stil 4: »Streitbarer« Stil 7 %**
In die Beziehung wird in jeder Hinsicht nur geringer Input gesteckt. In Verhandlungen und bei Konflikten werden weiche Reaktionen gezeigt.	Durchschnittlicher Input in der Beziehung. Zugleich aggressive Vertretung eigener Interessen.

Quelle: Godefroid/Pförtsch 2008, S. 70

»Hart, aber herzlich«
am erfolgreichsten

Stil 1 hat sich in der Untersuchung als der erfolgreichste Beziehungsstil erwiesen. Die Stile 2 und 4 stehen an zweiter Stelle und Stil 3 ist in jeder Hinsicht unterlegen.

Zusammenfassung Kapitel 1.4

Dem Buying Center auf der Nachfragerseite stehen auf der Anbieterseite sogenannte Selling Center gegenüber. Diese entsprechen in ihren Rollen dem jeweiligen Pendant im Buying Center. Die Rollen- und Mitgliederstruktur ist in der Regel jedoch wesentlich dynamischer angelegt und vor allem darauf ausgerichtet, das nachfragende Unternehmen in seinem Beschaffungsprozess zu unterstützen bzw. zugunsten des anbietenden Unternehmens zu beeinflussen.

Für den Aufbau und die langfristige Entwicklung von Geschäftsbeziehungen spielt das Vertrauen des Nachfragers in den Anbieter und seine Leistungen eine besondere Rolle. Dieses Vertrauen muss man gezielt aufbauen und entwickeln. Dafür entscheidende Faktoren, die es zu entwickeln gilt, sind:

▸ die Reputation, Referenzen, Firmengröße und Image der Anbieterorganisation, die Fachkompetenz der Mitarbeiter,
▸ die Identifikationsbereitschaft mit den Problemen des Kunden,
▸ der vertrauensvolle Informationsaustausch,
▸ die Dauer der Geschäftsbeziehung.

Neben der Geschäftsbeziehung sind darüber hinaus weitere Bindungen aufzubauen, die einen Wechsel des Anbieters erschweren. Dazu gehören vertragliche, technologische, psychologische sowie institutionelle Bindungen.

Wiederholungsfragen zu Kapitel 1.4

Versetzen Sie sich bitte für die nachfolgenden Wiederholungsfragen erneut in die Situation eines großen Automobilherstellers. Stellen Sie sich bei diesem Hersteller die folgenden zwei sehr verschiedenen Beschaffungssituationen vor:

▸ *Situation 1: Es ist regelmäßig Papier- und Büromaterial für die verschiedenen, vor allem administrativen Bereiche zu beschaffen.*

▸ *Situation 2: Für ein neu zu errichtendes Werk im Ausland ist eine komplette Produktionsanlage zu beschaffen. Es bestehen bereits Erfahrungen aus der Errichtung anderer Werke. Diese sind jedoch zum großen Teil veraltet. Insbesondere hat sich die Technologie sehr stark weiterentwickelt.*

17. *Wie sollte das Selling Center eines entsprechenden Anbieters aufgebaut sein?*

18. *Welche Rollen sollten in welcher Phase des Geschäftsprozesses präsent sein?*

19. *Welche Instrumente der Kundenbindung wären für die Anbieter jeweils naheliegend?*

Die Lösungen für die Wiederholungsfragen finden Sie in Kapitel 5 auf S. 227 f.

2 Analyse, Zielsetzung und Strategie-entwicklung im Business-to-Business-Marketing

Lernziele

Wenn Sie dieses Kapitel durchgearbeitet haben, können Sie:

▸ eine umfassende Analyse der Markt- und Unternehmenssituation als Basis der Entwicklung einer Marketing-Konzeption im Business-to-Business-Marketing vornehmen,

▸ Ansätze zur Abgrenzung von Marktsegmenten im Business-to-Business-Marketing unterscheiden und in Fallsituationen anwenden,

▸ Strategische Geschäftsfelder und Strategische Geschäftseinheiten

für Unternehmen im Business-to-Business-Marketing abgrenzen,

▸ ausgewählte Analyseinstrumente für Unternehmen in Business-to-Business-Märkten anwenden und

▸ Ziele und Strategien im Rahmen von Business-to-Business-Marketing-Konzepten formulieren und Strategieprofile überprüfen.

Nachdem im Kapitel 1 des Buches grundlegende Besonderheiten und Systematiken zum Business-to-Business-Marketing erarbeitet wurden, geht es in den Kapiteln 2 und 3 darum, den Marketingmanagement-Prozess zu beleuchten. Wesentliche Besonderheiten für ein erfolgreiches Business-to-Business-Marketing sollen nun entlang des bekannten Marketingmanagement-Prozesses erarbeitet und angewendet werden.

2.1 Der Marketingmanagement-Prozess

Der Ablauf des **Marketingmanagement-Prozesses** orientiert sich an einem entscheidungsorientierten Vorgehen und entspricht dem allgemeinen Problemlösungsprozess, der sich aus den wesentlichen Bestandteilen der Analyse, Zielsetzung, Maßnahmenplanung und Kontrolle zusammensetzt. Der Ablauf des Prozesses ist grundsätzlich nicht als starr linear zu verstehen. Vielmehr handelt es sich um einen iterativen Prozess mit dem Ziel der fortlaufenden Verbesserung. Einzelne Schritte können dabei übersprungen oder auch wiederholt bearbeitet werden.

Iterativer Problemlösungs- und Entscheidungsprozess

Ein erfolgreiches Ergebnis in Form eines sich bewährenden Marketing-Konzeptes lässt sich nur erreichen, wenn dieser Prozess aus formaler Perspektive in rational-logischer Hinsicht konsequent durchlaufen wird. Das heißt, dass geeignete Instrumente zur Analyse und Umsetzung in professioneller Art und Weise einge-

Rational-logischer und innovativ-kreativer Prozess

setzt werden. Jedoch beinhaltet ein erfolgreiches Marketing-Konzept auch immer einen innovativ-kreativen Prozess, der neue und individuelle Ideen mit dem professionellen Einsatz der Methoden und Tools verbindet.

Marketingmanagement-Prozess als struktur-gebendes Element

In der Abbildung 33 ist der hier zugrunde gelegte Marketingmanagement-Prozess dargestellt. Damit ist gleichzeitig die Struktur dieses Kapitels 2 (»Analyse, Zielsetzung und Strategieentwicklung«) sowie des Kapitels 3 (»Marketing-Instrumentarium«) verdeutlicht:

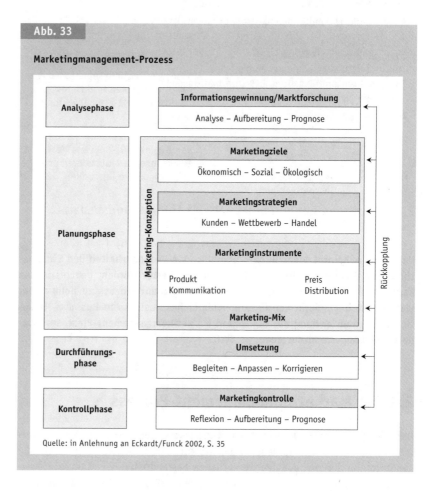

Abb. 33

Marketingmanagement-Prozess

| Analysephase | **Informationsgewinnung/Marktforschung** |
| | Analyse – Aufbereitung – Prognose |

Marketing-Konzeption

	Marketingziele
	Ökonomisch – Sozial – Ökologisch
Planungsphase	**Marketingstrategien**
	Kunden – Wettbewerb – Handel
	Marketinginstrumente
	Produkt / Kommunikation / Preis / Distribution
	Marketing-Mix

| Durchführungs-phase | **Umsetzung** |
| | Begleiten – Anpassen – Korrigieren |

| Kontrollphase | **Marketingkontrolle** |
| | Reflexion – Aufbereitung – Prognose |

Rückkopplung

Quelle: in Anlehnung an Eckardt/Funck 2002, S. 35

Orientierung an Geschäftstypen Produkt-, System-, Zuliefer- und Anlagengeschäft

Neben der Orientierung am Marketingmanagement-Prozess erfolgt die Erarbeitung und Darstellung insbesondere der Besonderheiten des Marketinginstrumentariums strukturiert nach dem Ansatz zur Unterteilung von Geschäftstypen nach Backhaus (1997, S. 295; vgl. auch Kapitel 1.2.3) wie er in der Abbildung 7 dargestellt ist. Es wird also punktuell auf die Besonderheiten bei den einzelnen Geschäftstypen Produktgeschäft, Systemgeschäft, Zuliefergeschäft und Anlagengeschäft eingegangen.

2.2 Analyse der Markt- und Unternehmenssituation im Business-to-Business-Marketing

Der erste Teil des Marketingmanagement-Prozesses beinhaltet die **Analyse der Markt- und Unternehmenssituation**. Aufgabe dieses Schrittes ist es, geeignete Informations- und Entscheidungsgrundlagen für das Erstellen einer Marketing-Konzeption zu schaffen. Entscheidungen über Ziele, Strategien und Marketinginstrumente werden dadurch ausreichend fundiert.

Schaffen geeigneter Informations- und Entscheidungsgrundlagen

Neben der reinen Datengewinnung ist es also erforderlich, die Informationen entscheidungsgerecht aufzubereiten und Prognosen über zukünftige Entwicklungen abzuleiten. Für den Marketingmanager lassen sich daraus zwei **Anforderungen** ableiten:
1. Bestimmung und Erhebung des Informationsbedarfs.
3. Aufbereitung der Informationen und ggf. Prognose mittels geeigneter Analyseinstrumente.

Nachfolgend werden die bekannten Instrumente herangezogen und Besonderheiten im Hinblick auf das Business-to-Business-Marketing verdeutlicht.

2.2.1 Bestimmung und Erhebung des Informationsbedarfs

Zur Strukturierung des Informationsbedarfs im Marketing wird i. d. R. eine Zweiteilung in die Unternehmens- und Umweltanalyse vorgenommen. Bezüglich des Unternehmens werden die vorhandenen Stärken und Schwächen ermittelt. Die Umweltanalyse ermittelt die aus den Umfeldentwicklungen in Kombination mit den Stärken und Schwächen resultierenden Chancen und Risiken.

Unternehmens- und Umweltanalyse

Basierend auf den Begrifflichkeiten in der angelsächsischen Literatur wird diese Art der Analyse in der Regel als **SWOT-Analyse** (**S**trengths, **W**eaknesses, **O**pportunities, **T**hreats) bezeichnet. Das methodische Vorgehen zur Erstellung einer solchen SWOT-Analyse im Rahmen des Business-to-Business-Marketing entspricht dem Vorgehen im Konsumgütermarketing. Die Abbildung 34 verdeutlicht den idealtypischen Prozess zur Erstellung einer SWOT-Analyse.

Die Ermittlung der Stärken und Schwächen des Unternehmens erfolgt idealerweise durch einen kriteriengeleiteten Vergleich mit dem stärksten Wettbewerber oder dem Durchschnitt der Branche. Das Ergebnis ist eine an den Kriterien orientierte Profildarstellung.

Kriteriengeleiteter Vergleich

Die Abbildung 35 veranschaulicht ein solches **Polaritätenprofil**. Die Beurteilung von Stärken und Schwächen erfolgt hier am Beispiel eines Elektroniksystem-Herstellers.

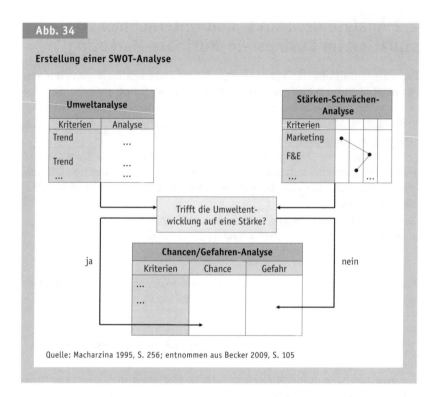

Abb. 34

Erstellung einer SWOT-Analyse

Quelle: Macharzina 1995, S. 256; entnommen aus Becker 2009, S. 105

Abb. 35

Beispiel eines Polaritätenprofils zur Beurteilung der Stärken und Schwächen eines Elektroniksystem-Herstellers

Wichtigkeit	weniger wichtig		eher wichtig		wichtig		sehr wichtig	
Erfüllungsgrad	schlecht		ausrei- chend		mittel- mäßig		gut	
Entscheidungskriterien	1	1,5	2	2,5	3	3,5	4	4,5
Vollständige techn. Dokumentation								
Gesicherte Einsatzlieferung								
Sehr einfache Fehlersuche								
Leicht verständliche Eingabe von Daten								
Schneller Ersatzteil-Lieferdienst								
Gleichbleibende Zuverlässigkeit d. Komp.								
Sehr schneller Service vor Ort								
Regelmäßige technische Information								
Dauernde Selbstüberwachung des Systems								
Zusätzliche Beratung durch Spezialisten								
Gute Erfahrungen in der Vergangenheit								
Geringer Programmieraufwand								

Abb. 35

Beispiel eines Polaritätenprofils zur Beurteilung der Stärken und Schwächen eines Elektroniksystem-Herstellers (Fortsetzung)

Wichtigkeit	weniger wichtig	eher wichtig	wichtig	sehr wichtig	
Erfüllungsgrad	schlecht	ausrei- chend	mittel- mäßig	gut	
Entscheidungskriterien	1 1,5	2 2,5	3 3,5	4 4,5	
Ausführliche Programmierbeispiele					
Qualifizierte Beratung					
Schulung für Planer und Projekteur					
Dokumentation in Landessprache					
Geringe Anzahl verschiedener Komponenten					
Geringe System-Lagerhaltungskosten					
Einsatz modernster Technologie					
Wirtschaftliche Stärke des Lieferanten					
Überzeugende Referenzen					
Großzügiges Kulanzverhalten					
Extrem robuste mechanische Konstruktion					
Preiswerte System-Hardware					
Vorführung neuer Systeme					
Gutes pers. Vertrauensverhältnis					
Regelmäßige Betreuung durch Vertreter					
Geringer Zeitaufwand für Auftragsabw.					
Höchstmögliche Betriebssicherheit					
Einfacher Fremdsystem-Daten-Tausch					
Weltweiter Service					
Kurze Lieferzeit bei Disposition					
Transparenz der Zuständigkeit					
Spezielle Schulung für Endanwender					
Ein Ansprechpartner beim Anbieter					
Geringe Entfernung zur Niederlassung					
Lieferzeit bei unvorhersehbarem Bedarf					
Hoher Bekanntheitsgrad des Anbieters					
Positive Resonanz in der Fachpresse					
Anpassungsfähiges Auftreten d. Betr.					
Erfüllung von spez. Systemanforderungen					
Möglichkeit eines Service-Vetrages					
Praktische Projektierungshilfsmittel					
Ansprechendes Design					
Schlagkräftige Argumente für Diskussion					
Deutsche Nationalität des Anbieters					
Besondere Zahlungsbedingungen					
Engagement im außerdienstl. Bereich					
Überzeugende Werbemaßnahmen					
Vergleichbare Größe des Anbieters					
System Leasing					

Quelle: Köhler/Uebele 1983, S. 20

Ableiten von Zielen
aus der SWOT-Analyse

Aus den Ergebnissen der SWOT-Analyse lassen sich Zielsetzungen für das Marketing ableiten. Stark vereinfacht bedeutet dies, dass die Stärken zu entwickeln, die Schwächen abzubauen, die Chancen zu nutzen und die Risiken zu begrenzen sind.

Abb. 36

Zielsetzungen auf Basis der SWOT-Analyse

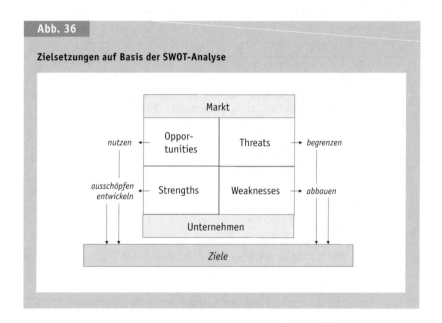

Unterstützung/Ergänzung
durch weitere Analyse-
instrumente erforderlich

Wie dargestellt, handelt es sich bei der SWOT-Analyse im Wesentlichen um eine Auflistung von Chancen und Risiken bzw. Stärken und Schwächen sowie die recht qualitative Ableitung von Zielen. Aufbauend auf einer solchen Analyse ist es vielfach nötig, weitere Analysen anzustellen, um eine solche SWOT-Analyse weiter auszudifferenzieren sowie konkrete Ziel- und Strategieentscheidungen abzuleiten. Vielfach erfolgt dies auf der Grundlage der Aufteilung des Marktes in einzelne Marktsegmente und ggf. darauf aufbauend die Abgrenzung strategischer Geschäftsfelder und -einheiten.

Nachfolgend soll auf ausgewählte Analyseinstrumente eingegangen werden. Grundlegend dazu werden zunächst Ansätze zur Abgrenzung von Marktsegmenten vorgestellt.

Zusammenfassung Kapitel 2.2.1

Für die Entwicklung einer fundierten Marketingkonzeption ist erforderlich, die komplexen Bedingungen und Zusammenhänge innerhalb des Unternehmens sowie seiner Umwelt zu erfassen. Bei der Umweltanalyse geht es darum, alle Einflüsse von außen zu erkennen und zu untersuchen, wie sich diese auf die Business-to-Business-Märkte auswirken können (Branchenstruktur und Konkurrenzanalyse). Mit der Unternehmensanalyse sollen die eigenen Stärken und Schwächen erkannt werden. Die Ergebnisse aus der Umwelt- und aus der Unternehmensanalyse werden in der SWOT-Analyse zusammengeführt, indem das Stärken-Schwächen-Profil eines Unternehmens mit den Erfolgsfaktoren der Umweltanalyse in Bezug gesetzt wird. Die Resultate bilden die Grundlage für die Unternehmensstrategie.

Wiederholungsfragen zu Kapitel 2.2.1

1. *Was verstehen Sie unter einer SWOT-Analyse? Welchen Stellenwert hat die SWOT-Analyse im Rahmen der Erstellung eines Marketing-Konzeptes?*
2. *Erläutern Sie das Vorgehen zur Erstellung einer SWOT-Analyse. Welcher Zusammenhang besteht zwischen der SWOT-Analyse und der Ableitung von Zielen?*
3. *Welche Besonderheiten sind bei der Erstellung einer SWOT-Analyse im Business-to-Business-Marketing zu erwarten?*

Die Lösungen zu den Wiederholungsfragen finden Sie in Kapitel 5, S. 231 f.

2.2.2 Abgrenzung von Marktsegmenten

Die **Segmentierung** von Business-Märkten ist ähnlich wie im Konsumgütermarketing mit zunehmender Größe und Komplexität des Marktes eine unabdingbare Voraussetzung für ein zielgerichtetes Marketing und die Entwicklung erfolgreicher Marketingkonzepte.

Marktsegmentierung auf Business-to-Business-Märkten ist eine schwierige und komplexe Aufgabe, für die keine einheitliche Lösung verfügbar ist. Vielmehr helfen in der Literatur vorgeschlagene Ansätze, dieses Problem zu strukturieren und zu unternehmensindividuellen problemadäquaten Lösungen zu kommen. In der Regel wird die Segmentierung im Business-to-Business-Marketing mehrstufig durchgeführt.

Voraussetzung für eine jede Form der Marktsegmentierung ist zunächst die Abgrenzung des für das Unternehmen relevanten Marktes nach inhaltlich-sachlicher, räumlich-geografischer und zeitlicher Hinsicht.

Erfolgsfaktor Marktsegmentierung

Abgrenzung des relevanten Marktes

Grundsätzlich kann **Marktsegmentierung** nach Engelhardt/Günther (1981, S. 87) verstanden werden als

Bildung von Teilmärkten

▶ die Zerlegung eines gegebenen oder gedachten Marktes in Teilmärkte, den Marktsegmenten, zu denen Abnehmergruppen zusammengefasst werden, die homogener als der Gesamtmarkt auf bestimmte absatzpolitische Aktivitäten reagieren,

▶ die anschließende Auswahl der zu verarbeitenden Marktsegmente sowie

▶ die Ausrichtung des Marketing-Mix auf die Marktsegmente.

Investitionsgüter-Marktsegmentierung ist nach Richter (2001, S. 141) »die in Abhängigkeit von der Organisationalität, Spezifität und Relationalität des Investitionsgüter-Marketing, durch die Anbieterorganisation erfolgende Aufspaltung des heterogenen Investitionsgütermarktes in relativ homogene Teilmärkte, Kundengruppen bzw. Einzelkunden (Segmente). Das Ziel ist die Durchführung (aktiver) segmentadäquater Marketingpolitik bzw. optimaler Reaktion auf segmentadäquate Anforderungen der Nachfragerorganisationen an die (reaktive) Marketingpolitik.«

Die **Aufgaben** der Marktsegmentierung bestehen in:

1. der Analyse des Gesamtmarktes zur Bestimmung der Nachfragetriebkräfte und zur Identifizierung von Marktsegmenten,

2. der Auswahl der der Anbieterkompetenz am besten entsprechenden Segmente und

Fokussierung der Marketingaktivitäten

3. der Ausrichtung des Marketingmanagements auf die Anforderungen der verschiedenen Segmente mit dem Ziel der Gewinnung von wesentlichen Konkurrenzvorteilen (Richter 2001, S. 141; dort nach Bonoma/Shapiro 1984, S. 1; Kleinaltenkamp 1995, S. 665).

Produkt und Verwendungsbereich als Ausgangspunkt

In der Marketingpraxis erfolgt die Abgrenzung von Marktsegmenten, d.h. die Identifizierung von (potenziellen) Nachfragern, häufig ausgehend vom Produkt und dessen Verwendungsbereichen. Dieser sehr pragmatische Ansatz wird der Mehrdimensionalität von Business-Produkten und Marktsegmenten auf Business-Märkten jedoch meist nicht gerecht.

Auswahl geeigneter Kriterien

Notwendig ist es demgegenüber, geeignete Kriterien für eine adäquate Segmentierung zu finden. Diese sollten die Segmente in der Art unterscheiden, dass sich die Mitglieder eines Segmentes in Bezug auf ihre Kaufverhaltensweisen möglichst ähnlich sind (Homogenität) und gleichzeitig von anderen Marktsegmenten möglichst stark unterscheiden (Heterogenität). Zudem sollten die Kriterien gut messbar und erfassbar sein sowie Ansatzpunkte für die anzuwendenden Marketing-Strategien bzw. den Marketing-Mix bieten (Kotler et al. 2007, S. 386).

Nach Frank et al. (1972, S. 27) unterscheiden sich die für eine Marktsegmentierung zur Verfügung stehenden Kriterien in zweierlei Hinsicht:

1. ob und inwieweit sie allgemein oder kaufspezifisch ausgerichtet sind,

2. wie die Merkmale erfasst werden können, d.h. ob es sich um direkt beobachtbare Einzelmerkmale oder um ableitbare komplexe Merkmale handelt.

Darüber hinaus werden die Kaufprozesse durch zwei weitere Dimensionen beeinflusst:

Struktur und Verhalten
als Einflussgrößen

1. von den strukturellen Gegebenheiten der Nachfragerorganisation,
2. von den Verhaltensweisen der Buying-Center-Mitglieder als Einzelpersonen und in ihrer Gesamtheit.

Die **Marktsegmentierungskriterien** für den Business-to-Business-Bereich nach Frank/Massy/Wind sind der Abbildung 37 zu entnehmen.

Abb. 37

Marktsegmentierungskriterien für den Business-to-Business-Bereich

Direkt und indirekt
beobachtbare Kriterien

Erfassung der Merkmale	Merkmale der Nachfragerorganisation	
	Allgemeine Merkmale	**Kaufspezifische Merkmale**
Direkt beobachtbar	▸ *organisationsbezogene Merkmale:* Unternehmensgröße, Organisationsstruktur, Standort, Betriebsform, Finanzrestriktionen u. a.	▸ *organisationsbezogene Merkmale:* Abnahmemenge bzw. -häufigkeit, Wertschöpfungsprozesse, Anwendungsbereich der nachgefragten Leistung, Neu-/Wiederholungskauf, Marken-/Lieferantentreue, Verwenderbranche/ Letztverwendersektor
	▸ *buying-center-bezogene Merkmale:* Demografische und sozio-ökonomische Merkmale der Buying-Center-Mitglieder (z. B. Ausbildung, Beruf, Alter, Stellung im Unternehmen)	▸ *buying-center-bezogene Merkmale:* Größe und Struktur des Buying Centers
Indirekt beobachtbar/ abgeleitet	▸ *organisationsbezogene Merkmale:* Unternehmensphilosophie, Zielsystem des Unternehmens	▸ *organisationsbezogene Merkmale:* Organisatorische Beschaffungsregeln
	▸ *buying-center-bezogene Merkmale:* Persönlichkeitsmerkmale der Buying-Center-Mitglieder (z. B. Know-how, Risikoneigung, Entscheidungsfreudigkeit, Selbstvertrauen, Life-Style der Buying-Center-Mitglieder)	▸ *buying-center-bezogene Merkmale:* Kaufmotive, individuelle Zielsysteme, Anforderungsprofile, Entscheidungsregeln der Kaufbeteiligten, Kaufbedeutung in der Einschätzung der Kaufbeteiligten, Einstellungen/Erwartungen gegenüber Produkt/Lieferanten, Präferenzen

Quelle: Kleinaltenkamp 2002b, S. 195; dort nach Frank/Massy/Wind 1972, S. 27; Engelhardt 1997, S. 1063 f.

Segmentierungsmodelle
als Strukturierungshilfen

Art und Umfang der in der Abbildung dargestellten Marktsegmentierungskriterien lassen deutlich werden, dass deren Erfass- und Messbarkeit in der Marketingpraxis problematisch ist. In der Literatur finden sich eine Reihe von Marktsegmentierungsansätzen, die versuchen, dieses Problem zu strukturieren und zumindest teilweise zu lösen. Je nach Komplexitätsgrad lassen sich ein- und mehrdimensionale bzw. ein- und mehrstufige Segmentierungsmodelle unterscheiden.

2.2.2.1 Eindimensionale einstufige Modelle

Berücksichtigung
weniger Kriterien

Eindimensionale einstufige Modelle berücksichtigen aus der Vielzahl an möglichen Kriterien nur einzelne. Dazu gehören z.B. Nachfragebranchen, organisationsdemografische Merkmale, regionale Merkmale, Buying-Center-Merkmale etc. Beispielsweise können Regionen oder Länder mit ähnlichem Pro-Kopf-Verbrauch zusammengefasst werden. Die Abbildung enthält ein Beispiel für eine Nachfragebranchensegmentierung, die gleiche Einsatzgebiete von Industriegütern in Segmente zusammenfasst.

Abb. 38

Beispiel für eine Nachfragebranchensegmentierung

Produkte	Marktsegmente				
	Motoren-bau	LKW-Industrie	PKW-Industrie	Schiffbau	Kranbau
Getriebe Typ I					
Getriebe Typ II					
Getriebe Typ III					
Getriebe Typ IV					

Quelle: Dehr/Biermann 1998, S. 76

Pragmatisch aber
praktikabel

Diese eindimensionalen und einstufigen Segmentierungsmodelle entsprechen am ehesten den Anforderungen der Marketingpraxis nach leicht und unkompliziert anwendbaren Modellen. Echte kaufverhaltensrelevante Faktoren werden jedoch außer Acht gelassen. Diesem Nachteil versuchen mehrstufige Segmentierungsmodelle gerecht zu werden.

2.2.2.2 Eindimensionale mehrstufige Segmentierungsmodelle

Zweistufige Segmentierungsmodelle gehen auf den Ansatz von Wind/Cardozo (1974, S. 153 ff.) zurück. Deren Kerngedanke besteht in einer Unterteilung in die Stufen Makrosegmentierung und Mikrosegmentierung.

Die **Makrosegmentierung** beinhaltet die Identifizierung wichtiger organisatorischer Kriterien der Nachfragerorganisation, wie beispielsweise Unternehmensgröße, Organisationsstruktur u. ä. Auf deren Basis werden entsprechende Makrosegmente gebildet. Sofern diese unterschiedliche Verhaltensweisen oder Reaktionen auf das Marketing der Anbieterorganisation zeigen, können die Makrosegmente bereits als Zielsegmente verwendet werden (vgl. Godefroid/ Pförtsch 2008, S. 122 f.).

Mögliche Kriterien für eine Makrosegmentierung sind in der Abbildung 39 verdeutlicht:

Stufenweise Makro- und Mikrosegmentierung

Abb. 39

Mögliche Makrosegmentierungskriterien

Kriterien der Makrosegmentierung

Kriterien	Beispiele
Geografische Kriterien	Lokal Regional National International Global
Demografische Kriterien	Branchen Unternehmensgröße (z. B. nach Anzahl der Mitarbeiter, Umsatz etc.) Einkaufsvolumen bzw. Bedarf Wertsteigerung der eingekauften Produkte Bedeutung der eingekauften Produkte für das Beschaffende Unternehmen
Organisatorische Kriterien	Einkaufspolitik Organisation des Beschaffungsprozesses Zusammensetzung des Buying Centers Durchschnittliche Auftragsgröße Häufigkeit der Aufträge Lagerungsmöglichkeiten
Lieferanten-/Kundenbeziehung	Stammkunde Ehemaliger Kunde Kunde eines Wettbewerbers (noch) Nichtverwender der Produkte Möglichkeit von Gegenseitigkeitsgeschäften

Quelle: in Anlehnung an Godefroid/Pförtsch 2008, S. 122 f.

Fokussierung auf
beteiligte Personen

Zeigen die Makrosegmente keine unterschiedlichen Reaktionen, sollten in einem zweiten Schritt innerhalb dieser Makrosegmente **Mikrosegmente** identifiziert werden. Diese sollten sich bezüglich wichtiger Kriterien der Entscheidungsbeteiligten unterscheiden. Solche Kriterien sind beispielsweise die hierarchische Stellung der Entscheidungsbeteiligten, Entscheidertypologien und Entscheidungsregeln. Persönliche Merkmale und Verhaltensweisen der am Beschaffungsprozess Beteiligten stehen hier im Vordergrund. Mögliche Kriterien der Mikrosegmentierung können der Abbildung 40 entnommen werden.

Kriterien der
Mikrosegmentierung

Abb. 40	
Mögliche Mikrosegmentierungskriterien	
Kriterien	**Beispiele**
Demografische Merkmale	Alter Ausbildung Stellung im Unternehmen
Persönlichkeitsmerkmale	Lifestyle Risikobereitschaft Entscheidungsstil Informationsgrad
Kaufmotive	Interesse an der Beschaffung Persönliche Ziele Präferenzen für Anbieter bzw. Produkte

Quelle: in Anlehnung an Godefroid/Pförtsch 2008, S. 123

Segmentprofil als
Kombination aus Makro-
und Mikrosegmentierung

Das Ergebnis der Analyse der beiden Stufen beinhaltet das Segmentprofil als Kombination aus organisationalen und personalen bzw. buying-center-spezifischen Kriterien (vgl. Engelhardt/Günther 1981, S. 91; Richter 2001, S. 144). Die Abbildung 41 verdeutlicht das Vorgehen nach Wind/Cardozo (1974, S. 156).

Insbesondere die Bedeutung der individuellen Merkmale einkaufsentscheidender Personen hat zur Entwicklung **zweistufiger Mikrosegmentierungsmodelle** geführt. In einer ersten Stufe werden hierbei die wahrnehmbaren Personenmerkmale wie Alter, Berufsjahre, Ausbildung und Tätigkeitsdauer im gegenwärtigen Einkaufsjob erfasst (Barcley/Ryan 1996, S. 8 ff.). In einem zweiten Schritt werden der durch den Einkauf angestrebte Nutzen sowie die relevanten Einkaufsbedingungen erhoben.

Präzisierung über weitere
Stufen

Schließlich gibt es **dreistufige Segmentierungsmodelle**, die eine schrittweise und fortlaufende Präzisierung der beschaffungsrelevanten Kriterien über drei Ebenen hinweg beinhalten (Scheuch 1975, S. 70 ff.; Gröne 1977, S. 34 ff.):

▸ Die erste Ebene zielt auf Umweltmerkmale und organisationsdemografische Kriterien.

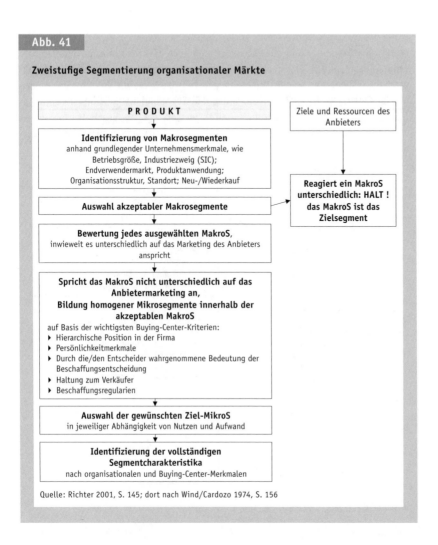

Abb. 41

Zweistufige Segmentierung organisationaler Märkte

P R O D U K T

Ziele und Ressourcen des Anbieters

Identifizierung von Makrosegmenten
anhand grundlegender Unternehmensmerkmale, wie
Betriebsgröße, Industriezweig (SIC);
Endverwendermarkt, Produktanwendung;
Organisationsstruktur, Standort; Neu-/Wiederkauf

**Reagiert ein MakroS
unterschiedlich: HALT !
das MakroS ist das
Zielsegment**

Auswahl akzeptabler Makrosegmente

Bewertung jedes ausgewählten MakroS,
inwieweit es unterschiedlich auf das Marketing des Anbieters
anspricht

**Spricht das MakroS nicht unterschiedlich auf das
Anbietermarketing an,
Bildung homogener Mikrosegmente innerhalb der
akzeptablen MakroS**
auf Basis der wichtigsten Buying-Center-Kriterien:
▸ Hierarchische Position in der Firma
▸ Persönlichkeitmerkmale
▸ Durch die/den Entscheider wahrgenommene Bedeutung der
Beschaffungsentscheidung
▸ Haltung zum Verkäufer
▸ Beschaffungsregularien

Auswahl der gewünschten Ziel-MikroS
in jeweiliger Abhängigkeit von Nutzen und Aufwand

**Identifizierung der vollständigen
Segmentcharakteristika**
nach organisationalen und Buying-Center-Merkmalen

Quelle: Richter 2001, S. 145; dort nach Wind/Cardozo 1974, S. 156

▸ Die zweite Ebene thematisiert innerorganisatorische Merkmale der Beschaffungsorganisation.
▸ Die dritte Ebene fokussiert entscheidertypologische Charakteristika der Mitglieder des Buying Centers.

In der Abbildung 42 sind die Modelle von Scheuch (1975, S. 70 ff.) und Gröne (1977, S. 34 ff.) wiedergegeben.

Dreistufige
Segmentierung

Dreistufige Segmentierungsmodelle nach Scheuch und Gröne

Segmentierungsansatz nach Scheuch	Segmentierungsansatz nach Gröne

1. Ebene: Umweltbezogene Merkmale
▶ Organisationsbezogene Merkmale
  – Standort
  – Branche
  – Betriebsgröße
▶ Kauf- und Verwendungsverhalten
  – Auftragsgrößen
  – Lieferantentreue
  – Verwendungsintensität
▶ Position der Organisation in der Umwelt
  – Politische Bedingungen
  – Technische Bedingungen
  – Rechtliche Bedingungen
	1. Ebene: O-Segmentierung (organisationsbezogene Kriterien)
	▶ Organisationsdemografische Merkmale
	  – Standort
	  – Branche
	  – Unternehmensgröße
	▶ Institutionalisierung der Einkaufsfunktion
	  – Zentralisation/Dezentralisation
	  – Aufgabenbereich
	▶ Organisatorische Beschaffungsregeln
	  – Ablauf der Einkaufsentscheidung
	  – Angebotsbewertung

2. Ebene: Innerorganisatorische Merkmale
▶ Zielsystem der Organisation
▶ Restriktionensystem
  – Know-how-Begrenzungen
  – Budgetrestriktionen
▶ Hierarchische Struktur
  – Stellen
  – Positionen
	2. Ebene: K-Segmentierung (Merkmale des Entscheidungskollektivs)
	▶ Größe des Buying Centers
	▶ Zusammensetzung des Buying Centers
	▶ Interpersonelle Beziehungen

3. Ebene: Merkmale der Mitglieder von Entscheidungszentren ▶ Alter ▶ Beruf ▶ Status/Rollen	3. Ebene: I-Segmentierung (Merkmale des entscheidungsbeteiligten Individuums) ▶ Informationsverhalten (-quellen) ▶ Motivation ▶ Einstellungen

Quelle: Becker 2009, S. 283; dort nach Scheuch 1975, S. 70–73 und Gröne 1977, S. 34–36

Käufertypbezogene
Segmentierung

Robertson/Barich (1992, S. 5 ff.) schlagen ein käufertypbezogenes Segmentierungsmodell für industrielle Märkte vor, das drei Ebenen nachfragebezogener Anforderungen an den Anbieter differenziert (**Drei-Ebenen-Segmentierung**):

▶ **Segment 1:** Potenzielle Kunden (First Time Prospects) – mögliche zukünftige Kunden, die Bedarf an dem Produkt haben (könnten), bisher aber noch keine Kunden geworden sind. Sie sind unsicher hinsichtlich einer Entscheidung und legen großen Wert auf die Initiative der Anbieterorganisation sowie eine Betreuung durch diese.

▶ **Segment 2:** Erstkäufer (Novices) – bisher einmal aktiv gewordene Kunden, für die eine Nachkaufbetreuung (Anwendung, Services bezüglich der gekauften Leistung) besonders wichtig ist.

▸ **Segment 3:** Erfahrene Käufer (Sophisticates) – Stammkunden. Die Kompatibilität der Leistungen und die Problemlösungsfähigkeit des Anbieters stehen für diese im Vordergrund.

Die Abbildung 43 veranschaulicht die **Drei-Ebenen-Segmentierung** von Robertson/Barich (1992, S. 7).

Abb. 43

Drei-Ebenen-Segmentierung von Robertson/Barich

Drei-Ebenen-
Segmentierung

SEGMENTE		
Potenzielle Kunden (First-Time Prospects)	**Erstkäufer (Novices)**	**Erfahrene Kunden (Sophisticates)**
Dominantes Kundenmotto: »Take care of me«	Dominantes Kundenmotto: »Help me make it work«	Dominantes Kundenmotto: »Talk technology to me«
Gewünschte Unterstützung ▸ Außendienstmitarbeiter: Verständnis der Kundenprobleme ▸ Redlichkeit der Außendienstmitarbeiter ▸ Erfahrung der Lieferfirma ▸ Einfühlsamkeit der Außendienstmitarbeiter ▸ Erprobungsphase ▸ Qualifiziertes Training	**Gewünschte Unterstützung** ▸ Leicht verständliche Bedienungsanleitungen ▸ Hotline zum Kundendienst ▸ Qualifiziertes Training ▸ Produktseitig versierte Außendienstmitarbeiter	**Gewünschte Unterstützung** ▸ Kompatibilität mit vorhandener Technik ▸ Kundenindividuelle Technik ▸ Referenzen des Lieferranten ▸ Reaktionsschnelligkeit bei Havarien ▸ Betreuung und technische Unterstützung nach Verkauf
Weniger wichtig ▸ Produktbezogene Detailkenntnis der Außendienstmitarbeiter	**Weniger wichtig** ▸ Redlichkeit der Außendienstmitarbeiter ▸ Außendienstmitarbeiter: Verständnis der Kundenprobleme	**Weniger wichtig** ▸ Training ▸ Erprobungen ▸ Leicht verständliche Bedienungsanleitungen ▸ Einfühlsamkeit der Außendienstmitarbeiter

Quelle: Robertson/Barich 1992, S. 7

Ein **mehrstufiges Segmentierungsmodell**, das ein umfassendes Spektrum von der Unternehmensdemografie bis hin zu den persönlichen Charakteristika der einkaufsentscheidenden Akteure umfasst, stellen Bonoma/Shapiro (1984, S. 7 ff.) vor. Sie konzipierten ein **Schalenmodell** (»Nested Approach«) mit fünf Stufen, die nach Art einer russischen Holzpuppe (Matrjoschka) ineinander eingebettet sind (Mitchel/Wilson 1998, S. 429 ff.).

Schalenmodell

Fünf Stufen

Ausgehend von der äußeren Schale wird schrittweise geprüft, ob der Detaillierungsgrad für die geplante Segmentierung ausreichend ist oder nicht. Wenn ja, wird der Prozess abgebrochen. Wenn nicht, geht man weiter vor. So werden nacheinander die folgenden Kriterien geprüft:

▸ **Demografische Merkmale** – z. B. Branche, Unternehmensgröße, Standort.
▸ **Leistungsbezogene (operative) Merkmale** – z. B. Technologien, Käufer-/Nicht-Käufer des Produktes oder der Marke, technische Ausstattung, technische Fähigkeiten, finanzielle Möglichkeiten.
▸ **Beschaffungsmerkmale** – z. B. formale Organisation des Beschaffungsprozesses, Beschaffungsrichtlinien bzw. Kaufkriterien, Machtstrukturen beim Kaufprozess, bestehende Geschäftsbeziehungen.
▸ **Situative Faktoren** – z. B. Dringlichkeit des Kaufs, Spezialwünsche, Auftragsvolumen.
▸ **Individuelle Charakteristika** der Buying-Center-Mitglieder – z. B. Risikoverhalten, Toleranz, Image- oder Faktenreagierer, Ähnlichkeit zwischen Käufer und Verkäufer, Lieferantentreue.

Die **Nest- bzw. Schalensegmentierung** ist in der Abbildung 44 verdeutlicht.

Nest- bzw. Schalen-
segmentierung

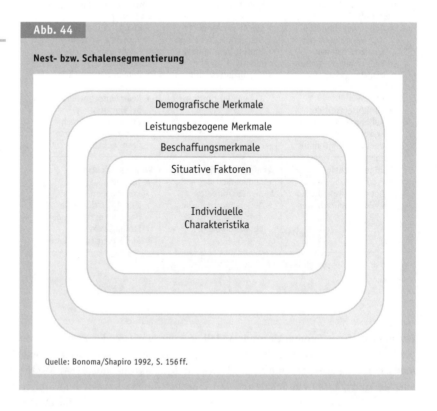

Abb. 44

Nest- bzw. Schalensegmentierung

Demografische Merkmale

Leistungsbezogene Merkmale

Beschaffungsmerkmale

Situative Faktoren

Individuelle
Charakteristika

Quelle: Bonoma/Shapiro 1992, S. 156 ff.

2.2.2.3 Drei- und mehrdimensionale Segmentierungsmodelle – die Abgrenzung Strategischer Geschäftsfelder

Gegenüber den eindimensionalen Modellen, bei denen die Segmentierung stufenweise nacheinander erfolgt, werden die Segmentierungskriterien bei mehrdimensionalen Modellen gleichzeitig herangezogen und angewendet.

Gleichzeitige Anwendung von Kriterien

Abell (1980, S. 110 ff.) hat eine solche **dreidimensionale Marktsegmentierung** unter Berücksichtigung von nachfrage- und angebotsorientierten Dimensionen entwickelt. Die Kombination der folgenden drei Beschreibungsdimensionen wird als **Strategisches Geschäftsfeld** bezeichnet (Abell 1980, S. 22 ff.):

▸ **Kundengruppen** – die durch das Produkt angesprochenen (potenziellen) Käufer (»Who is being satisfied?«).

Wer?

▸ **Kundenfunktionen** – die durch das betreffende Gut zu befriedigenden Kundenbedürfnisse (»What is being satisfied?«).

Was?

▸ **Alternative Technologien** – die zur Befriedigung der Kundenbedürfnisse einzusetzenden Technologien (»How customer needs are satisfied?«).

Wie?

Abb. 45

Dreidimensionale Marktsegmentierung nach Abell

Bildung strategischer Geschäftsfelder

Funktionen
Was?

Marktsegmente
Wer?

Technologien
Wie?

Quelle: Abell 1980, S. 27

Mittels dieser drei Dimensionen und auf Basis der jeweiligen Ausprägungen lässt sich das Strategische Geschäftsfeld als »strategischer Kasten« definieren, innerhalb dessen das Unternehmen agiert. Die dreidimensionale Geschäftsfeldbestimmung im Business-to-Business-Marketing nach Abell ist in Abbildung 46 am Beispiel computergesteuerter Röntgengeräte verdeutlicht (Abell 1980, S. 110, 112).

Strategischer Kasten

Abb. 46

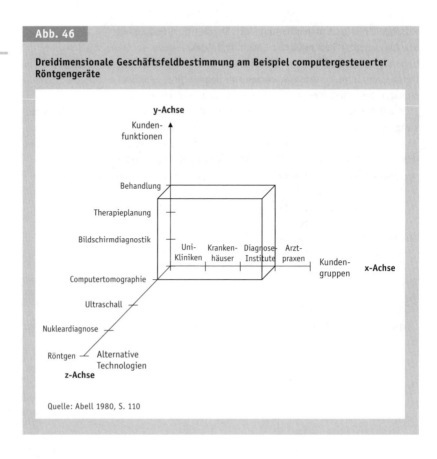

Beispiel

Dreidimensionale Geschäftsfeldbestimmung am Beispiel computergesteuerter Röntgengeräte

Quelle: Abell 1980, S. 110

Das strategische Geschäftsfeld des Unternehmens wird in diesem Beispiel wie folgt eingegrenzt:

Eingrenzung und Festlegung

▸ Als Kunden werden Uni-Kliniken, Krankenhäuser und Diagnoseinstitute angesprochen.
▸ Die Bedürfnisse der Bildschirmdiagnostik, die Therapieplanung und die Behandlung werden durch das Angebot befriedigt.
▸ Als Technologie wird die Computertomografie verwendet.

Natürlich sind basierend auf den gewählten Dimensionen verschiedene alternative Abgrenzungen des Strategischen Geschäftsfeldes möglich.

2.2.2.4 Dynamische Marktsegmentierung

Fortlaufende Anpassung an veränderte Märkte und Segmente

Märkte sind dynamisch, d. h. sie verändern sich im Zeitverlauf. Diese Dynamik der Märkte, die insbesondere auch für den Business-to-Business-Bereich gilt, bringt die Notwendigkeit der Veränderung bzw. Anpassung einer einmal erfolgten Marktsegmentierung mit sich. Einen solchen Ansatz zur kontinuierlichen Dynamisierung und Bedürfnisorientierung der Marktsegmentierung ist von Breuer (1993, S. 127 ff.) entwickelt worden.

Die **dynamische Marktsegmentierung** beinhaltet:

▸ eine kontinuierlich anpassende Aufteilung des heterogenen Marktes in homogene Teilsegmente anhand bedürfnisorientierter Kriterien (dynamische Segmentbildung),

▸ die kontinuierliche Neubewertung und -auswahl der Teilsegmente,

▸ die Anpassung des segmentspezifischen Marketing-Mixes an die sich verändernden Marktgegebenheiten und

▸ damit die Lebenszyklusbezogenheit der dynamischen Marktsegmentierung (Breuer 1994, S. 133 f.).

Dynamische Markt-
segmentierung

Die Abbildung 47 veranschaulicht die dynamische Änderung der Marktsegmente.

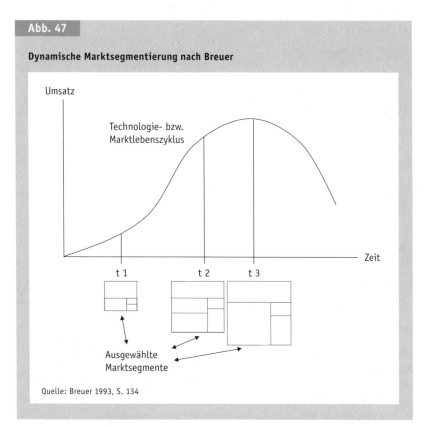

Abb. 47

Dynamische Marktsegmentierung nach Breuer

Umsatz

Technologie- bzw.
Marktlebenszyklus

Zeit

t 1   t 2   t 3

Ausgewählte
Marktsegmente

Quelle: Breuer 1993, S. 134

Die Verschiebung der unterschiedlichen Segmente muss auf unterschiedlichen Betrachtungsebenen analysiert werden (Günther 1990, S. 120 ff.). Auf der ersten

Unterschiedliche
Ursachen und daran
orientierte Betrach-
ungsebenen

Zeitliche (In-)Stabilität

Ebene sollte sich auf die zeitliche Instabilität der Marktsegmentierungskriterien konzentriert werden. Diese zeitliche Instabilität kann zur Verschiebung, zum Wegfall und zur Neuaufnahme von Segmenten führen. Die Abbildung 48 enthält einen Überblick über das Ausmaß an Zeitstabilität einzelner ausgewählter Segmentierungskriterien (Günter 1990, S. 25).

Abb. 48

Zeitstabilität ausgewählter Segmentierungskriterien

Kriterientyp	Wanderungspotenzial von Segmenten
Branche	niedrig
Unternehmensgröße	niedrig
Verwendungsart	oft niedrig
Produktanforderungen	oft hoch
Größe des Buying Centers	eher niedrig; produkt- und kaufklassenabhängig
Kaufklasse	hoch
Abnahmemenge	hoch
Altersklasse	hoch
Funktion im Unternehmen	mittelfristig hoch
Rollen im Buying Network	eher niedrig; produktabhängig
Informationsstand	hoch
Informationsverhalten	eher niedrig
Risikobereitschaft	niedrig aber produktabhängig
Lieferantentreue	eher niedrig

Quelle: Günter 1990, S. 25

Auf der zweiten Ebene – bei der Betrachtung der einzelnen Segmente – können folgende Veränderungen identifiziert werden:

Neuentwicklung, Wegfall

▸ Segmentveränderungen durch das Auftreten neuer bzw. durch das Wegfallen bestehender Kundengruppen,
▸ Strukturverschiebungen zwischen den Segmenten aufgrund
  – natürlicher Wanderungen (z. B. Segmentierung nach Altersklassen),
  – kaufklassen- und kaufphasenabhängiger Wanderungen (z. B. Segmentierung nach Kaufsituationen) und

Wanderung

  – sonstiger Wanderungsanlässe (z. B. Veränderung des Kaufverhaltens).

Zusammenfassung Kapitel 2.2.2

Die Marktsegmentierung auf Business-to-Business-Märkten ist eine schwierige und komplexe Aufgabe, für die keine einheitliche Lösung verfügbar ist. Vielmehr helfen verschiedene in der Literatur vorgeschlagene Ansätze, dieses Problem zu strukturieren und zu unternehmensindividuellen problemadäquaten Lösungen zu kommen. In der Regel wird die Segmentierung im Business-to-Business-Marketing in mehreren Schritten durchgeführt.

Voraussetzung für eine jede Form der Marktsegmentierung ist zunächst die Abgrenzung des für das Unternehmen relevanten Marktes nach inhaltlich-sachlicher, räumlich-geografischer und zeitlicher Hinsicht. Die Schwierigkeit besteht jedoch darin, geeignete, d.h. mess- und erfassbare Segmentierungskriterien zu finden. Frank/Massy/Wind unterscheiden: organisationsbezogene und buying-center-bezogende Merkmale, die sich auf allgemeine und kaufspezifische Merkmale der Nachfragerorganisation beziehen. Allerdings lassen sich Marktsegmentierungskriterien gemäß dieser Dimensionen sehr schwierig erfassen und messen.

In der Literatur wurden für dieses Unterfangen verschiedene Ansätze entwickelt, die je nach Komplexitätsgrad als ein- oder mehrdimensionale bzw. ein- und mehrstufige Segmentierungsmodelle unterschieden werden. Die eindimensionalen einstufigen Modelle greifen einzelne, aber wichtige Segmentierungskriterien aus mehreren Merkmalen heraus, während die mehrstufigen mehrdimensionalen Modelle ein besseres Abbild der Marktrealität gewährleisten. Allerdings sind diese in der Praxis sehr aufwendig zu handhaben.

Wiederholungsfragen zu Kapitel 2.2.2

4. *Was verstehen Sie unter Marktsegmentierung? Welche Aufgaben kommen der Marktsegmentierung im Rahmen der Erstellung eines Marketing-Konzeptes für Business-to-Business-Märkte zu?*

5. *Wie wird die Marktsegmentierung in der Marketingpraxis häufig vorgenommen? Welche Probleme könnten daraus resultieren?*

6. *Worin unterscheiden sich ein- und mehrstufige bzw. ein- und mehrdimensionale Ansätze der Marktsegmentierung im Business-to-Business-Marketing? Welche wesentlichen Vor- und Nachteile bringen diese jeweils mit sich?*

7. *Worin besteht die Mehrstufigkeit bei entsprechenden Segmentierungsansätzen für das Business-to-Business-Marketing? Welche Kriterien können für eine mehrstufige Segmentierung herangezogen werden?*

8. *Worin besteht der Unterschied zwischen den mehrstufigen Segmentierungsansätzen und der Drei-Ebenen-Segmentierung nach Robertson/Barich?*

9. *Welche Inhalte hat der mehrdimensionale Segmentierungsansatz von Abell? Welche besondere Bedeutung kommt diesem Ansatz zusätzlich vor dem Hintergrund der Entwicklung einer Marketingkonzeption zu? Was verstehen Sie unter einem Strategischen Geschäftsfeld?*
10. *Was verstehen Sie unter einer dynamischen Marktsegmentierung? Nehmen Sie Stellung zur Bedeutung dieses Ansatzes für das Business-to-Business-Marketing aus Praxissicht.*

Die Lösungen zu den Wiederholungsfragen finden Sie in Kapitel 5, S. 232 ff.

2.2.3 Definition Strategischer Geschäftseinheiten

Internes Pendant zu Strategischen Geschäftsfeldern erforderlich

In der Regel verfügen Unternehmen über eine Vielzahl an Produkten und Leistungen, die sie auf den Märkten anbieten. Für die gezielte Bearbeitung der abgegrenzten Marktsegmente bzw. der Strategischen Geschäftsfelder der Unternehmung ist es daher erforderlich, ein entsprechendes internes Pendant zu schaffen. Die vom Unternehmen angebotenen Leistungen sollten intern gebündelt, abgegrenzt und auf den Markt bzw. die Strategischen Geschäftsfelder ausgerichtet werden.

Strategische Geschäftseinheit (SGE)

Basierend auf der Abgrenzung Strategischer Geschäftsfelder werden auf diese Weise sogenannte Strategische Geschäftseinheiten (SGE) bzw. **Strategic Business Units** gebildet. Solche **Strategischen Geschäftseinheiten (SGE)** stellen Produkte oder Programmteile dar, die im Hinblick auf markt- und wettbewerbsbezogene Merkmale gleichartig sind.

Anforderungen an SGEs

Darüber hinaus sollten folgende Grundsätze beachtet werden (Godefroid/ Pförtsch 2008, S. 131; dort nach Chisnall 1995, S. 186):

▸ Eine SGE sollte ein weitgehend eigenständiges Geschäft betreiben (oder in der Zukunft betreiben können).
▸ Für die Leitung einer SGE sollte ein Manager verantwortlich sein.
▸ Jede SGE sollte eine deutlich unterschiedliche Rolle im Unternehmen haben.
▸ Die SGEs sollten ausgeprägt marktorientiert gebildet werden.
▸ Der Schwerpunkt einer SGE sollte technologieorientiert sein.
▸ Jede SGE sollte große genug sein, damit Volumen- oder Erfahrungseffekte wirksam werden können.
▸ Eine SGE sollte auch unter geografischen Aspekten sinnvoll sein.

Zusammenfassung Kapitel 2.2.3

Für jede unternehmerische Aktivität ist es zunächst von zentraler Bedeutung, zu definieren, auf welchem relevanten Markt man diese angesiedelt
sieht. Dies geschieht durch die Abgrenzung eines Strategischen Geschäftsfeldes, wobei diese Abgrenzung eine schwierige Aufgabe darstellt. Es sind
mehrere Konzepte hierfür entwickelt worden.

Das Strategische Geschäftsfeld stellt den Ausgangspunkt dar, eine Strategische Geschäftseinheit als unternehmensinternes Pendant zu bilden
(SGE). Ein Unternehmen wird hierzu (gedanklich) in strategisch wichtige
Planungseinheiten unterteilt, da das unternehmerische Wirken sich i.d.R.
nicht nur auf ein Feld konzentriert. SGEs werden mitunter ohne Rücksicht
auf die Organisationsstruktur festgelegt und stimmen daher ggf. nur zu-
fällig mit einer Organisationseinheit überein.

Wiederholungsfragen zu Kapitel 2.2.3

11. *Was verstehen Sie unter einer Strategischen Geschäftseinheit? Welche Bedeu-*
    tung/Rolle kommt dieser im Rahmen der strategischen Marketingplanung zu?
12. *Welche Anforderungen sollte eine Strategische Geschäftseinheit erfüllen?*

Die Lösungen zu den Wiederholungsfragen finden Sie in Kapitel 5, S. 234.

2.2.4 Anwendung ausgewählter Analyseinstrumente

Wesentliche Grundlage für die Festlegung von Zielen und Strategien innerhalb
der Marketing-Konzeption ist die segmentspezifische und differenzierte Analyse. Hierfür werden neben der breit angelegten SWOT-Analyse auch die bekannten Analyseinstrumente der GAP-, (Produkt-)Lebenszyklus- und Portfolio-
analyse eingesetzt. Die Verwendung erfolgt vielfach analog des Einsatzes im
Konsumgütermarketing. Zum Teil gibt es aber auch für das B2B-Marketing
spezifische Anpassungen und Übertragungen.

Weitere Analyse-
instrumente

2.2.4.1 GAP-Analyse

Das Instrument der **Lücken- oder Gap-Analyse** dient der zukunftsorientierten
Schwachstellenanalyse. Hierbei wird für einen planerisch übersehbaren Zeitraum
(z.B. drei Jahre) die geplante Entwicklung einer quantitativen Zielgröße (z.B.
Umsatz) der zu erwartenden Entwicklung, d.h. dem Zielerreichungsgrad gegen-
übergestellt. Eine sogenannte Ziellücke (Gap) besteht dann, wenn die erwartete
Zielrealisierung unter der geplanten Zielgröße liegt (Becker 2009, S. 415).

Zur weiteren Differenzierung wird in eine operative und eine strategische
Lücke unterschieden. Die operative Lücke kann dabei relativ leicht durch den

Vergleich zwischen Plan
(Wunsch) und Prognose

intensivierten und optimierten Einsatz der Marketing-Instrumente geschlossen werden. Demgegenüber ist für das Schließen der strategischen Lücke der Einsatz umfassender und weitreichender Maßnahmen (Strategien) erforderlich. In der Abbildung 49 ist das Instrument verdeutlicht.

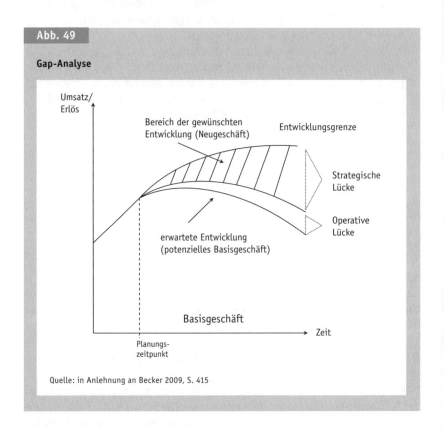

Abb. 49

Gap-Analyse

Quelle: in Anlehnung an Becker 2009, S. 415

Zusammenfassung Kapitel 2.4.1

Mit Hilfe der Gap-Analyse werden die Ist-Werte und die prognostizierten Werte der Erlös- bzw. Ertragsentwicklung eines Unternehmens mit den gewünschten Werten der gesetzten Ziel-(Soll-)Werte verglichen. Ggf. prognostizierte Abweichungen sollen mittels entsprechender Maßnahmen verringert oder gar geschlossen werden.

2.2.4.2 Produktlebenszyklusanalyse

Betrachtung der Umsatz-, Absatz- und/oder Gewinnentwicklung im Zeitverlauf

Das **Modell des Produktlebenszyklus (PLZ)** bezeichnet ein zeitbezogenes Marktreaktionsmodell und umfasst die Zeitspanne, in der sich ein Produkt am Markt befindet. Es beruht auf der Annahme, dass ein Produkt von dessen Markteinführung bis zu dessen Elimination bestimmten (zeitbezogenen) Gesetzmäßigkeiten unterliegt (Becker 2009, S. 725 ff.).

Das Modell kann als Informationsgrundlage für produkt- und programmpolitische Entscheidungen herangezogen werden. Je nach Position im Produktlebenszyklus können Rückschlüsse auf zukünftige Entwicklungen der Programm- oder Produktteile sowie die erforderliche Art und Intensität des Einsatzes der Marketing-Instrumente gezogen werden.

Programm-/Produktebene

Betrachtet werden i. d. R. die Verläufe der Umsatz- bzw. Absatzkurve in Abhängigkeit von der Zeit. Im Allgemeinen wird ein ertragsgesetzlicher (S-förmiger) Verlauf unterstellt. Ergänzend findet häufig auch die Gewinnkurve Beachtung. Darüber hinaus werden dem Zeitverlauf auch unterschiedliche Käufertypen zugeordnet.

Idealtypisch S-förmiger Verlauf

Typischerweise wird der Produktlebenszyklus in **fünf Phasen** unterteilt, die wie folgt charakterisiert werden können:

Fünf Phasen des Produktlebenszyklus

▸ In der **Einführungsphase** ist das Produkt für den Markt noch neu, der Umsatz ist dementsprechend noch gering. Gleichzeitig fallen hohe Kosten für die Produktion, den Aufbau eines Vertriebsnetzes sowie – i. d. R. notwendige – intensive Kommunikationsmaßnahmen an. Zudem sind auch noch die Kosten des Innovationsprozesses zu decken. Es kann daher noch kein Gewinn realisiert werden. Die eher aufgeschlossenen Käufer dieser Phase werden als »Innovatoren« bezeichnet.

▸ Die **Wachstumsphase** ist gekennzeichnet durch einen überdurchschnittlichen Umsatzzuwachs. Dieser ermöglicht auf Grund höherer Ausbringungsmengen und teilweise geringerer Kosten (beispielsweise für die Akquisition) eine Senkung der Stückkosten (sog. Kostendegression). Der Gewinn erreicht in dieser Phase sein Maximum. Gleichzeitig bewirkt dieser das Auftreten zusätzlicher Konkurrenten am Markt (Me-Too-Produkte). Die Käufer dieser Phase werden als die »frühen Adaptoren« bezeichnet.

▸ Während der **Reifephase** steigt der Umsatz weiter bis zu seinem Maximum an. Der Grenzumsatz sowie der Gewinn gehen jedoch auf Grund zunehmender Konkurrenz und steigender Kosten durch intensiveren Einsatz der Marketing-Instrumente (Ziel: Präferenzaufbau) zurück. Bei den Konsumenten wird die sog. »frühe Mehrheit« erreicht.

▸ In der **Sättigungsphase** ist der Umsatz auf Grund von Marktsättigung und zunehmendem Preiswettbewerb rückläufig (negativer Grenzumsatz). Auch der Gewinn geht weiter zurück und erreicht am Ende dieser Phase die Verlustschwelle. Die Marketingmaßnahmen zielen stark auf die Aktivitäten im Rahmen der Marktfeldstrategie »Marktdurchdringung«. Mit den Erstkäufern dieser Phase wird die sog. »späte Mehrheit« erreicht.

▸ Die **Degenerationsphase** ist durch weiter sinkende Umsätze und stark steigende Kosten gekennzeichnet, wodurch nur noch Verluste realisierbar sind. Für das Unternehmen steht die Entscheidung über die Elimination des Produktes an. Käufer dieser Phase sind die sog. »Nachzügler«.

Die Abbildung 50 verdeutlicht die Zusammenhänge.

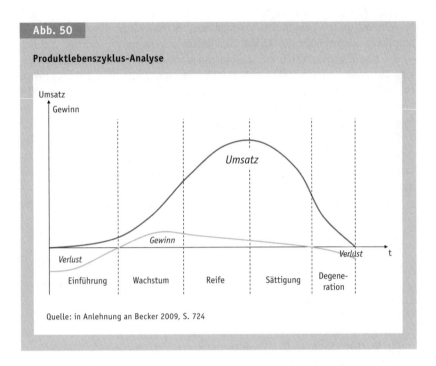

Abb. 50

Produktlebenszyklus-Analyse

Quelle: in Anlehnung an Becker 2009, S. 724

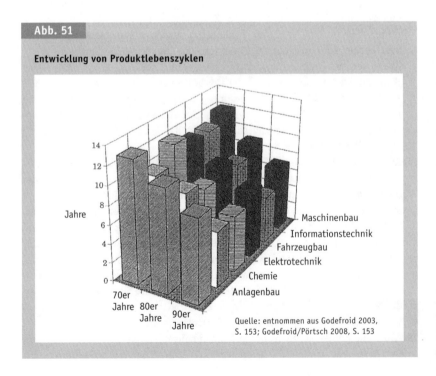

Abb. 51

Entwicklung von Produktlebenszyklen

Quelle: entnommen aus Godefroid 2003, S. 153; Godefroid/Pörtsch 2008, S. 153

Ähnlich wie in Konsumgüterbranchen ist auch in Investitionsgütermärkten eine zum Teil dramatische Verkürzung der Produktlebenszyklen zu verzeichnen. Dies hat erhebliche Auswirkungen auf die Anforderungen an das Marketing der Unternehmen. Die Abbildung 51 enthält das Ergebnis einer Studie von Droege et al. (1993).

PLZs werden kürzer auch im B2B

Zusammenfassung Kapitel 2.2.4.2

Das Modell des Produktlebenszyklus als zeitbezogenes Marktreaktionsmodell eines Angebots/Produkts wird häufig herangezogen, um eine unternehmenszielkonforme und strategisch optimale Ausrichtung der Angebotspolitik zu gestalten.
Der Produktlebenszyklus beinhaltet idealtypisch (Glockenkurvenform) die folgenden Phasen:

▶ der Vorbereitung,
▶ der Einführung (Innovationsphase),
▶ des Wachstums (der Reife-/Penetrationsphase),
▶ der Sättigung (Saturierungsphase),
▶ des Verfalls/Absterbens (Degenerationsphase) oder ggf. des Wiederanstiegs.

Das Modell kann zu einer besseren Planung verhelfen. Insbesondere vor dem Hintergrund einer zunehmenden Verkürzung der Lebenszyklen in nahezu allen Branchen wird es immer schwieriger, die Entwicklungsaufwendungen in der Laufzeit zu amortisieren. Das Konzept ist jedoch nicht unumstritten, u.a. weil die einzelnen Phasen weder exakt berechenbar noch eindeutig vorhersagbar sind. Es handelt sich um ein künstliches Modell. Ein verlässlicher, gesetzmäßiger Verlauf kann nicht unterstellt werden.

2.2.4.3 Portfolioanalyse

Die **Portfolioanalyse** ist ein wichtiges Analyseinstrument zur Ableitung von Stärken und Schwächen bzw. Chancen und Risiken sowie darauf aufbauenden sogenannten Normstrategien für Strategische Geschäftseinheiten (SGE).

Individuelle Beurteilung von SGE'n und Nutzung von Normstrategien

Die zwei bekanntesten Vertreter dieses Analyseinstrumentes sind die 4-Felder-Matrix (Marktwachstum-Marktanteil-Portfolio) der Boston Consulting Group und die 9-Felder-Matrix (Marktattraktivität-Wettbewerbsvorteil-Portfolio) von McKinsey. In beiden werden die Strategischen Geschäftseinheiten aus umweltbezogener und unternehmensbezogener Sicht beurteilt. Im Grundmodell sind Normstrategien empfohlen, die auf die konkrete Situation des jeweiligen Portfolios zu übertragen sind.

Beim **Marktwachstum-Marktanteil-Portfolio** (4-Felder-Matrix) wird die umfeldbezogene Größe »Erwartetes Marktwachstum« der unternehmensbezogenen Größe »Relativer Marktanteil« gegenübergestellt. Die Strategischen Geschäftsein-

4-Felder-Matrix

heiten (SGE) werden gemäß dieser Werte in der Portfolio-Matrix eingezeichnet. Als dritte Größe findet die Umsatzbedeutung der jeweiligen Geschäftseinheit in Form des Kreisumfanges Berücksichtigung (Becker 2009, S. 424 ff.).

Plakative Bezeichnung
der Felder des Portfolios

Das Portfolio ist in vier Felder unterteilt, die eine plakative Wesensbezeichnung für die dort platzierten SGEs enthalten. Die Normstrategien für die einzelnen Felder beinhalten eine deutliche Affinität zu dem Modell bzw. den Phasen des Produktlebenszyklus. Die Merkmale der vier Felder sowie die zu Grunde liegenden Normstrategien lassen sich kurz wie folgt charakterisieren (Becker 2009, S. 427):

‣ **Stars** (Sterne): Die SGE befindet sich in der Wachstumsphase. Es ist davon auszugehen, dass der Netto-Cashflow ausgeglichen ist und die SGE auf Grund ihrer starken Marktstellung ihren Finanzmittelbedarf selbst erwirtschaften kann.
Die Normstrategie lautet, den Marktanteil zu halten bzw. leicht auszubauen (Wachstumsstrategie).

‣ **Question Marks** (Fragezeichen): Die SGE befindet sich in der Einführung bzw. frühen Wachstumsphase. Der eigene relative Marktanteil ist gering. Sie weist daher einen hohen Finanzmittelbedarf auf; der Netto-Cashflow ist deutlich negativ.
Als Normstrategien ergeben sich zwei Alternativen: Entweder ist der Marktanteil deutlich zu steigern, sofern dies aussichtsreich erscheint (Offensiv- bzw. Investitionsstrategie). Andernfalls ist der Marktanteil zu senken bzw. die SGE nach Möglichkeit zu verkaufen (Desinvestitionsstrategie).

‣ **Cash Cows** (Melkkühe): Die SGE befindet sich in der späten Wachstums- bzw. Reifephase und verfügt über eine starke Marktstellung. Es lassen sich deutliche Finanzmittelüberschüsse erwirtschaften (Netto-Cashflow deutlich positiv).
Die Normstrategie zielt auf ein Halten bzw. »kostenschonendes« Senken des Marktanteils (Gewinn- bzw. Abschöpfungsstrategie).

‣ **Poor Dogs** (Arme Hunde): Die SGE befindet sich in der Sättigungs- bzw. Rückgangsphase und verfügt über eine schwache Marktstellung. Der Netto-Cashflow ist negativ bis ausgeglichen.
Die Normstrategie legt ein Senken des Marktanteils oder einen Verkauf der SGE nahe (Desinvestitionsstrategie).

Verdichtung und
Vereinfachung

Der offensichtliche Vorteil dieser Portfolio-Analyse besteht in der Verdichtung der strategiebeeinflussenden Faktoren auf lediglich zwei Größen. Diese starke Vereinfachung stellt jedoch auch den wesentlichen Kritikpunkt dar. Andere Ansätze und Weiterentwicklungen, wie die bereits erwähnte 9-Felder-Matrix von McKinsey, berücksichtigen eine Vielzahl an Einflussgrößen und beinhalten darüber hinaus feinere Abstufungen bei der Unterteilung der Achsen.

Abwandlungen

Basierend auf der Grundidee der Portfolioanalyse gibt es eine Vielzahl unterschiedlichster Übertragungen auch für das Business-to-Business-Marketing – meist mit dem Ziel, den Ist-Zustand des aktuellen Leistungsprogramms darzustellen und mögliche Potenziale zu ermitteln.

Abb. 52

Marktwachstum-Martkanteil-Portfolio

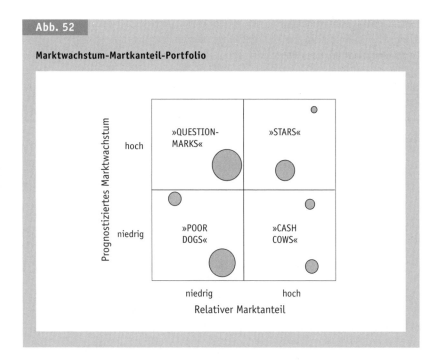

Ein von Dubinsky/Ingram (1984) entwickeltes Analysemodell stellt ein **Kunden-portfolio** dar. Hierbei werden die Nachfrager hinsichtlich ihres gegenwärtigen und potenziellen Erfolgsbeitrages beurteilt. Basierend darauf werden erwünschte, entwickelte sowie unentwickelte, uninteressante Kundengruppen differenziert.

Aktueller und potenzieller Erfolgsbeitrag

Problematisch ist bei der Anwendung dieses Portfolios die Frage, welche Größen zur Beurteilung des Erfolgsbeitrages herangezogen werden können bzw. sollen. Neben rein quantitativen Größen wie Umsatz oder Deckungsbeitrag können dies auch qualitative Größen, wie Imagewirkungen oder Know-how-Gewinn aufgrund der Zusammenarbeit mit dem jeweiligen Kunden, sein. Außerdem stellt sich wie bei den meisten Portfolioansätzen auch hier die Frage, wo die jeweilige Grenze zwischen den einzelnen Kundengruppen zu ziehen ist.

Ein stärker wettbewerbsorientierter sowie an den Märkten der Business-Kunden ausgerichteter Ansatz ist in dem von Campbell/Cunningham (1983) vorgestellten Portfolio berücksichtigt. Das Modell verwendet als Beurteilungsdimensionen die Größen »Wachstumsrate des Marktes des Kunden« und »Wettbewerbsposition (Anteil an den Bestellungen des Kunden)«. Besonders attraktiv sind danach die Kunden, die auf einem Wachstumsmarkt tätig sind und die einen großen Teil des Beschaffungsvolumens beim eigenen Unternehmen kaufen. Der Umsatz der Kundengruppen beim eigenen Unternehmen ist durch die Kreisgröße dargestellt. Die Abbildung 54 stellt das Portfolio dar.

Wachstumsrate des Marktes des Kunden vs. Anteil Bestellvolumen

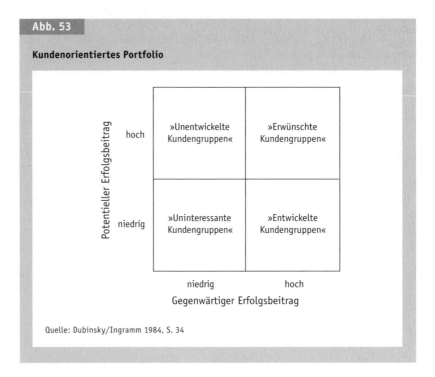

Abb. 53

Kundenorientiertes Portfolio

Quelle: Dubinsky/Ingramm 1984, S. 34

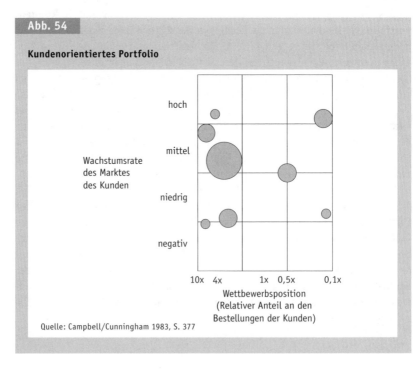

Abb. 54

Kundenorientiertes Portfolio

Quelle: Campbell/Cunningham 1983, S. 377

Von Plinke (1989) ist ein **Geschäftsbeziehungsportfolio** entwickelt worden, welches die Kunden nach ihrer Attraktivität für das Unternehmen sowie der Möglichkeit der Bindung dieser Kunden an das Unternehmen bewertet.

Die **Kundenattraktivität** beinhaltet dabei alle zukünftigen Erfolgswirkungen, die im Rahmen einer Geschäftsbeziehung mit einem Kunden erzielt werden können. Dazu gehören quantitative Größen wie Umsätze und Deckungsbeiträge ebenso wie der durch die Zusammenarbeit erzielbare Know-how-Gewinn, die realisierbaren Referenz- und Ausstrahlungseffekte usw.

Das **Bindungspotenzial** umfasst alle bestehenden und aufbaufähigen Möglichkeiten, einen Kunden bezüglich seiner Beschaffungsentscheidungen an das eigene Unternehmen zu binden. Dazu gehören nach Plinke (1989, S. 318):

▸ Technologische Bindungen, die aus einer technisch bedingten Alleinstellung, Systembindungen etc. resultieren können.

▸ Vertragliche Bindungen, die durch das Eingehen von langfristigen Liefer- und Abnahmeverträgen oder Rahmenverträgen, der Vereinbarung und Realisierung von Just-in-Time-Konzepten oder Forschungs- und Entwicklungskooperationen etc. entstehen können.

▸ Psychologische Bindungen, wie persönliche Bindungen, Gewohnheiten, Vertrauensverhältnisse etc.

▸ Institutionelle Bindungen, die durch Kapitalbeteiligungen, Mandate in Aufsichtsgremien etc. entstehen.

In Abbildung 55 ist das **Geschäftsbeziehungsportfolio** in Anlehnung an Plinke (1989) dargestellt.

Kundenattraktivität und Bindungspotenzial

Arten der Kundenbindung

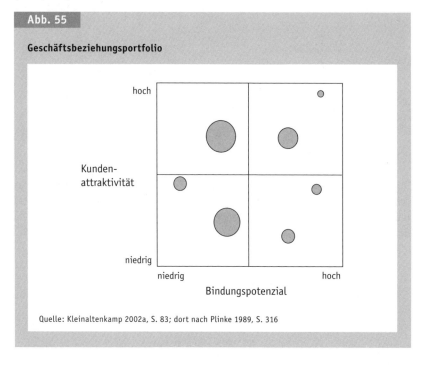

Abb. 55

Geschäftsbeziehungsportfolio

Quelle: Kleinaltenkamp 2002a, S. 83; dort nach Plinke 1989, S. 316

Technologieattraktivität
und Ressourcenstärke

Eine Beurteilung der SGEs eines Unternehmens aus technologisch-strategischer Sicht ist mit dem an der 9-Felder-Matrix von McKinsey orientierten **Technologie-Portfolio** möglich. Pfeiffer et al. (1991, S. 85 ff.) schlagen ein solches Portfolio auf Basis der Dimensionen »Technologieattraktivität« und »Ressourcenstärke« vor. Die jeweiligen Werte für die beiden Dimensionen werden mit Hilfe eines Punktbewertungsverfahrens (Scoring-Modell) aus einer Vielzahl von Einzelkriterien ermittelt. In der Abbildung 56 ist dieses Portfolio am Beispiel eines Getriebeherstellers für sieben Getriebetypen verdeutlicht.

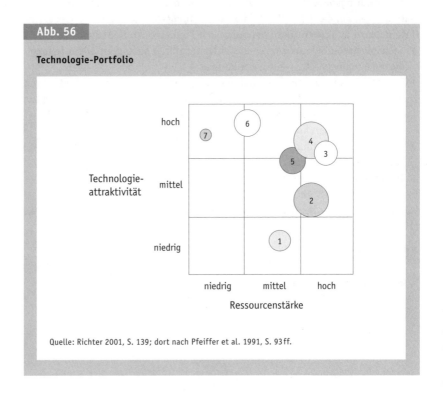

Abb. 56

Technologie-Portfolio

Quelle: Richter 2001, S. 139; dort nach Pfeiffer et al. 1991, S. 93 ff.

Orientiert an der Vorlage der 9-Felder-Matrix (Marktattraktivität-Wettbewerbsvorteil-Portfolio) werden auch hier die drei Normstrategien »Investieren«, »Selektieren« und »Desinvestieren« abgeleitet (vgl. Pfeiffer 1991, S. 99). In der Abbildung 57 ist dies dargestellt.

Normstrategien

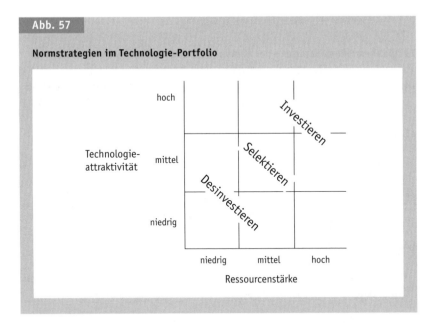

Abb. 57

Normstrategien im Technologie-Portfolio

Technologie-attraktivität: hoch, mittel, niedrig

Investieren

Selektieren

Desinvestieren

Ressourcenstärke: niedrig, mittel, hoch

Zusammenfassung Kapitel 2.2.4.3

Die Portfolioanalyse ist ein wichtiges Analyseinstrument zur Ableitung von Stärken und Schwächen bzw. Chancen und Risiken sowie darauf aufbauenden sogenannten Normstrategien für Strategische Geschäftseinheiten (SGE). Die Matrix der Boston Consulting Group (BCG-Matrix) kombiniert die beiden Achsen Marktwachstum und relativer Marktanteil, sodass sich vier Felder (Question-marks, Stars, Cash Cows, Poor Dogs) ergeben, in denen die SGE's einer Unternehmung positioniert werden. Je nach Position wird dann für diese SGE eine der vier Normstrategien empfohlen: Investitions- oder Desinvestitionsstrategie, Selektionsstrategie (investieren oder desinvestieren) oder Abschöpfungsstrategie.

Im Kontext des B2B-Marketing sind spezifische Portfolios in Anlehnung an die BCG-Matrix entwickelt worden, deren Bezugsgrößen sich an Eigenschaften der Kundengruppen und der Kunden- bzw. Branchenattraktivität ausrichten. Es handelt sich hierbei um:

▸ Das wettbewerborientierte Modell von Campbell/Cunningham (1983), welches sich an den Märkten der Business-Kunden ausrichtet.

▸ Plinke (1989) hat ein Geschäftsbeziehungsportfolio entwickelt, welches die beiden Dimensionen Kundenattraktivität und Bindungspotenzial berücksichtigt.

▸ Pfeiffer et al. (1991) haben ein an der 9-Felder-Matrix von McKinsey ausgerichtetes Technologie-Portfolio gestaltet, welches die beiden Größen der Technologieattraktivität und der Ressourcenstärke als sehr wichtig einstuft.

13. Was verstehen Sie unter einer Lücken- oder GAP-Analyse? Welchen Nutzen hat eine solche Analyse für die Erstellung einer Marketing-Konzeption?

14. Was verstehen Sie unter einer Produktlebenszyklusanalyse? Welche Bedeutung kommt einer solchen Analyse für die Erstellung einer Marketing-Konzeption zu?

15. Was verstehen Sie unter einer Portfolioanalyse? Erläutern Sie kurz den Unterschied zwischen den beiden bekanntesten Ansätzen der Portfolioanalyse. Welche Bedeutung kommt einer solchen Analyse für die Erstellung einer Marketing-Konzeption zu?

16. Erläutern Sie das Geschäftsbeziehungsportfolio nach Plinke. Welche Normstrategien würden Sie für Strategische Geschäftseinheiten, die in den vier Feldern platziert sein könnten, empfehlen?

17. In den nachfolgenden Abbildungen finden Sie einige weitere Beispiele für die Übertragung des Portfolio-Ansatzes (Godefroid/Pförtsch 2008, S. 128 ff.). Dargestellt sind einige auf quantitativen Größen basierende Portfolios, die der Beurteilung und insbesondere der Potenzialanalyse von Kunden dienen.

Welche Informationen und ggf. Maßnahmen können Sie aus diesen Portfoliodarstellungen ableiten?

Portfolio 1:

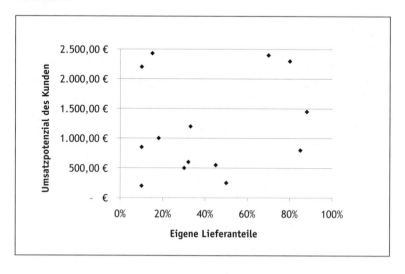

Portfolio 2:

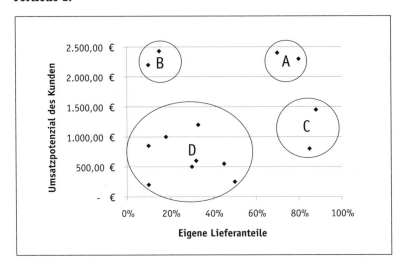

Portfolio 3:

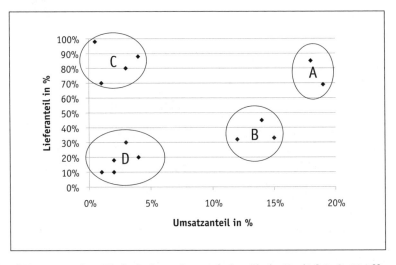

Die Lösungen zu den Wiederholungsfragen fnden Sie in Kapitel 5, S. 234 ff.

2.2.5 Die strategische Ausgangssituation des Unternehmens

Das Ergebnis der Umwelt- und Unternehmensanalyse stellt die Basis für die weitere Bestimmung von Zielen, Strategien sowie Maßnahmen innerhalb des Marketing-Mixes dar.

Eine gute **Umwelt- und Unternehmensanalyse** im Rahmen des Business-to-Business-Marketing sollte mindestens die folgenden **Anforderungen** erfüllen bzw.

Grundlage für Ziel-, Strategie- und Maßnahmenentscheidungen

Inhalte und Ergebnis
einer guten Umwelt- und
Unternehmensanalyse

Sachverhalte erfolgreich recherchiert haben (in Anlehnung an Kreilkamp 1987, S. 242 f.):

▸ Bestimmung des Absatzpotenzials des Unternehmens und der SGEs,
▸ Nutzenerwartungen und Bedürfnisstruktur der Kunden(-segmente),
▸ Beschaffungsverhalten der Nachfragerorganisationen,
▸ Entwicklungsphase des Marktes und der Produktlebenszyklen in den SGFs,
▸ Bedrohung durch weltweite Investitionsgüteranbieter,
▸ Stärken, Schwächen, Potenziale und Marktstellung des eigenen Unternehmens und der Wettbewerber in den SGFs,
▸ Strategien der Wettbewerber,
▸ Preis-Leistungs-Verhältnis der Produkte,
▸ Entwicklung des Einflusses der Makroumwelt und der regulativen Gruppen.

> **Zusammenfassung Kapitel 2.2.5**
> Das Ergebnis der Umwelt- und Unternehmensanalyse stellt die Basis für die weitere Bestimmung von Zielen, Strategien sowie Maßnahmen innerhalb des Marketing-Mixes dar.

2.3 Festlegung der Marketing-Ziele und der angestrebten Marktposition

Ziele mit Koordinations-
funktion

Aus den im Rahmen der Analyse herausgearbeiteten situativen Bedingungen und ggf. Normstrategien sind im Weiteren Ziele zu definieren, die die anschließend festzulegenden Strategien und Maßnahmen koordinieren. Dieser Prozess weist keine wesentlichen Unterschiede zum Konsumgütermarketing auf, weshalb hier nur eine komprimierte, wiederholende Darstellung der Vorgehensweise erfolgen soll.

»**Unternehmensziele** (»Wunschorte«) stellen ganz allgemein Orientierungs- bzw. Richtgrößen für unternehmerisches Handeln dar (»Wo wollen wir hin?«). Sie sind konkrete Aussagen über angestrebte Zustände bzw. Ergebnisse, die auf Grund von unternehmerischen Maßnahmen erreicht werden sollen.« (Becker 2009, S. 14).

Ziele – Dimensionen
der Operationalisierung

Bei der Festlegung von Zielen ist darauf zu achten, dass diese nach drei Dimensionen **operationalisiert** werden (Becker 2009, S. 23 f.); denn nur dann können diese ihre Aufgaben zur Unterstützung der Führung, Steuerung und Kontrolle im Unternehmen übernehmen:

▸ nach dem **Zielinhalt** (Was soll erreicht werden?),
▸ nach dem **Zielausmaß** (Wie viel soll erreicht werden?),
▸ nach dem **Zeitbezug** (Bis wann soll das Ziel erreicht werden?).

Ergänzend zu den drei »Basisdimensionen« der Operationalisierung sollte zur weiteren Konkretisierung auch bestimmt werden, wo und bei wem das Ziel zu erreichen ist. Sofern dies nicht bereits in den obigen Dimensionen der Zielkonkretisierung enthalten ist, sollte also zudem festgelegt werden:

Erweiterung der Operationalisierung

▸ **der Zielraum** – In welcher Region (z.B. Nielsengebiet, Stadt, Land) soll das Ziel erreicht werden?
▸ **das Zielsegment** – Bei welcher Zielgruppe soll das Ziel erreicht werden?
▸ **der Zielbereich** – In welchem Unternehmensbereich/Geschäftsfeld/Standort soll das Ziel erreicht werden?

In der Regel werden mehrere Ziele und ggf. von mehreren Personen formuliert. Diese Ziele stehen in unterschiedlichen Beziehungen zueinander und müssen entsprechend untereinander koordiniert werden. Die Aufgabe des Marketingmanagements besteht darin, ein in sich konsistentes Zielsystem zu erarbeiten, das dazu beiträgt, die übergeordneten Unternehmensziele zu erreichen.

Betrachtung von Zielbeziehungen

Neben der Operationalisierung sind daher die **Beziehungen** zwischen den Zielen zu beachten (vgl. Becker 2009, S. 20f. und die dort angegebene Literatur):

▸ **Komplementäre** Beziehungen (»Zielharmonie«) bestehen, wenn bei bzw. mit der Erreichung des einen Ziels zum Erreichen eines anderen Ziels beigetragen wird oder dieses sogar gleichzeitig erreicht wird.
▸ **Konkurrierende** Beziehungen (»Zielkonflikt«) bestehen, wenn ein Ziel nur bei einer reduzierten Erreichung oder gar der Aufgabe eines anderen Zieles erreicht werden kann.
▸ **Indifferente** Beziehungen (»Zielneutralität«) bestehen, wenn durch das Erreichen eines Ziels die Erreichung anderer Ziele in keiner Form beeinflusst wird.

In Abb. 58 sind die möglichen Beziehungen zwischen Zielen verdeutlicht.

Komplementäre Ziele können in einem Zielsystem in Ober-, Zwischen- und Unterziele unterteilt werden, wobei die bestehende Mittel-Zweck-Beziehung ausgenutzt wird. Beispielsweise trägt das Ziel »Steigerung des Bekanntheitsgrades bei Systemgut X um 15% bis zum Jahresende« dazu bei, das Ziel »Steigerung des Umsatzes bei Systemgut X um 10% p.a.« zu erreichen.

Nutzung der Mittel-Zweck-Beziehungen

Zielkonflikte können durch folgende Maßnahmen gelöst werden:

▸ **Zieldominanz:** Einem Ziel wird Priorität vor anderen Zielen eingeräumt; die anderen Ziele werden vernachlässigt.
▸ **Zielrestriktion:** Ein als dominant festgelegtes Ziel wird unter der Nebenbedingung bestimmter Zielerreichungsgrade anderer Ziele verfolgt.
▸ **Zielschisma:** Je nach konkreter Entscheidungssituation wird konkurrierenden Zielen wechselweise der Vorrang eingeräumt.

Die Abbildung 59 enthält Beispiele für die unterschiedlichen Zielbeziehungen und Aktivitäten zur Überführung in ein Zielsystem.

2.3 **Analyse, Zielsetzung und Strategieentwicklung**
Festlegung der Marketing-Ziele und der angestrebten Marktposition

96

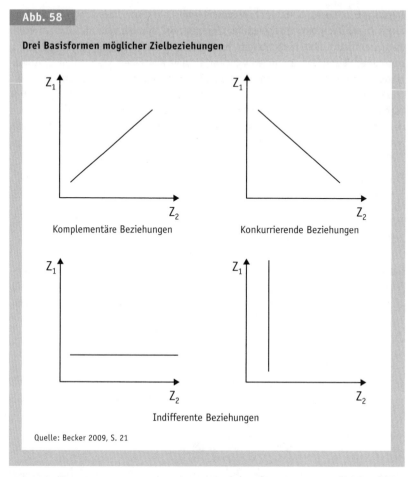

Abb. 58

Drei Basisformen möglicher Zielbeziehungen

Komplementäre Beziehungen

Konkurrierende Beziehungen

Indifferente Beziehungen

Quelle: Becker 2009, S. 21

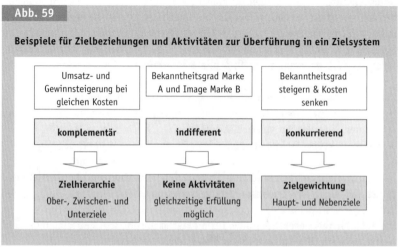

Abb. 59

Beispiele für Zielbeziehungen und Aktivitäten zur Überführung in ein Zielsystem

Umsatz- und Gewinnsteigerung bei gleichen Kosten	Bekanntheitsgrad Marke A und Image Marke B	Bekanntheitsgrad steigern & Kosten senken
komplementär	**indifferent**	**konkurrierend**
Zielhierarchie Ober-, Zwischen- und Unterziele	**Keine Aktivitäten** gleichzeitige Erfüllung möglich	**Zielgewichtung** Haupt- und Nebenziele

Das Ergebnis dieses Zielbildungsprozesses sollte ein Zielsystem sein, das die Ziele auf unterschiedlichen Ebenen und Dimensionen transparent macht. Auf dieser Basis können geeignete Strategien ermittelt und festgelegt werden.

Zusammenführung in ein Zielsystem

Für das Gesamtunternehmen wird ein solches Zielsystem vielfach als **Zielpyramide** dargestellt. An der Spitze der Pyramide stehen die **allgemeinen Wertvorstellungen** des Unternehmens. Aus diesen leitet sich der **Unternehmenszweck** (die Mission) ab, vor dessen Hintergrund die **Unternehmensziele** formuliert werden. Die Unternehmensziele werden dann in **Bereichsziele** ausdifferenziert, für die dann **Zwischenziele** und **Instrumentalziele** formuliert werden. Die Abbildung 60 verdeutlicht das Grundschema einer solchen Zielpyramide.

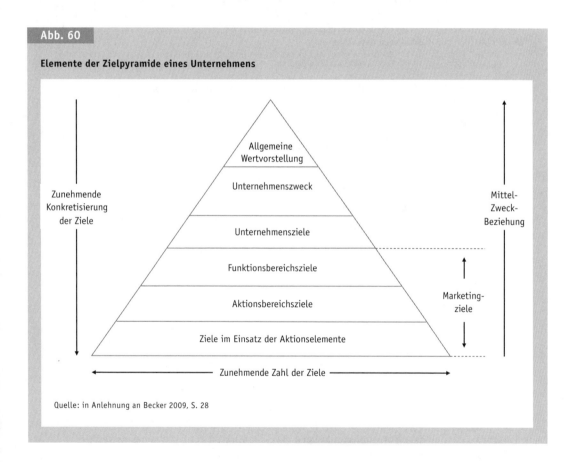

Abb. 60

Elemente der Zielpyramide eines Unternehmens

Allgemeine Wertvorstellung

Unternehmenszweck

Unternehmensziele

Funktionsbereichsziele

Aktionsbereichsziele

Ziele im Einsatz der Aktionselemente

Zunehmende Konkretisierung der Ziele

Mittel-Zweck-Beziehung

Marketing-ziele

Zunehmende Zahl der Ziele

Quelle: in Anlehnung an Becker 2009, S. 28

Bei der **Zielhierarchisierung** innerhalb der Zielpyramide von oben nach unten findet zum einen eine zunehmende Konkretisierung der Ziele statt, zum anderen nimmt die Zahl der Ziele durch die Detaillierung zu. Die Ziele stehen in einer strengen **Mittel-Zweck-Beziehung**. Die jeweils unterordneten Ziele stellen zugleich Mittel für die Erreichung des jeweils darüber liegenden Zieles dar.

Konkretisierung und Mittel-Zweck-Beziehung

2.3 **Analyse, Zielsetzung und Strategieentwicklung**
Festlegung der Marketing-Ziele und der angestrebten Marktposition

98

Unternehmensgrundsätze

Die **Allgemeinen Wertvorstellungen** stellen **Unternehmensgrundsätze** dar und werden vielfach in sogenannten **Leitlinien**, -bildern oder -sätzen nach innen und außen kommuniziert. Ihr Inhalt bezieht zumeist auch gesamtwirtschaftliche und soziale Aspekte ein, denen das Unternehmen gerecht werden möchte. Die Abbildung 61 enthält derartige Unternehmensleitsätze am Beispiel der Klaus Steilmann GmbH & Co KG.

Abb. 61

Unternehmensleitsätze der Klaus Steilmann GmbH & Co KG als Ausdruck der Allgemeinen Wertvorstellungen des Unternehmens

Unser Leitfaden zur nachhaltigen Entwicklung
▸ Soziales Engagement zu fördern und eine Sensibilität für die Umwelt zu entwickeln, sind wichtige Aufgaben eines Unternehmens. Sie tragen dazu bei, die Zukunftsfähigkeit des Unternehmens aktiv und dauerhaft zu sichern.
▸ Steilmann hat Leitsätze entwickelt, um Mitarbeiter und Kunden über die Handlungsgrundlagen des Unternehmens zu informieren.

1. Mitarbeiter
Wir fördern und nutzen die Kreativität, das Innovationspotenzial sowie das Verantwortungsbewusstsein unserer Mitarbeiter/-innen, um sie in ihrem Arbeitsfeld zu eigenverantwortlichem, nachhaltigem Handeln zu motivieren.

2. Umweltauswirkungen ...

3. Verbraucherschutz (Produktsicherheit)
Die Herkunft der zu verarbeitenden Produkte und deren Auswirkungen auf Mensch und Umwelt werden auch über die gesetzlichen Vorschriften hinaus strengstens kontrolliert. Somit tragen wir zur Verbesserung des Gesundheits- und Verbraucherschutzes bei.

4. Öffentlichkeit ...   **5. Forschung ...**   **6. Kooperation ...**   **7. Umweltmanagement ...**

8. Kunden und Lieferanten ...   **9. Integrierte Sozialverantwortung ...**   **10. Qualität ...**

11. Investitionen ...

Quelle: www.steilmann.de

Zweck und Mission

Die einzel- und gesamtwirtschaftlich ausgerichteten Aufgaben werden vielfach in dem **Unternehmenszweck** bzw. der **Mission** des Unternehmens verdeutlicht. Dieser soll in den Mittelpunkt des gesamten unternehmerischen Handelns gestellt werden. Häufig erfolgt die Kommunikation über einen einprägsamen Slogan, der vielfach auch die Kommunikation des Unternehmens prägt. In der Abbildung 62 ist beispielhaft die Mission der Klaus Steilmann GmbH & Co KG verdeutlicht.

Abb. 62

Mission (Unternehmenszweck) der Klaus Steilmann GmbH & Co KG

Unternehmen

»Unsere Mission:
Partnerschaft entland der textilen Kette«

Seit 1958 ist die Steilmann Gruppe innovativer Partner des Handels und gehört zu den größten Bekleidungsproduzenten in Europa. Weltweit vertrauen über 22.000 Händler der Gruppe.

Auch im europäischen Bekleidungssektor der Private-Label-Anbieter nimmt die Steilmann-Gruppe eine Spitzenposition ein. Steilmann steht für ein hervorragendes Preis-Leistungs-Verhältnis, für überzeugende Sortimente und Produkte.

Im Zuge der Neuausrichtung der Unternehmensgruppe hat sich Steilmann seit 2001 vom produktorientierten Fertigungsunternehmen zum marketingorientierten Partner für Beschaffung und Dienstleistung entwickelt. Durch detaillierte Zielgruppen-Analysen und die Umsetzung der Ergebnisse in hochaktuelle Angebote bieten wir ständig neue, trendgerechte Kollektionen und reagieren so gemeinsam mit den Handelspartnern auf die Anforderungen des Marktes.

Die Produktion erfolgt in Eigen- wie in Fremdbetrieben nach den hohen Steilmann-spezifischen Umwelt- und Sozialstandards. Eine konsequente, innovative und nachhaltige Unternehmensführung ist die Basis der Gruppe.

Quelle: www.steilmann.de

Weiter konkretisiert und ökonomisch handhabbar werden die Allgemeinen Wertvorstellungen und die Mission des Unternehmens über die Unternehmensziele. Diese sollten bei ausreichender Operationalisierung die ökonomischen Größen wie Umsatz, Gewinn oder Return on Investment (ROI) ebenso wie die vorökomischen Ziele wie Bekanntheit, Image oder Nachhaltigkeit konkret benennen.

Diese Unternehmensziele können aber erst durch untergeordnete Zielsysteme in den verschiedenen Bereichen des Unternehmens erreicht werden. Dafür sind die entsprechend möglichen Beiträge der Unternehmensbereiche, wie z. B. des Marketing, zu lokalisieren und – entsprechend ihrer Beziehungen zueinander – in Ober-, Zwischen- und Unterziele (komplementäre Ziele) sowie Haupt- und Nebenziele (konkurrierende Ziele) zu unterteilen. Schließlich ist ein Zielsystem zu erstellen und zu kommunizieren, das die Aktionsbereiche und die Aktionselemente einbezieht. Im Marketing betreffen die Aktionsbereichsziele die verschiedenen absatzpolitischen Instrumente der Produkt-, Preis-, Distributions- und Kommunikationspolitik. Aktionselemente sind dann die im Rahmen des Marketingmix zum Einsatz kommenden Subinstrumente, wie z. B. Produktmodifikation, Preisdifferenzierung, Direktvertrieb oder Fernsehwerbung.

Herunterbrechen und Übertragen der Allgemeinen Wertvorstellungen in Ziele auf unterschiedlichen Ebenen im Unternehmen

Aktionsbereichsziele und Marketing-Mix

> ## Zusammenfassung Kapitel 2.3
> Bei der Festlegung von Zielen ist darauf zu achten, dass diese nach folgenden drei Dimensionen operationalisiert werden:
> ▸ nach dem Zielinhalt (Was soll erreicht werden?).
> ▸ nach dem Zielausmaß (Wie viel soll erreicht werden?).
> ▸ nach dem Zeitbezug (Bis wann soll das Ziel erreicht werden?).
>
> Außerdem sind die Zielbeziehungen (konfliktär, komplementär, indifferent) zu analysieren und bei der Bildung von Zielsystemen zu berücksichtigen.

Wiederholungsfragen zu Kapitel 2.3

18. *Was verstehen Sie unter dem Begriff Unternehmensziele? Welche Anforderungen müssen Unternehmensziele erfüllen? Welche Aufgaben kommen diesen zu?*
19. *Erstellen Sie ein »kleines Zielsystem« aus den folgenden Zielen eines Büromöbelherstellers für das kommende Jahr:*
    ▸ *Steigerung des Umsatzes um 10%.*
    ▸ *Kostensenkung um 3% im Vertriebsbereich.*
    ▸ *Erhöhung des Marktanteils um 3,5%.*
    ▸ *Erhöhung des Gewinns.*

    Welche Probleme bestehen bei den formulierten Zielen? Wie würden Sie diese lösen?

Die Lösungen zu den Wiederholungsfragen finden Sie in Kapitel 5, S. 239.

2.4 Festlegung der Marketingstrategien

Strategien als Bindeglied zwischen Zielen und Marketing-Mix

Betrachtet man den Aufbau und die Inhalte der Marketingkonzeption, so stellen die Marketingstrategien das Bindeglied zwischen den Marketingzielen und dem Marketingmix dar, wie in der Abbildung 63 verdeutlicht wird.

Die Unterschiede zwischen strategischer Planung (Marketingstrategien) und operativ-taktischer Planung (Marketing-Mix) verdeutlicht die Abbildung 64.

Abb. 63

Konzeptionspyramide des Marketing

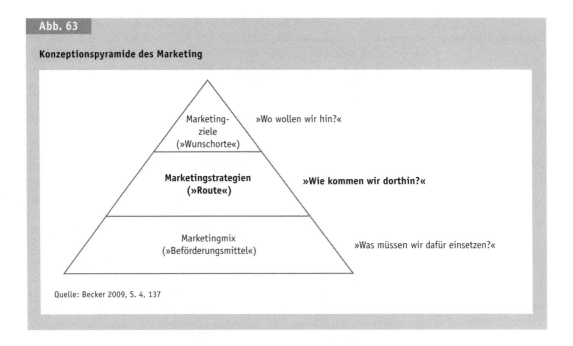

Marketing-
ziele
(»Wunschorte«)   »Wo wollen wir hin?«

**Marketingstrategien
(»Route«)**   **»Wie kommen wir dorthin?«**

Marketingmix
(»Beförderungsmittel«)   »Was müssen wir dafür einsetzen?«

Quelle: Becker 2009, S. 4, 137

Abb. 64

Abgrenzung zwischen strategischer und taktischer Planung

Strategie und Taktik

	Strategie = **Grundsatzregelungen** (**grundsätzliche Prädispositionen**)	**Taktik** = **operative Handlungen** (**laufende Dispositionen**)
Merkmale	▸ strukturbestimmend ▸ echte (Wahl-)Entscheidungen ▸ mittel-/langfristig orientiert ▸ verzögert bzw. stufenweise wirksam ▸ schwer korrigierbar	▸ ablaufbestimmend (situativ) ▸ Routineentscheidungen ▸ kurzfristig orientiert ▸ »sofort« wirksam ▸ leicht korrigierbar
Entschei-dungssitua-tion	▸ komplexes, schlecht strukturier-tes Entscheidungsfeld ▸ heute werden (Grundsatz-) Entscheidungen für morgen getroffen ▸ ganzheitliches Denken notwendig ▸ makro-betonte, primär qualitati-ve Betrachtungsweise	▸ überschaubares, gut strukturier-tes Entscheidungsfeld ▸ heute werden (Problemlösungs-) Entscheidungen für heute ge-troffen ▸ partikulares Denken steht im Vordergrund ▸ mikro-betonte, primär quantita-tive Betrachtungsweise
Grundorien-tierung insgesamt	Effektivitätskriterium »Die richtigen Dinge machen.«	Effizienzkriterium »Die Dinge richtig machen.«

Quelle: in Anlehnung an Becker 2009, S. 143

Grundsatzentscheidungen

Orientiert an den vorstehend aufgezeigten Charakteristika sind **Marketingstrategien** mittel- bis langfristig wirkende Grundsatzentscheidungen zur Marktwahl und -bearbeitung, durch die eine bestimmte Stoßrichtung des unternehmerischen Handelns im Rahmen der Marketingkonzeption festgelegt wird. Sie verkörpern das zentrale Bindeglied zwischen den Marketingzielen einerseits und den laufenden Maßnahmen im Einsatz der Marketinginstrumente andererseits (Scharf et al. 2009, S. 188). Darüber hinaus sollten sie auf den Ergebnissen der Situationsanalyse beruhen, die als generelle Grundlage für die Entwicklung einer Marketingkonzeption dient.

Strategieformen

Strategische Entscheidungen können sowohl für das gesamte Unternehmen über alle Produkte hinweg als auch für einzelne Produkte, Produktgruppen oder Unternehmensteile bzw. »Strategische Geschäftseinheiten« (SGE) getroffen werden. Zu unterscheiden sind **marktteilnehmergerichtete Strategien**, die auf die Abnehmer (inkl. Absatzmittler) und Konkurrenten ausgerichtet sind, sowie **Instrumentalstrategien**, welche die Schwerpunkte im Einsatz der Marketinginstrumente festlegen. Für die Marketingkonzeption stehen zunächst die marktteilnehmergerichteten Strategien im Vordergrund.

Marktteilnehmer-
gerichtete Basisstrategien

Ein von Becker unter Rückgriff auf bestehende Ansätze (insbesondere von Ansoff) entwickeltes Strategiesystem unterscheidet vier grundlegende Arten von marktteilnehmergerichteten Marketingstrategien: Marktfeld-, Marktstimulierungs-, Marktparzellierungs- und Marktarealstrategien (Becker 2009, S. 147 f.). Aus der Art und Weise der Ausgestaltung und Kombination dieser Basisstrategien ergibt sich eine fünfte abgrenzbare Marketingstrategie: die konkurrenzgerichtete Marketingstrategie. Die Abbildung 65 zeigt die Strategien im Überblick.

Im Folgenden werden die vier Basisstrategien in ihren Grundzügen beleuchtet und deren wesentliche Ausgestaltungsmöglichkeiten für das Business-to-Business-Marketing aufgezeigt.

2.4.1 Marktfeldstrategien

Produkt-Markt-Matrix

Die Grundlage einer jeden marktorientierten Strategie bildet die Entscheidung über die zu bearbeitenden Produkte und Märkte sowie insbesondere deren Kombination(en). Die **Marktfeldstrategien** gehen auf die von Ansoff entwickelte Vier-Felder- bzw. Produkt-Markt-Matrix zurück. Diese enthält die **Produkt-Markt-Kombinationen**, innerhalb derer ein Unternehmen aktiv werden kann. Abbildung 66 verdeutlicht die Kombinationsmöglichkeiten sowie die daraus resultierenden Ausprägungen der Marktfeldstrategien.

Abb. 65

Marketingstrategisches Grundraster

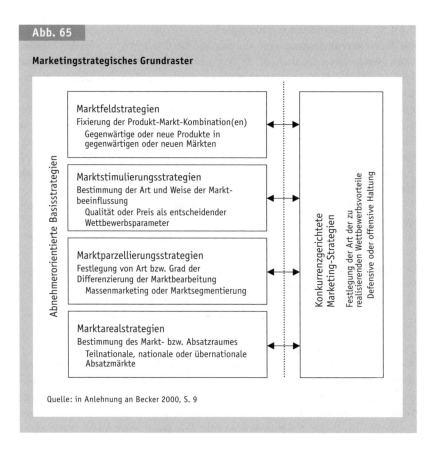

Quelle: in Anlehnung an Becker 2000, S. 9

Abb. 66

Marktfeldstrategien im Überblick

Märkte / Produkte	gegenwärtig	neu
gegenwärtig		
neu		

Quelle: Ansoff 1966, S. 132

2.4.1.1 Marktdurchdringungsstrategie

Die **Marktdurchdringung** wird vielfach als die »Marketingtrategische Urzelle« eines Unternehmens bezeichnet. Es werden bereits im Unternehmen vorhandene Produkte auf bereits bearbeiteten Märkten angeboten. Zentrales Ziel der Marktdurchdringungsstrategie ist es, den bereits bearbeiteten Markt mit möglichst geringem Mitteleinsatz vollständig auszuschöpfen und dabei erhöhte Absatzmengen, größere Marktanteile und damit auch steigende Erträge zu generieren. Ermöglicht wird dies zum einen durch geringere Stückkosten bzw. höhere Stückgewinne aufgrund größerer Mengen in Beschaffung, Produktion und Absatz (Skalenerträge). Zum anderen steigt mit dem Marktanteil der Einfluss auf den Markt, so dass sich Preiserhöhungen leichter durchsetzen lassen. (Becker 2009, S. 149).

Um eine Marktdurchdringung zu erreichen, können folgende **Ansätze** verfolgt werden (Kotler et al. 2007, S. 106):

▸ Intensivierung der Produktverwendung bei bestehenden Kunden, z. B. durch eine Vergrößerung der Produktverpackung.

▸ Abwerben von Kunden, die bisher bei der Konkurrenz gekauft haben, z. B. durch eine konkurrenzorientierte Preisstellung.

▸ Gewinnen von Kunden, die dieses Produkt bisher noch nicht verwendet haben, z. B. durch die Wahl neuer Vertriebswege.

2.4.1.2 Marktentwicklungsstrategie

Ziel der **Marktentwicklungsstrategie** ist es, durch die Erschließung neuer Märkte zu wachsen. Im Rahmen dieser Strategie wird versucht, bereits im Unternehmen vorhandene Produkte auf für das Unternehmen neuen, d. h. bisher nicht bearbeiteten Märkten anzubieten. Empfehlenswert ist diese Strategie vor allem für Unternehmen, die ihre Marktposition auf dem bisher bearbeiteten Markt nicht mehr weiter ausbauen können. In Abhängigkeit von der Definition des bisher bearbeiteten Marktes können neue Märkte für das Unternehmen aus räumlicher, verwendungsbezogener und kundenbezogener Sicht in Betracht gezogen werden (vgl. Kotler et al. 2007, S. 106; Becker 2009, S. 152 ff.):

▸ **Räumliche Marktentwicklung:** Das Unternehmen kann seine Aktivitäten räumlich ausdehnen. Auf dieser Strategieebene ist damit in Abgrenzung zur Marktarealstrategie eine Vervollständigung der räumlichen Marktbearbeitung gemeint. Während es bei der Marktarealstrategie um die Entscheidung geht, ob und ggf. wie die zukünftigen Aktivitäten auf regionale, überregionale, nationale, internationale und/oder weltweite Märkte ausgedehnt werden, zielt die räumliche Marktentwicklung auf das Abdecken »weißer Flecken« in dem bisher als relevant betrachteten Marktgebiet. Es geht darum, Distributionslücken zu schließen, die ggf. durch Widerstände der Konkurrenten, der Absatzmittler oder auch der Konsumenten (Nicht-Akzeptanz) entstanden sind. Vorrangig einzusetzende Marketing-Instrumente zur Umsetzung dieser Form der Marktentwicklung sind die Kommunikationspolitik und die Distributionspolitik.

▸ **Sachliche Marktentwicklung:** Durch eine gezielte Veränderung der Eignung seiner Produkte kann das Unternehmen neue Marktpotenziale erschließen.

Ausschöpfung
des Marktes

Ansätze zur
Marktdurchdringung

Erschließung neuer
Märkte durch ...

... Ausdehnung
der Absatzgebiete

... Entwicklung neuer
Anwendungsgebiete

So können z. B. neue Anwendungsbereiche oder Wiederverwertungsmöglich-keiten für bestehende Produkte geschaffen werden. Vielfach ist dies durch eine psychologische Umpositionierung zu erreichen. Wichtig ist, dass aus Sicht der Konsumenten ein zusätzlicher Nutzen geschaffen wird (z. B. die besondere Eignung eines Fruchtsaftes zur Herstellung eines Mixgetränkes). Vorrangig einzusetzendes Marketinginstrument ist daher neben der Produkt-politik die Kommunikationspolitik.

▸ **Personelle Marktentwicklung:** Die Ansprache bisher nicht angesprochener oder erreichter Konsumenten ist ein weiterer Weg der Marktentwicklung. Neue Segmente bzw. Zielgruppen (Abnehmer mit anderen Merkmalen) kön-nen beispielsweise durch leichte Variation der Produkte und/oder Preisstel-lungen sowie die Einschaltung abnehmerspezifischer Absatzwege und/oder Medien erreicht werden (z. B. Vertrieb von Profi-Handwerkergeräten über Baumärkte auch an Heimwerker). Für die Umsetzung sind daher alle Marke-tinginstrumente in Betracht zu ziehen.

... Ansprache neuer Kundengruppen

2.4.1.3 Produktentwicklungsstrategie

Ziel der **Produktentwicklungsstrategie** ist es, durch das Angebot neuer Produk-te auf den bisher bearbeiteten Märkten zu wachsen – vorausgesetzt diese Märkte verfügen noch über Wachstumspotenzial. Es wird versucht, Produkte zu entwi-ckeln, die aus Konsumentensicht einen neuen Nutzen beim Ge- oder Verbrauch oder auch bei der Entsorgung bieten. So sollen bestehende Kunden an das Unter-nehmen gebunden und neue Kunden hinzugewonnen werden.

Angebot neuer Produkte

Je nach Neuigkeits- bzw. Innovationsgrad sowie der vom Abnehmer als verän-dert wahrgenommenen Nutzenstiftung im Vergleich zum bisherigen Angebot las-sen sich drei unterschiedliche **Arten von Neuprodukten** unterscheiden (vgl. Becker 2009, S. 157):

Arten neuer Produkte

▸ **Echte Innovationen** stellen originäre Produkte dar, die es bisher noch nicht gab, z. B. die ursprünglichen Neuentwicklungen von Deo, Sofortbildkamera oder Taschenrechner. Dem Nachteil eines sehr komplexen und damit teuren Produktentwicklungsprozesses sowie eines relativ hohen Floprisikos steht die Chance gegenüber, hohe Image- und Innovationsgewinne zu erzielen.

▸ **Quasi-neue Produkte** sind neuartige Produkte, die auf einer Veränderung und/oder Ausweitung der Eigenschaften bereits bestehender Produkte beru-hen. Gängige Beispiele hierfür sind das Klappfahrrad, tragbare Computer oder die noch relativ neuen Netbooks. Trotz überschaubarer Kosten für den Pro-duktentwicklungsprozess kann über Quasi-neue Produkte häufig eine nach-haltige Differenzierung gegenüber dem Wettbewerb erreicht werden.

▸ **Me-too-Produkte** stellen Nachahmungsprodukte dar, die sich vom Original meist nur im Äußeren oder der Markierung unterscheiden. Dem Vorteil äu-ßerst geringer Entwicklungskosten steht der Nachteil gegenüber, kaum eine Differenzierung gegenüber dem Wettbewerb erreichen zu können. I.d.R. ist die erfolgreiche Vermarktung nur über einen attraktiven Preis möglich. Me-too-Produkte sind regelmäßig bei sogenannten Handelsmarken zu finden.

2.4.1.4 Diversifikationsstrategie

Als **Diversifikation** eines Unternehmens ist das Angebot neuer Produkte auf bisher nicht bearbeiteten und damit aus Sicht des Unternehmens neuen Märkten zu bezeichnen. Es lassen sich drei Formen der Diversifikation unterscheiden (Nieschlag et al. 2002, S. 281 ff.):

‣ **Horizontale Diversifikation** beinhaltet die Ausweitung des bisherigen Absatzprogramms durch die Aufnahme von Produkten, die mit dem bisherigen Angebot artverwandt sind. Diese Verwandtschaft kann sich auf die Produktion oder den Absatz beziehen. Produktionsverwandtschaft entsteht durch die Nutzung gleicher Rohstoffe (Rohstoffverwandtschaft) oder die Nutzung gleicher bzw. ähnlicher Herstellungsverfahren und damit ggf. vorhandener Produktionsanlagen. Absatzverwandtschaft resultiert aus der Nutzung gleicher bzw. ähnlicher Vertriebswege oder die Ansprache ähnlicher Bedarfsträger und/oder Verwendungs- bzw. Bedarfsanlässe etc. Bei dieser Form der Diversifikation werden Synergieeffekte zum bestehenden Produktions- und/oder Absatzprogramm genutzt. Sie ist daher relativ leicht realisierbar und wird in der Praxis am häufigsten umgesetzt.

‣ **Vertikale Diversifikation** beinhaltet die Ausweitung des bisherigen Angebots auf vor- oder nachgelagerte Stufen der Wertschöpfungskette. Durch die Erhöhung des Anteils an der gesamten Wertschöpfungskette können Ertrags-, Kosten-, Prozess- und/oder Qualitätsvorteile realisiert werden. So besteht die Intention der Vorstufendiversifikation meist in der Absicherung der Beschaffung im Hinblick auf Zuverlässigkeit, Qualität, Kosten und/oder den Gewinn bzw. die Sicherung des unternehmenseigenem Know-how. Bei der Nachstufendiversifikation steht meist die Durchsetzung der Absatzziele in Bezug auf Menge, Präsentations-/Service-Qualität und/oder den Preis im Mittelpunkt.

‣ **Laterale Diversifikation** ist dann gegeben, wenn zwischen dem bisherigen und dem neuen Produktangebot kein sachlicher Zusammenhang besteht. Den erheblichen Chancen, die eine laterale Diversifikation aufgrund der Risikostreuung mit sich bringt, stehen zugleich große Risiken aufgrund der Neuheit der Produkte und Märkte für das Unternehmen gegenüber. Ein gutes Beispiel für laterale Diversifikation bietet die Dr. August Oetker KG mit Hauptsitz in Bielefeld. Neben den Strategischen Geschäftsfeldern Nahrungsmittel (Jahresumsatz 2009 ca. 2,1 Mrd. Euro), Bier und alkoholfreie Getränke (Jahresumsatz 2009 ca. 1,6 Mrd. Euro) sowie Sekt, Wein und Spirituosen (Jahresumsatz 2009 ca. 0,6 Mrd. Euro) gehören zur Oetker-Gruppe Aktivitäten in der Schifffahrt (Jahresumsatz 2009 ca. 3,2 Mrd. Euro), im Bankwesen (Geschäftsvolumen 2009 ca. 3,7 Mrd. Euro p.a.) und Sonstiges (Jahresumsatz 2009 ca. 0,4 Mrd. Euro aus der chemischen Industrie, Hotels und dem Verlagswesen) (Quelle: www.Oetker-gruppe.de).

Die Umsetzung der drei Formen der Diversifikation kann unternehmensintern oder -extern über unterschiedliche Wege erfolgen. So ist eine unternehmensinterne Realisierung über eine eigene Forschungs- und Entwicklungsabteilung, über den Kauf von Lizenzen oder die Aufnahme von Handelsware möglich. Unternehmensexterne Diversifikation kann über eine Kooperation, Beteiligung oder einen Zusammenschluss mit anderen Unternehmen erfolgen. Die Abbildung 67 verdeutlicht dies in Verbindung mit den jeweiligen Vor- und Nachteilen.

Vor- und Nachteile unternehmensinterner vs. -externer Realisierung

Abb. 67

Beurteilung verschiedener Realisierungsformen der Diversifikation anhand ausgewählter Kriterien

Realisie-rungs-formen der Diver-sifikation / Auswahl-kriterien	Unternehmensinterne Realisierungsformen			Unternehmensexterne Realisierungsformen	
	Eigene Forschung und Entwicklung (=Eigenaufbau)	Lizenzübernahme (=Knowhow-Kauf)	Aufnahme von Handelsware (=Produkt-Kauf)	Kooperation in Form von Joint Ventures (=»Partner-Kauf«)	Unternehmens-Beteiligung/-Zusammenschluss (=Unternehmenskauf)
Zeitfaktor	langsam	schnell	schnell	ziemlich schnell	ziemlich schnell
Kosten	hoch	ziemlich niedrig	ziemlich niedrig	niedrig	niedrig
Organisationsprobleme	wenige	praktisch keine	praktisch keine	wenige	zahlreiche
Risiko	groß	klein	klein	relativ groß	relativ groß

Quelle: Scharf et al. 2009, S. 199; dort in Anlehnung an Becker 2009, S. 172

Mitunter fällt eine Abgrenzung der Strategieformen innerhalb der Marktfeldstrategien nicht leicht. Die Grenzen zwischen Instrumenten, die für eine Marktdurchdringung eingesetzt werden, und solchen, die eine Markt- oder Produktentwicklung zum Ziel haben, sind vielfach fließend.

Abgrenzung der Strategieformen mitunter schwierig

Die vorgestellte Systematisierung ist daher nur als Strukturierungshilfe und nicht als unkritisch hinzunehmende, überschneidungsfreie Abgrenzung zu betrachten! Die Abbildung 68 bietet einen abschließenden Überblick zu den Marktfeldstrategien.

Abb. 68

Überblick Optionen der
Marktfeldstrategien

Marktfeldstrategien nach Ansoff: ein Maßnahmenüberblick

	Bestehende Märkte	Neue Märkte
Bestehende Produkte	**Marktdurchdringung** ▸ Intensivierung der Marktbearbeitung ▸ zielgruppenspezifische Werbung und Produktanpassung (Relaunch) ▸ Erhöhung Marktanteil ▸ Bundling/Unbundling ▸ Set-Alternative ▸ Kundenbindungsmaßnahmen ▸ Präsenzstreckung ▸ Konkurrenzprodukt-Imitation (Me-too-Produkt, in der Literatur auch im Feld Produktentwicklung zu finden) ▸ Kosten- und Preissenkungen	**Marktentwicklung** ▸ Marktausweitung (-erschließung) ▸ neue Abnehmerschichten ▸ neue Distributionskanäle ▸ neue Verwendungszwecke ▸ neue Dienstleistungen ▸ Problemweckung und -lösung ▸ neue Systemlösungen ▸ Cross selling ▸ Marktwachstumseffekte
Neue Produkte	**Produktentwicklung** ▸ neue Produkte (wesentliche Neuerungen) ▸ neue Produktlinien ▸ Produktwandel ▸ differenzierte Produktmodifikation ▸ Produkt Konkurrenzprodukt-Imitation (Me too Produkt, in der Literatur auch im Feld Marktdurchdringung zu finden)	**Diversifikation** ▸ geschäftsfeldnahe Diversifikation (horizontale, vertikale) ▸ völlig neue Geschäftstätigkeiten (laterale Diversifikation)

Quelle: Ansoff 1965, S. 109

Zusammenfassung Kapitel 2.4.1

Das bearbeitete Marktfeld (auch Absatzquelle/Source of potential demand) bestimmt, mit welcher strategischen Produkt-Markt-Kombination das Unternehmen potenzielle Kaufkraft aktivieren will. Es geht darum, die Produkt-Markt bzw.-Kunden-Kombination(en) festzulegen, mit der (denen) das Unternehmen seine Ziele optimal erreichen kann. Für die Umsetzung der vier Basisstrategien Marktdurchdringung, Marktentwicklung, Produktentwicklung und Diversifikation steht eine Vielzahl an Maßnahmen zur Verfügung. Teilweise sind die Grenzen fließend, sodass eine Maßnahme zwischen zwei Feldern platziert werden kann, z.B. ein Me-too-Produkt, das in der Literatur sowohl als Maßnahme der Marktdurchdringung als auch der Produktentwicklung zu finden ist.

Wiederholungsfragen zu Kapitel 2.4.1

20. *Erläutern Sie die Inhalte und mögliche Anwendung der Marktfeldstrategien am Beispiel eines Einrichters von Arztpraxen (Angebotsportfolio: Innenausstattungen von der Wandgestaltung über Möbel bis zu Bodenbelägen), der bisher nur im norddeutschen Raum aktiv ist und aus Sicht der bisherigen Kunden ein außergewöhnlich gutes Preis-Leistungsverhältnis bietet.*

Die Lösungen zu den Wiederholungsfragen finden Sie in Kapitel 5, S. 240.

2.4.2 Marktstimulierungsstrategien

Marktstimulierungsstrategien legen die Art und Weise der Beeinflussung (Stimulierung) und Steuerung des Absatzmarktes durch das Unternehmen fest. Ausgangspunkt der Überlegungen zur Gestaltung dieser Strategie bildet die Annahme, dass auf Konsumgütermärkten unterschiedliche Marktschichten in Bezug auf das Preis-Qualitätsverhältnis existieren, aus denen zwei idealtypische Formen von Abnehmern resultieren: der Qualitäts- bzw. Markenkäufer und der Preiskäufer (Becker 2009, S. 180). Zwischen diesen beiden Extremen mag es je nach Branche eine Vielzahl von Zwischensegmenten geben. Dennoch lassen sich daran orientiert zwei grundlegende Strategieansätze ableiten: die Präferenzstrategie und die Preis-Mengen-Strategie.

Festlegung des Preis-Qualitätsverhältnisses

2.4.2.1 Präferenzstrategie

Der Charakter einer Präferenzstrategie ist der einer Leistungsvorteilstrategie. Das Motto für Unternehmen mit dieser Strategie lautet: »Immer besser sein als die anderen«. Ziel ist es, die Zielgruppe des oberen bis mittleren Preissegmentes bzw. der Markenkäufer anzusprechen und hier einen überdurchschnittlichen Abgabepreis zu erzielen. Dafür ist der wahrgenommene Nutzen aus Sicht des Konsumen-

Fokus: Leistungsvorteil

Multiinstrumental

ten zu optimieren. Erreicht werden soll dies durch den intensiven Einsatz aller nicht preislichen Aktionsparameter der Produkt-, Kommunikations- und Distributionspolitik. Es wird eine Profilierung und Nichtaustauschbarkeit der Marke und damit eine mehrdimensionale, d. h. auf mehreren Ebenen beruhende, echte Präferenzbildung angestrebt. (vgl. Becker 2009, S. 182). Da hier der Leistungsvorteil im Vordergrund steht, ist diese Strategieform der Differenzierungsstrategie nach Porter (2008, S. 74 f.) gleichzusetzen (siehe auch die Erläuterung der Strategien nach Porter weiter unten).

2.4.2.2 Preis-Mengen-Strategie

Fokus: Preisurteil

Das Motto einer **Preis-Mengen- bzw. Preisvorteil-Strategie** lautet: »Immer billiger sein als die anderen«. Umgesetzt wird diese Strategie durch einen aggressiven, einseitig auf Preise und Konditionen ausgerichteten Wettbewerb unter weitgehendem Verzicht auf andere absatzpolitische Instrumente. Zielgruppe dieser Strategie sind die Preiskäufer, d. h. das untere Preissegment. Durch die (einseitige) Konzentration auf den Preis besteht die Gefahr einer eindimensionalen, unechten Präferenzbildung. Diese ist jedoch häufig als instabil anzusehen, da die Produkte, deren Kauf auf reinen Preispräferenzen beruht, vom Konsumenten i. d. R. als austauschbar angesehen werden. Der Konsument wird sich jeweils die billigste Alternative entscheiden (vgl. Becker 2009, S. 214 f.).

Monoinstrumental

Economies of scale

Aus Sicht des Unternehmens ist die Preis-Mengen-Strategie nur rentabel, wenn tatsächlich im Vergleich zur Konkurrenz große Mengen und somit über die Skalenerträge (Erfahrungskurveneffekte) echte Kostenvorteile realisiert werden. Da hier der Kostenvorteil im Vordergrund steht, ist diese Strategieform der Preisstrategie nach Porter (2008, S. 72 ff.) gleichzusetzen (siehe auch die Erläuterung der Strategien nach Porter weiter unten).

Die Abbildung 69 verdeutlicht die noch einmal die wesentlichen Merkmale sowie Vor- und Nachteile der Präferenz- und der Preis-Mengen-Strategie.

Abb. 69

Charakteristika sowie Vor- und Nachteile der Präferenz- und der Preis-Mengen-Strategie

Strategie / Kriterium	Präferenzstrategie	Preis-Mengen-Strategie
Prinzip	Qualitätswettbewerb → Markenartikelkonzept	Preiswettbewerb → Discountkonzept
Zielpriorität	Gewinn vor Umsatz/ Marktanteil → Fokus: Umsatzrentabilität	Umsatz/Marktanteil vor Gewinn → Fokus: Kapitalumschlag

Abb. 69

Charakteristika sowie Vor- und Nachteile der Präferenz- und der Preis-Mengen-Strategie (Fortsetzung)

Strategie / Kriterium	Präferenzstrategie	Preis-Mengen-Strategie
Zielgruppe	Markenkäufer	Preiskäufer
Wirkungsweise	»Langsamstrategie«	»Schnellstrategie«
Dominanter Bereich im Unternehmen	Marketing → Ertragsorientierung	Produktion/Logistik → Kostenorientierung
Fokus im Marketing-Mix	Multiinstrumental – primärer Einsatz aller nichtpreislichen Instrumente	Monoinstrumental – Kern: Preiswettbewerb
Produktpolitik	▸ Überdurchschnittliche Qualität ▸ Attraktive Verpackung ▸ Hohes Serviceniveau	▸ Durchschnitts-/ Mindestqualität ▸ Rationelle Verpackung
Preispolitik	▸ Hoher Preis	▸ Niedriger Preis
Distributionspolitik	▸ Direktvertrieb ▸ Fachhandel	▸ Fachhandel ▸ Discounter
Kommunikationspolitik	▸ Imageorientierte Markenprofilierung ▸ Starke Mediawerbung ▸ Starker persönlicher Verkauf	▸ Keine oder schwache Werbung ▸ Handelsgerichtete Verkaufsförderung
Vorteile/ Chancen	▸ Aufbau echter Präferenzen ▸ Profilierung ▸ Kundenbindung ▸ Ertragssicherung	▸ Geringer Mitteleinsatz ▸ Klares Ziel ▸ Nutzung von Rationalisierungseffekten
Nachteile/ Risiken	▸ Hoher Mitteleinsatz mit längerer Amortisationszeit ▸ Hohes Marktrisiko ▸ Zwang zur Innovation	▸ Kein Aufbau echter Präferenzen ▸ Ruinöser Preiswettbewerb ▸ Zwang zur Rationalisierung

Quelle: in Anlehnung an Becker 2009, S. 231 f.

Zusammenfassung Kapitel 2.4.2

Die strategische Stellgröße zur Bildung einer Marketingstrategie stellt der Angebotsvorteil einer Unternehmung dar. Es geht darum, denjenigen Wettbewerbshebel zu finden, mit dem ein Unternehmen am erfolgreichsten den ausgewählten Markt beeinflussen kann. Es sollen die passenden Käuferschichten stimuliert werden, mit Hilfe derer die gesetzten Marketingziele erreicht werden können. Man spricht aus diesem Blickwinkel heraus auch von der passenden Marktstimulierungsstrategie.

Ausschlaggebend dafür ist die Erkenntnis einer Marktpolarisierung auf der Konsumenten-/Endabnehmerseite, die sich auf das Business-to-Business-Marketing über die abgeleitete Nachfrage entsprechend auswirkt. Die beiden Pole sind: Qualitäts- und Preiswettbewerb. Diese Polarisierung ermöglicht das Überleben einer Unternehmung entweder durch Leistungsführerschaft (= Präferenz-Position) oder durch Kostenführerschaft (= Preis-Mengen-Position). Der Qualitätswettbewerb operiert mit einem konsequenten Einsatz aller nicht preislichen Marketinginstrumente zur Beeinflussung des Marktes. Es handelt sich hierbei um eine Langsamstrategie, die kontinuierlichen Aufbau erfordert. Der Angebotsvorteil durch die Preis-Mengen-Position stellt den Preis als zentrales Absatzinstrument in den Mittelpunkt, um den Markt zu beeinflussen. Dabei handelt es sich um eine Schnellstrategie, die eine Marktposition kurzfristig aufbaut.

Wiederholungsfragen zu Kapitel 2.4.2

21. *Erläutern Sie die Inhalte und mögliche Anwendung der Marktstimulierungsstrategien am Beispiel eines Einrichters von Arztpraxen (Angebotsportfolio: Innenausstattungen von der Wandgestaltung über Möbel bis zu Bodenbelägen), der bisher nur im norddeutschen Raum aktiv ist und aus Sicht der bisherigen Kunden ein außergewöhnlich gutes Preis-Leistungsverhältnis bietet.*

Die Lösungen zu den Wiederholungsfragen finden Sie in Kapitel 5, S. 240.

2.4.3 Marktparzellierungsstrategien

In Abhängigkeit von der Definition des für ein Unternehmen relevanten Marktes muss das Unternehmen zwei Entscheidungen treffen:

Marktabdeckung
und Angebots-
differenzierung

1. Soll sich das Angebot an den Gesamtmarkt richten (= vollständige/totale Marktabdeckung) oder soll nur ein Ausschnitt des Gesamtmarktes (= teilweise/partielle Marktabdeckung) angesprochen werden?
2. Soll das Angebot an die Bedürfnisse einzelner Abnehmer angepasst werden (= **differenziertes** Marketing/Marktsegmentierung) oder soll nicht nach kleineren Bedürfnisunterschieden differenziert werden (= **undifferenziertes** Marketing/Massenmarketing).

Aus der Kombination der in den oben stehenden Fragen aufgezeigten Möglichkeiten ergeben sich vier alternative Ausprägungen einer Marktparzellierungsstrategie, die der Abbildung 70 zu entnehmen sind.

Vier Ausprägungen

Abb. 70

Optionen der Marktparzellierungsstrategie

Alternativen der Markt-
parzellierung

Abdeckung des Marktes / **Differen-zierung** des Marketingprogramms	**Total** (Vollständig)	**Partiell** (Teilweise)
Undifferenziert (Massenmarketing)	Undifferenziertes Marketing	Konzentriert-undifferenziertes Marketing
Differenziert (Marktsegmentierung)	Differenziertes Marketing	Selektiv-differenziertes Marketing

Die Abbildung 71 veranschaulicht die Optionen der Marktparzellierungsstrategien noch einmal grafisch.

Abb. 71

Optionen der Marktparzellierungsstrategie

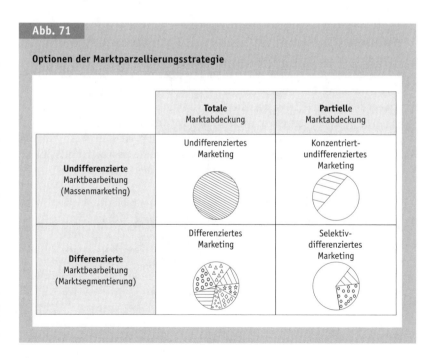

Auswahl eines geeigneten
Segmentierungsmodells

Entscheidet sich ein Unternehmen für eine differenzierte Marktbearbeitung, so ist der Markt nach geeigneten Kriterien zu unterteilen bzw. zu segmentieren. Mögliche Ansätze zur Segmentierung des Marktes im Business-to-Business-Geschäft sind in Kapitel 2.2.2 ausführlich besprochen worden. Die Verwendung eines der Ansätze sollte sich an den folgenden **Anforderungen** orientieren (vgl. Kotler 2007, S. 386):

Anforderungen an
Segmentierungsmodelle

▸ **Kaufverhaltensrelevanz** – Die Segmentierung muss einen unmittelbaren Bezug zum Kaufverhalten aufweisen.

▸ **Aussagekraft für Instrumente** – Es müssen Möglichkeiten zur segmentspezifischen Anpassung der absatzpolitischen Instrumente vorhanden sein.

▸ **Messbarkeit** – Die Käufereigenschaften eines Marktsegments sollten (wirtschaftlich) erfassbar sein.

▸ **Erreichbarkeit** – Ein Marktsegment muss durch Marketingprogramme erreicht werden können.

▸ **Zeitliche Stabilität** – Das gefundene Marktsegment muss für einen Mindestzeitraum bestehen.

▸ **Wirtschaftlichkeit** (Profitabilität) – Ein Segment muss von seiner Größe und seinem Gewinnpotenzial her ausreichend groß sein. Der erhöhte Aufwand für Marketing, Produktion (Produktdifferenzierung) und Verwaltung muss durch höhere Abgabepreise weitergegeben werden können.

Zusammenfassung Kapitel 2.4.3

Die Marktparzellierungsstrategie kann verschieden gestaltet werden. Sie bewegt sich zwischen den beiden Polen der Massenmarktstrategie (= undifferenzierte Totalmarktbearbeitung) und der konsequenten Partikularstrategie (= differenzierte Teilmarktbearbeitung, Segmentierungsstrategie). Der Hauptvorteil der Massenmarktstrategie ist, dass sich Größendegressionseffekte ausschöpfen lassen und vor allem der Preis sich als Aktionsparameter einsetzen lässt. Die Partikularstrategie zeichnet sich dadurch aus, dass sich Preisspielräume über die Vergütung des Grundnutzens hinaus erschließen, da die Profile der Kundenbedürfnisse sehr individuell in das Angebot einfließen und so die Preisbereitschaft erhöhen.

Die im Einzelfall vorgenommene Marktparzellierung ergibt sich aus der Kombination des Umfangs der Marktabdeckung und der Differenzierung des Marketingprogramms. Daraus leiten sich die folgenden vier Gruppen ab: undifferenziertes Marketing, konzentriert-undifferenziertes Marketing, differenziertes Marketing sowie selektiv-differenziertes Marketing.

22. *Erläutern Sie die Inhalte und mögliche Anwendung der Marktparzellierungs-*
strategien am Beispiel eines Einrichters von Arztpraxen (Angebotsportfolio:
Innenausstattungen von der Wandgestaltung über Möbel bis zu Bodenbelä-
gen), der bisher nur im norddeutschen Raum aktiv ist und aus Sicht der bis-
herigen Kunden ein außergewöhnlich gutes Preis-Leistungsverhältnis bietet.

Die Lösungen zu den Wiederholungsfragen finden Sie in Kapitel 5, S. 240.

2.4.4 Marktarealstrategien

Marktarealstrategien legen den räumlich-geografischen Rahmen der Absatzakti-
vitäten sowie die darin angestrebte Entwicklung fest. Es lassen sich zwei grundlegende strategische Alternativen unterscheiden: Teilnationale bzw. **nationale**
Strategien (Domestic Marketing) beinhalten regionale, überregionale und nationale Markterschließungsstrategien. **Übernationale** Strategien (International Marketing) streben eine internationale oder weltweite Markterschließung an (vgl.
Becker 2009, S. 300 f.).

Festlegung und Entwick-
lung der räumlichen
Marktausdehnung

Neben diesen grundlegenden Zielrichtungen bzw. Inhalten räumlich-geografischer Aktivitäten lassen sich drei unterschiedliche Strategien für das Vorgehen
der **Markterschließung**, die sogenannte gebietestrategische Ausdehnung, unterscheiden (Becker 2009, S. 304):

▸ **Konzentrische Gebietsausdehnung** bezeichnet eine sich um das Zentrum
des bisherigen Absatzgebietes ringförmig ausdehnende Strategie.

Formen der gebiete-
strategischen
Ausdehnung

▸ **Selektive Gebietsausdehnung** beinhaltet die stufenweise Ausdehnung des
Absatzgebietes auf einzelne strategisch interessant erscheinende Gebietsfel-
der. Dabei werden Lücken zum bisherigen Gebiet zunächst bewusst in Kauf
genommen. Nach erfolgreicher Festigung in diesen Gebieten können diese
Lücken ggf. geschlossen werden. Diese Form der Gebietsausdehnung empfiehlt sich, wenn Marträume mit unterschiedlicher Attraktivität und unterschiedlich starken Marktwiderständen (z. B. starke Position der Konkurrenz)
zu erschließen sind.

▸ **Inselförmige Gebietsausdehnung** zielt auf die Erschließung von wichtigen
absatzpolitischen Zentren (z. B. Großstädte, Ballungsräume) mit der Zielsetzung, diese jeweils konzentrisch auszudehnen und schließlich zu verbinden.

Darüber hinaus ist es für die Unternehmen gerade im Business-to-Business-Geschäft zunehmend erforderlich, über die nationalen Grenzen hinaus aktiv zu werden. Bei den übernationalen Strategien lassen sich drei idealtypische Strategie-
muster abgrenzen (Becker 2009, S. 315):

Formen übernationaler
Strategien

▸ **Multinationale Strategien** beinhalten ausgehend von dem Heimatmarkt die
Bearbeitung eines oder mehrerer Auslandsmärkte. Dies erfolgt meist zunächst
in Form des Exports. Bei dem Unternehmen bleibt eine starke Heimatlandori-

Fokus: Heimatmarkt,
Export

entierung bestehen (ethnozentrische Unternehmen). Als Beispiel sei die Meyer Werft GmbH mit Hauptsitz in Papenburg und die Tochtergesellschaft Neptun-Werft in Rostock genannt. Trotz eines hohen Exportanteils steuert das zu den weltweit größten Erbauern von Passagierschiffen zählende Familienunternehmen mit ca. 2.600 Beschäftigten alle Aktivitäten von Deutschland aus.

| Zunehmende Gastlandorientierung; Tochtergesellschaften | ▸ **Internationale Strategien** gehen mit einer zunehmenden Gastlandorientierung einher (polyzentrische Unternehmen). Es werden Investitionen in Form von Tochtergesellschaften und Produktionsstätten im Gastland vorgenommen. So produziert die Weinig International AG, weltgrößter Hersteller von Maschinen zur Massivholzbearbeitung mit Sitz in Tauberbischofsheim, neben Deutschland noch in der Schweiz, in Schweden, in Luxemburg sowie in den USA und in China. Darüber hinaus ist das Unternehmen mit 26 Vertriebs- und Servicegesellschaften in Europa, Amerika, Asien und Australien vertreten. |

▸ **Internationale Strategien** gehen mit einer zunehmenden Gastlandorientierung einher (polyzentrische Unternehmen). Es werden Investitionen in Form von Tochtergesellschaften und Produktionsstätten im Gastland vorgenommen. So produziert die Weinig International AG, weltgrößter Hersteller von Maschinen zur Massivholzbearbeitung mit Sitz in Tauberbischofsheim, neben Deutschland noch in der Schweiz, in Schweden, in Luxemburg sowie in den USA und in China. Darüber hinaus ist das Unternehmen mit 26 Vertriebs- und Servicegesellschaften in Europa, Amerika, Asien und Australien vertreten.

Internationale Arbeitsteilung im Konzernverbund

▸ **Globale Strategien** resultieren meist aus dem starken Ausbau der internationalen Strategien. Vielfach wird eine internationale Arbeitsteilung zwischen den Standorten realisiert, die häufig von einer globalen Operationsbasis (Zentrale, Holding) aus gesteuert werden (geozentrische Unternehmen). Die Komponenten für Airbus-Flugzeuge werden beispielsweise arbeitsteilig in 12 europäischen Werken produziert. Die Endmontage erfolgt dann in Toulouse, Hamburg oder seit dem Jahr 2008 auch in Tianjin, China.

Zusammenfassung Kapitel 2.4.4
Im Zuge der marktarealbezogenen Strategieausrichtung steht als Parameter das zu bearbeitende Absatzgebiet als Stellgröße zur Verfügung. Ein Unternehmen hat zu prüfen, welche Gebiete (teilnational, national, übernational) effizient und erfolgversprechend bearbeitbar sind, d.h. wo liegen Absatzpotenziale, wohin kann verkauft werden und wie soll sich das Unternehmen dorthin entwickeln.

Wiederholungsfragen zu Kapitel 2.4.4

23. *Erläutern Sie die Inhalte und mögliche Anwendung der Marktarealstrategien am Beispiel eines Einrichters von Arztpraxen (Angebotsportfolio: Innenausstattungen von der Wandgestaltung über Möbel bis zu Bodenbelägen), der bisher nur im norddeutschen Raum aktiv ist und aus Sicht der bisherigen Kunden ein außergewöhnlich gutes Preis-Leistungsverhältnis bietet.*

Die Lösungen zu den Wiederholungsfragen finden Sie in Kapitel 5, S. 240.

2.4.5 Konkurrenzgerichtete Strategien

In Bezug auf **konkurrenz- bzw. wettbewerbsorientierte Strategien** findet sich in der Literatur eine Vielzahl unterschiedlicher Ansätze. Wie bereits betont, ergibt sich bereits aus der Kombination der vier Basisstrategien eine spezifische Ausprägung des Auftetens gegenüber der Konkurrenz. Eine klare Abgrenzung zwischen den abnehmerorientierten und den konkurrenzgerichteten Strategieansätzen ist daher kaum möglich – und im Sinne einer konsequent marktorientierten Ausrichtung des Unternehmens auch nicht sinnvoll. Nachfolgend sollen einige konkurrenz- bzw. wettbewerbsorientierte Strategien mit Bezügen zu den abnehmergerichteten Strategien kurz aufgezeigt werden.

Zusammenhang zwischen abnehmer- und konkurrenzgerichteten Strategien

Ein bekannter wettbewerbsorientierter Ansatz ist der von Porter. Nach seiner Grundkonzeption von Wettbewerbsstrategien in schrumpfenden oder stagnierenden Märkten muss sich ein Unternehmen entscheiden, ob es sich gegenüber dem Wettbewerb über Qualitäts- bzw. Leistungsvorteile oder Kostenvorteile abgrenzen will. In einem zweiten Schritt ist das Ausmaß der Abdeckung des Marktes zu entscheiden: Abdeckung des Gesamtmarktes oder nur eines Teilmarktes.

Wettbewerbsstrategien nach Porter

Die Strategie der **Kostenführerschaft** basiert auf im Unternehmen vorhandenen Kostenvorteilen, z. B. durch eine unternehmenseigene Technologie, den Zugang zu Rohstoffen unter Vorzugsbedingungen oder größenbedingte Kostendegressionen, Erfahrungskurveneffekte etc. (vgl. Porter 2008, S. 72 f.). Sie zeigt starke Parallelen zur aufgezeigten Preis-Mengen-Strategie.

... Kosten oder Qualität?

Die Strategie der **Differenzierung** basiert auf der wahrgenommenen Einmaligkeit der Unternehmensleistung, z. B. aufgrund von Besonderheiten in den Bereichen Design, Werbung, Technologie etc. Die Strategie steht in engem Bezug zur Präferenzstrategie.

Die Konzentration auf **Schwerpunkte** beinhaltet die Spezialisierung und damit die Beschränkung auf ein oder wenige Segmente.

... Gesamtmarkt oder Teilmarkt?

In der nachfolgenden Abbildung 72 ist das Strategieraster nach Porter verdeutlicht.

Aus dieser Abgrenzung heraus lassen sich im Detail vier grundlegende **Arten** von **Wettbewerbsstrategien** differenzieren:

▸ Die Strategie der **Qualitätsführerschaft** ist darauf ausgerichtet, sich gegenüber dem Wettbewerb über Leistungs- und Qualitätsvorteile (hohe Produkt- und Servicequalität) abzugrenzen.

▸ Die Strategie der **Kostenführerschaft** zielt darauf ab, Kostendegressionseffekte zu nutzen, indem große Mengen auf dem Gesamtmarkt abgesetzt werden. Standardisierung, Verfahrensinnovationen etc. sollen Lernkurven- und damit Kostendegressionseffekte nutzen, um die Produkte zu niedrigen Preise anbieten zu können.

▸ Die Strategie der **selektiven Qualitätsführerschaft** fokussiert einen bestimmten Teilmarkt (Nische), der von anderen Unternehmen vernachlässigt wird und auf dem Leistungs-/Qualitätsvorteile realisiert werden können.

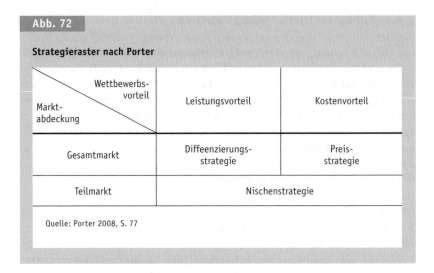

Abb. 72

Strategieraster nach Porter

Wettbewerbs-vorteil Markt-abdeckung	Leistungsvorteil	Kostenvorteil
Gesamtmarkt	Diffeenzierungs-strategie	Preis-strategie
Teilmarkt	Nischenstrategie	

Quelle: Porter 2008, S. 77

▷ Die Strategie der **selektiven Kostenführerschaft** legt ebenfalls einen
Schwerpunkt auf einen Teilmarkt (Nische). Allerdings werden Kostenvorteile
durch die Nutzung vorhandener Technologien realisiert und ausgereifte Me-
too-Produkte zu besonders niedrigen Preisen angeboten.

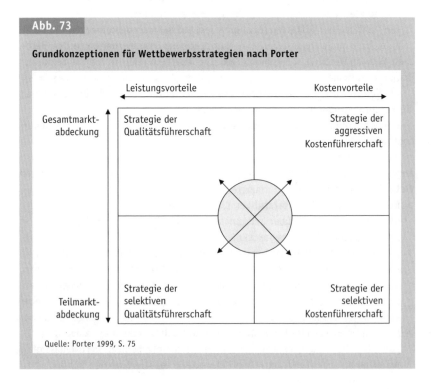

Abb. 73

Grundkonzeptionen für Wettbewerbsstrategien nach Porter

Leistungsvorteile   Kostenvorteile

Gesamtmarkt-abdeckung	Strategie der Qualitätsführerschaft	Strategie der aggressiven Kostenführerschaft
Teilmarkt-abdeckung	Strategie der selektiven Qualitätsführerschaft	Strategie der selektiven Kostenführerschaft

Quelle: Porter 1999, S. 75

In Bezug auf die Ausrichtung gegenüber dem Wettbewerb ist die Frage zu klären, ob sich ein Unternehmen aktiv oder passiv sowie innovativ oder imitativ verhalten will. Darauf basierend lassen sich **vier konkurrenzgerichtete Strategien** unterscheiden (vgl. u. a. Meffert et al. 2008, S. 308 ff.; Scharf et al. 2009, S. 221 f.):

Grundsatzentscheidung zum Verhalten gegenüber dem Wettbewerb

▸ Die **Konfliktstrategie** ist durch ein aggressives Verhalten, z. B. in Form von konkurrenzgerichteten Niedrigpreisen oder vergleichender Werbung gekennzeichnet. Ziel ist es hier zumeist, Marktanteile zu erobern und ggf. die Marktführerschaft zu erlangen.

Konflikt

▸ Eine **Kooperationsstrategie** ist vor allem für kleine Unternehmen interessant, da sie hier ihre rechtliche und wirtschaftliche Selbstständigkeit behalten, gleichzeitig aber an größeren Kapazitäten (z. B. F&E, Vertriebswege, Produktion etc.) teilhaben können. Daraus können sich für alle Kooperationspartner interessante Potenziale ergeben. Gerade bei großen, international agierenden Unternehmen haben sich sogenannte **Strategische Allianzen** bewährt. Hier wird in einzelnen Projekten (z. B. der Entwicklung auf Basis einer neuen Technologie) zusammengearbeitet und so werden Kosten, Risiken etc. deutlich reduziert. Neben Produktionsunternehmen kooperieren im Dienstleistungsbereich beispielsweise auch Kreditinstitute zur Risikominimierung bei der Vergabe großer Konsortialkredite im Firmenkundengeschäft.

Kooperation

▸ Die **Anpassungsstrategie** beinhaltet die Abstimmung des eigenen Verhaltens an das der Wettbewerber bis hin zur (wechselseitigen) Nachahmung erfolgreicher Wettbewerber (Me-too-Strategie). Dies hat den Vorteil, dass nur relativ geringe Aufwendungen für Forschung und Entwicklung erforderlich sind und die Gefahr eines Flops reduziert wird, da das Konzept bzw. Produkt bereits erfolgreich am Markt existiert. Allerdings lässt sich eine Me-too-Strategie am Markt meist nur dann durchsetzen, wenn diese mit einer niedrigen, aggressiven Preisstellung einher geht. Dies birgt die Gefahr in sich, dass es bei mehreren Wettbewerbern zu Preiskämpfen kommt. Zu nennen sind beispielsweise Generikahersteller aus der Pharma-Industrie wie die Hexal AG, Holzkirchen, oder die Ratiopharm GmbH, Ulm.

Anpassung

▸ Bei einer **Ausweichstrategie** sucht und nutzt das Unternehmen gezielt bestehende Marktnischen, in denen bisher kein anderes Unternehmen aktiv ist. Diese Strategie entspricht der Marktsegmentierung mit partialer Marktabdeckung. Auch wenn solche kleinen Märkte für viele Unternehmen – zumal als zweiter oder dritter Anbieter – unattraktiv erscheinen, besteht bei dieser Strategie eine besondere Gefahr in Me-too-Konzepten der Wettbewerber. Bei Eintritt eines weiteren Wettbewerbers kann die Profitabilität schnell verloren gehen. Daher gilt es, Markteintrittsbarrieren aufzubauen, z. B. duch möglichst innovative Leistungen, die nur langsam kopiert werden können. Die Firma Winterhalter Gastronom GmbH, Meckenbeuren am Bodensee, hat sich beispielsweise spezialisiert auf die Produktion und Lieferung von Spülmaschinen und Zubehör, und zwar beschränkt auf das Marktsegment Hotellerie und Gastronomie, nicht für andere Großküchen. In der Selbstdarstellung heißt es selbstbewusst: »Gewerbliche Spülsysteme von Winterhalter sind die besten, die es auf dem Markt gibt.«

Ausweichen

Rückzug

▶ Auch die **Rückzugsstrategie** ist eine Option, die dann verfolgt werden muss, wenn sich ein Produkt nicht mehr gegen den Wettbewerb behaupten kann, es sich also aufgrund von Umsatzeinbrüchen, negativen Deckungsbeiträgen etc. nicht mehr rechnet. So hat beispielsweise die Knorr-Bremse AG, der weltweit führende Hersteller von Bremssystemen für Schienen- und Nutzfahrzeuge, im Zuge von Umstrukturierungsmaßnahmen immer wieder Produktionsaktivitäten eingestellt oder verkauft. Das nicht börsennotierte Familienunternehmen mit Hauptsitz in München trennte sich in den letzten Jahren vom Dieselmotoren- und Werkzeugmaschinenbau (beide 1985), von der Industrie-Pneumatik (1993) und dem Stahlguss (1997).

2.4.6 Strategieprofil

Aus den wesentlichen Zielsetzungen und Charakteristika der einzelnen Strategieansätze innerhalb der Marketing-Strategien resultieren verschiedene mehr oder weniger naheliegende Strategiekombinationen, aus deren Zusammenwirken sich auch die Art und Weise der konkurrenzgerichteten Strategie ergibt.

Profilierung durch Kombination der absatzmarktgerichteten Strategien

Grundsätzlich sind **horizontale** und/oder **vertikale Ansatzpunkte** zur Strategiekombination vorhanden (Becker 2009, S. 353). Die Strategiekombinationen können, je nach Unternehmensphilosophie und -strategie, einheitlich über alle SGE oder differenziert für einzelne SGE verfolgt werden.

Horizontale und/oder vertikale Kombination?

So wird beispielsweise eine Strategie der Marktdurchdringung in vertikaler Richtung sinnvoll durch eine preis-mengen-orientierte Strategie unterstützt, welche wiederum eine undifferenzierte Massenmarktstrategie mit totaler Marktabdeckung und eine räumlich möglichst weit ausgerichtete Marktarealstrategie nahelegt. Durch die damit auftretenden Kostenvorteile (Skalenerträge) können die niedrigen Preise ermöglicht werden (vgl. gepunktete Verknüpfungslinie A in der Abbildung 74).

Demgegenüber legt eine Produktentwicklungsstrategie in horizontaler Richtung, insbesondere bei (echten) Innovationen in vertikaler Richtung tendenziell eine präferenzstrategische Ausrichtung nahe, da die zunächst hohen Entwicklungs- und Produktionskosten eine hohe Preisstellung erfordern und diese zugleich auf Grund des innovativen Charakters ermöglichen. Meist ist nach einer Produkteinführung anfangs nur die Produktion geringer Mengen möglich. Vielfach wird daher eine Innovation zunächst auf nur ein Marktsegment ausgerichtet, und es erfolgt vorerst eine räumlich begrenzte Markteinführung – je nach Unternehmen und Branche – auf dem regionalen oder nationalen Markt (vgl. durchgezogene Linie B in der Abbildung 74; Becker 2009, S. 353 u. 356).

Die Art der Strategiekombination verdeutlicht die Profilierung der SGE bzw. des Unternehmens gegenüber der Konkurrenz auf den verschiedenen Ebenen der einzelnen Strategieansätze sowie in ihrer Kombination.

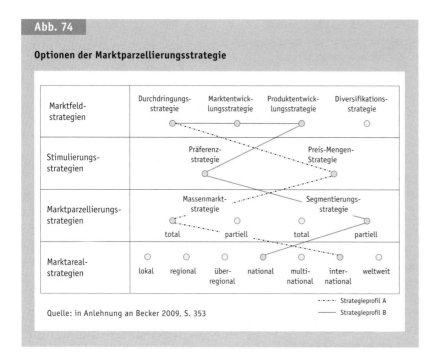

Abb. 74

Optionen der Marktparzellierungsstrategie

Quelle: in Anlehnung an Becker 2009, S. 353

Die grundlegende Ausrichtung des Unternehmens bzw. einer SGE gegenüber der Konkurrenz lässt sich auch mit Hilfe des **Marketing-Strategiewürfels** nach Backhaus festlegen (vgl. Abb. 75). Danach hat ein Unternehmen die Möglichkeit, in einem Geschäftsfeld einen

Strategiewürfel

▸ Qualitätsvorteil,
▸ Preisvorteil oder
▸ Zeitvorteil

zu erreichen (Backhaus 2003, S. 248).

Während der Qualitäts- oder der Preisvorteil durch die weiter oben angesprochene Präferenz- bzw. Preis-Mengen-Strategie erlangt werden kann, gibt es für die Ausrichtung auf den zeitlichen Vorteil verschiedene Ansätze zum Timing des Markteintritts und des Marktaustritts.

Backhaus (2003, S. 267 ff.) unterscheidet für das Industriegütermarketing folgende Formen von **Markteintrittsstrategien:**

Zeitlich orientierte Wettbewerbsstrategien

▸ **Pionier** (first-to-market) – ist der erste, der ein neues Produkt/eine neue Technologie am Markt anbietet. Es handelt sich hier um Innovationen.
▸ **Frühe Folger** (early follower/early-to-market) – treten kurz nach dem Pionier mit dem Produkt/der Technologie auf den Markt. Es handelt sich hierbei in der Regel um Me-too-Produkte.
▸ **Späte Folger** (late-to-market) – treten erst relativ spät in den Markt ein, wenn grundlegende Marktstrukturen bereits gebildet sind.

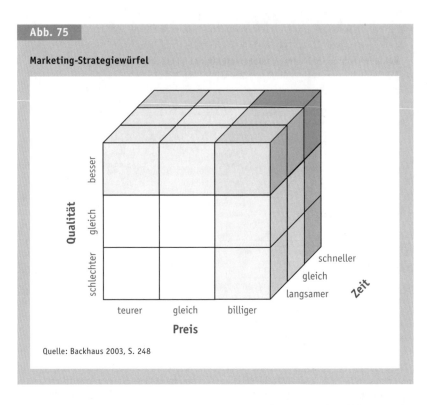

Abb. 75

Marketing-Strategiewürfel

Quelle: Backhaus 2003, S. 248

Die mit diesen Timing-Strategien zusammenhängenden unterschiedlichen Bedingungen sowie Chancen und Risiken sind der Abbildung 76 zu entnehmen.

Strategiemosaik

Richter (2001, S. 170 ff.) entwirft basierend auf unterschiedlichen Strategieansätzen ein **Strategiemosaik**, das ein umfassenderes Strategieprofil enthält. Beispielsweise sind hier der Geschäftstyp, Lieferanten oder auch Kooperationsansätze berücksichtigt. Um ein solches Strategiemosaik zu entwickeln, sind folgende Dimensionen festzulegen:

Dimensionen

- ▸ Der **Geschäftstyp** – Wie ist der Absatz durchzuführen?
- ▸ Die konkrete **Kundschaft** – Wer sind die Kunden? Wem sind die Leistungen zu verkaufen?
- ▸ Die **Stimulierung** – Wodurch bzw. wie sind die Nachfrager zum Kauf anzureizen?
- ▸ Die **Wettbewerber** – Welche Wettbewerber sind wie auf dem relevanten Markt tätig und wie ist ihnen zu begegnen?
- ▸ Die **Lieferanten** – Wer erfüllt qualitativ und relational die an Lieferanten zu stellenden Anforderungen?
- ▸ Die **Kooperationspartner** – Welche Partner sind in den Problemlösungsprozess einzubeziehen?
- ▸ Die **Absatzgebiete** – Wo liegen die Absatzpotenziale und wohin kann verkauft werden?

Abb. 76

Rahmenbedingungen sowie Chancen und Risiken verschiedener Markteintritts-strategien

Markteintrittstrategien –
Charakteristika

	Rahmen-bedingungen	Chancen	Risiken
Pionier-strategie	▸ Hohe F&E-Aktivi-täten ▸ State of the Art-Technologie ▸ Hoher Kommer-zialisierungsdruck	▸ Schaffung von Standards ▸ Nutzung preis-politischer Spiel-räume ▸ Kostenvorteile durch Vorsprung auf der Erfah-rungskurve	▸ Hohe Markter-schließungskos-ten ▸ Ungewissheit über die weitere Marktentwicklung ▸ Technologie-sprünge durch Konkurrenten
Strategie des frühen Folgers	▸ Orientierung am Pionier ▸ Qualitätsver-besserung bzw. Anwendungser-weiterung ▸ Berücksichtigung neuer Kundenan-forderungen	▸ Erste Markter-fahrungen liegen bereits vor ▸ Geringeres Mark-teintrittsrisiko als der Pionier ▸ Markt ist noch nicht verteilt	▸ Vom Pionier auf-gebaute Markt-eintrittsbarrieren ▸ Zwang zu Eigen-ständigkeit im Vermarktungskon-zept ▸ Erste Preiszuge-ständnisse
Strategie des späten Folgers	▸ Imitation von Innovationen als Ansatzpunkt ▸ Zwang zu ratio-nellen Produkt-innovationen (Prozessinnova-tionen) ▸ Ausschöpfung von Mengende-gressionseffekten	▸ Anlehnung an bereits vorhande-ne Standards ▸ Sehr niedrige F&E-Aufwendun-gen ▸ Sicherheit über weitere Markt-entwicklung und Vermarktungskon-zepte	▸ Weitgehend (vor) verteilter Markt ▸ Image und Kom-petenznachteile ▸ Gefahr von ruinö-sen Preiskämpfen

Quelle: Scharf et al. 2009, S. 223; dort in Anlehnung an Becker 2009, S. 379 ff.

▸ Der **Zeitaspekt** – Wann und wie lange soll sich eine Leistung auf dem Markt befinden?

▸ Die **Wert- und Mengenumfänge** – Wie viel soll abgesetzt werden?

In den nachfolgenden beiden Abbildungen 77 und 78 ist das Strategiemosaik dargestellt und auf das Beispiel eines Herstellers flexibler Fertigungszellen über-tragen.

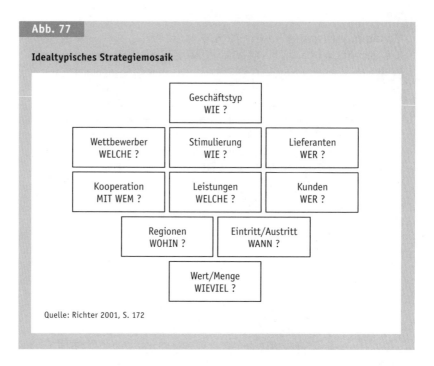

Abb. 77

Idealtypisches Strategiemosaik

Geschäftstyp
WIE ?

Wettbewerber
WELCHE ?

Stimulierung
WIE ?

Lieferanten
WER ?

Kooperation
MIT WEM ?

Leistungen
WELCHE ?

Kunden
WER ?

Regionen
WOHIN ?

Eintritt/Austritt
WANN ?

Wert/Menge
WIEVIEL ?

Quelle: Richter 2001, S. 172

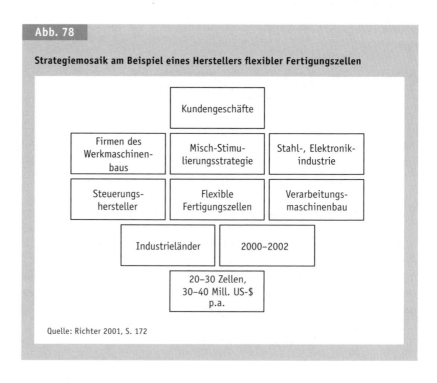

Abb. 78

Strategiemosaik am Beispiel eines Herstellers flexibler Fertigungszellen

Kundengeschäfte

Firmen des
Werkmaschinen-
baus

Misch-Stimu-
lierungsstrategie

Stahl-, Elektronik-
industrie

Steuerungs-
hersteller

Flexible
Fertigungszellen

Verarbeitungs-
maschinenbau

Industrieländer

2000–2002

20–30 Zellen,
30–40 Mill. US-$
p.a.

Quelle: Richter 2001, S. 172

Zusammenfassung Kapitel 2.4.6

Die Elemente der Marketingstrategie können mit Hilfe verschiedener Ansätze entwickelt, konkretisiert und visualisiert werden – angefangen von klassischen Ansätzen der Strategieentwicklung aus der strategischen Unternehmensführung bis hin zu Visualisierungstechniken, die speziell für das Business-to-Business-Marketing entwickelt wurden.

So können verschiedene Strategieoptionen auf einen Blick miteinander vergleichbar gemacht oder eine ausgewählte neue gegen eine bestehende Strategie kontrastiert werden. Ein Strategieraster wird in der Regel jeweils für eine Strategische Geschäftseinheit erstellt, in regelmäßigen Abständen revidiert und konkurrenzorientiert ausgerichtet. Das Strategieraster ergibt sich aufgrund der gewählten Optionen der zur Verfügung stehenden strategischen Stellgrößen wie Marktfeldstrategien, Marktstimulierungsstrategien, Marktparzellierungsstrategien u. a.

Wiederholungsfragen zu Kapitel 2.4.6

24. *Stellen Sie das Ergebnis Ihrer beispielhaften Strategieüberlegungen für den Einrichter von Arztpraxen (ggf. auch Alternativen) als Profil in folgender Abbildung dar. Ist eine Konsistenz zu erkennen oder gibt es ggf. sachlogische Konflikte in der Strategiekombination?*

Marktfeld-strategien	Durchdringungs-strategie	Marktentwick-lungsstrategie	Produktentwick-lungsstrategie	Diversifikations-strategie			
	O	O	O	O			
Stimulierungs-strategien	Präferenz-strategie		Preis-Mengen-Strategie				
	O		O				
Marktparzellierungs-strategien	Massenmarkt-strategie		Segmentierungs-strategie				
	O total	O partiell	O total	O partiell			
Marktareal-strategien	O lokal	O regional	O über-regional	O national	O multi-national	O inter-national	O weltweit

25. *Versuchen Sie eine Übertragung Ihrer Strategieüberlegungen auf den Strategiewürfel von Backhaus.*

26. *Versuchen Sie eine Übertragung Ihrer Strategieüberlegungen auf das Strategiemosaik von Richter. Nutzen Sie für die Bestimmung des Geschäftstyps die Typologie von Backhaus.*

Die Lösungen zu den Wiederholungsfragen finden Sie in Kapitel 5, S. 240 f.

3 Produkt-, Preis-, Distributions- und Kommunikationspolitik im Business-to-Business-Marketing

Lernziele

Wenn Sie diesen Teil durchgearbeitet haben, können Sie:

▶ die Besonderheiten des Einsatzes der vier P's im Business-to-Business-Marketing einordnen,

▶ die grundlegenden Marketing-Instrumente im Business-to-Business-Marketing unterscheiden und in Fallsituationen anwenden sowie

▶ die grundlegenden Marketing-Instrumente auf die Geschäftstypen Produkt-, Anlagen-, System- und Zuliefergeschäft übertragen und anwenden.

3.1 Der Marketing-Mix als Bestandteil des Marketingmanagement-Prozesses

Nachdem im ersten Teil grundlegende Besonderheiten und Systematiken zum Business-to-Business-Marketing erarbeitet wurden, ging es in Kapitel 2 darum, orientiert an dem bekannten Marketingmanagement-Prozess, die Besonderheiten der Situationsanalyse, Zielsetzung und Strategieentwicklung zu beleuchten. Zur Erinnerung sei der Marketingmanagement-Prozess, wie er hier zugrunde gelegt wird, noch einmal in Abbildung 79 dargestellt.

Im Kapitel 3 dieses Buches steht nun der Marketing-Mix im Fokus der Betrachtung. Die wesentlichen und vielfach sicher bekannten Subinstrumente zum Einsatz der Produkt-, Preis-, Distributions- und Kommunikationspolitik werden aus Sicht des Business-to-Business-Marketing wiederholt und vertieft. Die Besonderheiten beim Einsatz der Marketinginstrumente aus Sicht des Business-to-Business-Marketing werden – orientiert an dem Ansatz zur Unterteilung von Geschäftstypen nach Backhaus – erarbeitet und dargestellt. In der nachfolgenden Abbildung 80 ist diese Typologie noch einmal verdeutlicht.

3.1 **Produkt-, Preis-, Distributions- und Kommunikationspolitik**
Der Marketing-Mix als Bestandteil des Marketingmanagement-Prozesses

128

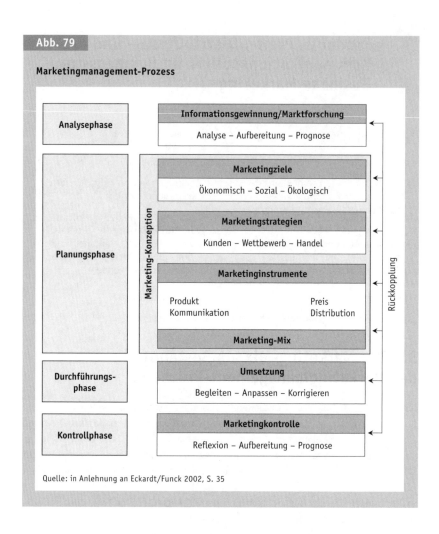

Abb. 79

Marketingmanagement-Prozess

| Analysephase | **Informationsgewinnung/Marktforschung** |
| | Analyse – Aufbereitung – Prognose |

Marketing-Konzeption

Marketingziele
Ökonomisch – Sozial – Ökologisch

Marketingstrategien
Kunden – Wettbewerb – Handel

Marketinginstrumente
Produkt   Preis
Kommunikation   Distribution

Marketing-Mix

Planungsphase

Rückkopplung

| Durchführungs-phase | **Umsetzung** |
| | Begleiten – Anpassen – Korrigieren |

| Kontrollphase | **Marketingkontrolle** |
| | Reflexion – Aufbereitung – Prognose |

Quelle: in Anlehnung an Eckardt/Funck 2002, S. 35

Je nach Geschäftstyp individueller Marketing-Mix erforderlich

Neben diesem Ansatz der Geschäftstypen nach Backhaus/Voeth finden sich – wie in Kapitel 1 dieses Buches vorgestellt – in der Literatur noch eine Vielzahl weiterer Typologien, wie z. B. Kleinaltenkamp, Richter, Plinke, Kaas. Diese Ansätze sind aus unterschiedlichen praktischen und theoretischen Ansätzen heraus entstanden, bieten gleichzeitig aber auch viele Parallelen.

Die Verkaufstransaktionen im Business-to-Business-Marketing sind sehr heterogener Natur. Wenn man sich die Transaktionen des Verkaufs von Kleinwerkzeugteilen (Schrauben, Muttern u. a.) gegenüber dem Vertriebsprozess eines Heizkraftwerks vorstellt, wird dies sehr schnell deutlich. Infolgedessen ist je nach Branche und Unternehmen ein jeweils individueller Marketing-Mix zu kreieren.

Abb. 80

Geschäftstypologie nach Backhaus

Quelle: Backhaus 1997, S. 295

Ausgehend von den klassischen vier Marketinginstrumenten der Produkt-, Preis-, Distributions- und Kommunikationspolitik sind daher in Abhängigkeit von dem jeweils im Mittelpunkt stehenden Geschäftstypus individuelle Besonderheiten zu berücksichtigen und entsprechende Anpassungen vorzunehmen.

Nachfolgend soll auf die Grundlagen und Besonderheiten zur Kombination der Marketing-Instrumente in den jeweiligen Geschäftstypen des Produkt-, Anlagen-, System- und Zuliefergeschäftes eingegangen werden.

Vier P's

Betrachtung differenziert nach Produkt-, Anlagen-, System- und Zuliefergeschäft

Wiederholungsfragen zu Kapitel 3.1

1. *Ordnen Sie bitte in der folgenden Tabelle die Verkaufstransaktionen jeweils einem der vier Geschäftstypen von Backhaus/Voeth zu:*

Verkaufstransaktion	Produkt-geschäft	Anlagen-geschäft	System-geschäft	Zuliefer-geschäft
Kauf eines Rechners für einen einzelnen separaten Arbeitsplatz.				
Kauf eines Rechners, welcher mit anderen PCs in einem »local area network« vernetzt wird.				
Eine Telefonanlage wird sukzessive nach Bedarf ausgebaut, indem immer wieder Elemente erworben werden.				
Für eine gesamte Zweigniederlassung wird eine Telefonanlage mit 1000 Anschlüssen erworben.				
Es werden 10 Mio. Spezialschrauben für einen neues Motorenmodell (Automobilindustrie) entwickelt und exklusiv an einen Automobilhersteller verkauft.				
Es werden weltweit von einem Globalplayer neue Spezialschrauben auf den Markt gebracht.				
Bau einer Erdölraffinerie für einen Großkunden im Energiesektor.				

Die Lösungen zu den Wiederholungsfragen finden Sie in Kapitel 5, S. 246.

3.2 Marketing-Mix im Produktgeschäft

Anonymer Markt

Der Geschäftstyp **Produktgeschäft** bedient einen weitgehend anonymen (Massen-)Markt bzw. Marktsegmente. Backhaus/Voeth (2010, S. 209) umschreiben den Aktionsradius folgendermaßen: »Leistungen, die im Produktgeschäft vermarktet werden, sind dadurch gekennzeichnet, dass sie nicht einzelkundenspezifisch, sondern für eine Gruppe von Nachfragern – ein Marktsegment oder einen Gesamt-markt – entwickelt worden sind (›anonymer Markt‹). Darüber hinaus bindet sich ein Käufer bei Folgekaufentscheidungen nicht an vormals getroffene Entscheidun-gen. Der Käufer ist vielmehr bei allen Folgeentscheidungen völlig frei und kann demnach unabhängig von vormaligen Entscheidungen zwischen den Leistungen verschiedener Wettbewerber wählen. Im theoretischen Idealfall handelt es sich quasi um »Spotmärkte«, bei denen die einzelnen Markttransaktionen ohne Ver-bundwirkungen auf andere Transaktionen sind (›Einzeltransaktionen‹).«

Freie Folgekaufentschei-dungen

Die Vermarktung von Leistungen innerhalb des Produktgeschäftes kann mit einem Marketing-Mix erfolgen, der weitgehend den klassischen Ansätzen im Kon-sumgütermarketing entspricht. Die vier Marketinginstrumente sowie deren Subin-strumente können also analog zum Konsumgütermarketing kombiniert und ein-gesetzt werden. Besondere Anpassungen auf das Business-to-Business-Geschäft sind nur in geringem Maße erforderlich. (vgl. Backhaus/Voeth 2010, S. 211).

Große Nähe zum Konsumgütermarketing

Im Folgenden werden die wesentlichen Instrumente des Marketing-Mix für Leis-tungen im Konsumgütermarketing respektive im Business-to-Business-Produktge-schäft komprimiert dargestellt. Neben der Verdeutlichung der Charakteristika des Produktgeschäfts dienen diese Ausführungen

▸ der fokussierten Wiederholung und dem »in Erinnerung rufen« der klassi-schen (Sub-)Instrumente des Marketing-Mix sowie

▸ der Basislegung für die darauf folgenden Ausführungen zu den Besonderhei-ten des Marketing-Mix im Anlagen-, System- und Zuliefergeschäft.

3.2.1 Produktpolitik

Die **Produktpolitik** stellt im Business-to-Business-Marketing ebenso wie im Kon-sumgütermarketing das zentrale Aktionsfeld im Rahmen des Marketing-Mix dar. Grundsätzlich sind ihr alle Aktivitäten zuzurechnen, die sich auf die marktge-rechte Gestaltung einzelner Produkte oder des gesamten Absatzprogramms eines Unternehmens beziehen (vgl. Scharf et al. 2009, S. 225).

Diese grundlegende Definition kann für die Zwecke der Betrachtung des Pro-duktgeschäftes im Business-to-Business-Marketing verwendet werden. Darüber hinaus ist jedoch gegenüber dem Konsumgütermarketing eine Reihe an Besonder-heiten zu beachten. Die Wesentlichen sind der Abbildung 81 zu entnehmen.

Das **Produkt** als Kern der Bemühungen ist aus Marketingsicht als materielles und/oder immaterielles Aggregat aus wahrgenommenen und mit Nutzenerwartungen verknüpften Leistungsmerkmalen zu verstehen (Scharf et al. 2009, S. 227). Diese Leistungsmerkmale wirken präferenzbildend und beeinflussen so die Kaufent-scheidung.

Mit Nutzenerwartungen verknüpfte Leistungs-merkmale

Abb. 81

Faktoren der Produktunterschiede im B2C vs. B2B

Faktor	Konsumgütermarketing	Business-to-Business-Marketing (Produktgeschäft)
Bedeutung des Produkts im Marketing-Mix	Wichtig, kann aber durch Preis und Werbung in den Hintergrund treten.	Sehr wichtig, oft wichtiger als jedes andere Instrument des Marketing-Mix.
Nachfrage	Produkt soll eine bestimmte Nachfrage befriedigen. Nachfrage kann relativ leicht über Werbung beeinflusst werden.	Abgeleitete Nachfrage; geringerer Einfluss der Nachfrage auf Änderungen des Marketing-Mix.
Käufer/Benutzer des Produkts	Oft dieselbe Person oder zumindest im engen Zusammenhang (Familie).	Oft weder dieselbe Person noch in derselben Abteilung.
Spezifikationen für Produkte	Kaum	Oft kundenindividuelle Spezifikationen/Anpassungen.
Produktlebenszyklus	Oft kurz (durch Mode, Saison wechselndes Konsumentenverhalten).	Oft länger, insbesondere für traditionelle Industrieprodukte; sehr kurz im High-Tech-Bereich.
Produktunterstützung, Service	Nur bei besonders hochwertigen Konsumgütern (Autos, »weiße« und »braune« Ware).	Oft von entscheidender Bedeutung für die Kundenzufriedenheit und damit für langdauernde Geschäftsbeziehungen.
Verpackung	Sehr wichtig. Verkaufsförderndes Kommunikationsinstrument.	Nur für Transportzwecke.
Ästhetische Faktoren wie Farbe oder Form	Oft entscheidend für den Erfolg des Produktes.	Geringe Bedeutung.
Flop-Rate	Oft sehr hoch, 80–90 %.	Eher gering, 30–40 %.
Bedeutung der Marktforschung	Oft entscheidend für die Produktentwicklung.	Meist kein dominierender Faktor bei der Neuproduktentwicklung.

Quelle: Godefroid/Pförtsch 2008, S. 146

Anhand der Leistungsmerkmale – angefangen von den physikalisch-chemischen Eigenschaften bis hin zu den durch den Einsatz der übrigen Marketing-Instrumente übertragenen Eigenschaften – lassen sich unterschiedlich weite Dimensionen des Produktbegriffs ableiten. Im Rahmen des Marketing, insbesondere der Produktgestaltung, wird regelmäßig ein weiter, alle Leistungsmerkmale umfassender Produktbegriff zugrunde gelegt. Dieser umfasst aus Abnehmersicht neben dem Grundnutzen auch den Zusatznutzen eines Produktes, der vielfach durch den Einsatz der anderen Marketing-Instrumente gestiftet wird. Ein eng gefasster Produktbegriff bezieht sich demnach auf die Gestaltung des Grundnutzens, ein weit gefasster zusätzlich auf die Gestaltung des Zusatznutzens.

Grundnutzen vs. Zusatznutzen

Auch wenn im Business-to-Business-Marketing der Grundnutzen in der Regel im Vordergrund stehen dürfte, wirkt in vielen Bereichen auch der Zusatznutzen präferenzbildend und beeinflusst damit ursächlich die Kaufentscheidung.

Es gibt eine Reihe von **Ansätzen zur Produktgestaltung**, die darauf abzielen, die Nutzenwahrnehmung bei den Abnehmern zu beeinflussen. Diese setzen bei der Produktqualität im engeren Sinne, dem Produktäußeren sowie an sonstigen nutzenwirksamen Faktoren an:

Beeinflussung der Nutzenwahrnehmung

▸ Die **Produktqualität im engeren Sinne** bezieht sich in erster Linie auf die Gestaltung des Grundnutzens. Dieser wird zum einen beeinflusst durch die technisch-physikalischen Eigenschaften eines Produktes, den sogenannten Produktkern. Zum anderen gehören hierzu die Verwendungseigenschaften eines Produktes, die die Produktfunktion ausmachen.

▸ Das **Produktäußere** wird bestimmt durch die Produktform und -farbe sowie die Produktverpackung. Die Gestaltung des Produktäußeren zielt vorrangig auf die Erzeugung von Zusatznutzen ab.

▸ Die Gestaltung der **sonstigen nutzenwirksamen Faktoren** bezieht sich auf die Gestaltung
  – des Produktnamens bzw. der Marke,
  – der Kundendienstleistungen vor, während oder nach dem Kaufabschluss sowie
  – die Art des Einsatzes der anderen Marketing-Instrumente, d. h. der Preis-, Distributions- und Kommunikationspolitik.

Zum Einsatz kommen die Ansätze der Produktgestaltung im Rahmen der Entwicklung neuer Produkte **(Produktinnovation)** und/oder der Veränderung bestehender Produkte **(Produktvariation)**. Diese der **(Produkt-)Programmgestaltung** zuzurechnenden Instrumente sind noch zu ergänzen um die Möglichkeit, Produkte herauszunehmen oder zu ersetzen **(Produktelimination)**.

Subinstrumente der Produktpolitik

Das Instrument der **Produktinnovation** hat einen starken Bezug zu den Ausprägungen der Marktfeldstrategien Produktentwicklung und Diversifikation. Bezogen auf den Neuheitsgrad eines Produktes kann dieses die Ausprägungen der »Echten Innovation«, eines »Quasi-neuen Produktes« oder eines »Me-too-Produktes« haben. Darüber hinaus kann es sich bei einer Produktinnovation auch um eine Diversifikation (horizontal, vertikal oder lateral) handeln, wenn damit gleichzeitig auf einen bisher nicht bearbeiteten Markt vorgestoßen wird.

Ausprägungen neuer Produkte

Entwicklung
neuer Produkte

In Abhängigkeit vom Neuigkeitsgrad des Produktes und der Verwandtschaft zu dem bisherigen Angebot erfolgt der Prozess der Produktinnovation durch einen mehr oder weniger komplexen und kostenintensiven **Planungsprozess**, der in der Abbildung 82 kurz skizziert ist.

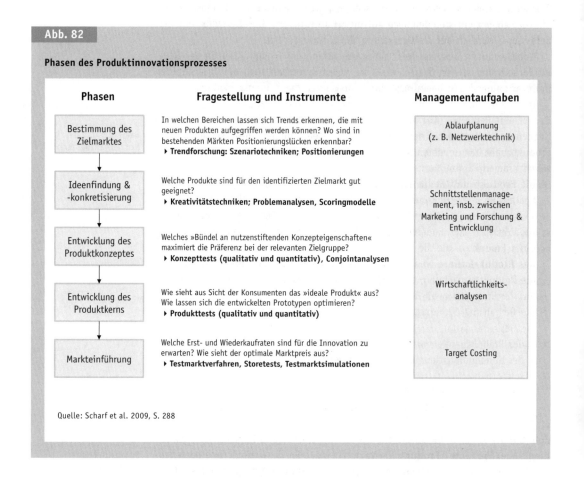

Abb. 82

Phasen des Produktinnovationsprozesses

Phasen	Fragestellung und Instrumente	Managementaufgaben
Bestimmung des Zielmarktes	In welchen Bereichen lassen sich Trends erkennen, die mit neuen Produkten aufgegriffen werden können? Wo sind in bestehenden Märkten Positionierungslücken erkennbar? ▸ **Trendforschung: Szenariotechniken; Positionierungen**	Ablaufplanung (z. B. Netzwerktechnik)
Ideenfindung & -konkretisierung	Welche Produkte sind für den identifizierten Zielmarkt gut geeignet? ▸ **Kreativitätstechniken; Problemanalysen, Scoringmodelle**	Schnittstellenmanagement, insb. zwischen Marketing und Forschung & Entwicklung
Entwicklung des Produktkonzeptes	Welches »Bündel an nutzenstiftenden Konzepteigenschaften« maximiert die Präferenz bei der relevanten Zielgruppe? ▸ **Konzepttests (qualitativ und quantitativ), Conjointanalysen**	
Entwicklung des Produktkerns	Wie sieht aus Sicht der Konsumenten das »ideale Produkt« aus? Wie lassen sich die entwickelten Prototypen optimieren? ▸ **Produkttests (qualitativ und quantitativ)**	Wirtschaftlichkeitsanalysen
Markteinführung	Welche Erst- und Wiederkaufraten sind für die Innovation zu erwarten? Wie sieht der optimale Marktpreis aus? ▸ **Testmarktverfahren, Storetests, Testmarktsimulationen**	Target Costing

Quelle: Scharf et al. 2009, S. 288

Veränderung des
Produkt-/Leistungs-
angebots

Das Instrument der **Produktvariation** kann mit der Elimination des veränderten Produktes einhergehen, aber auch eine Differenzierung des Produktangebotes beinhalten, wenn dadurch ein zusätzliches Produkt auf dem Markt, ggf. für ein anderes Zielsegment, angeboten wird.

Die **Produktelimination** ist immer dann erforderlich, wenn ein Produkt auf Grund seines Alters Umsatzrückgänge unter die Gewinngrenze verzeichnet oder Imageverluste für das restliche Angebotsprogramm zu befürchten sind.

Wesentliche Entscheidungen im Rahmen der Produktgestaltung, insbesondere der sonstigen nutzenwirksamen Faktoren, betreffen neben den genannten die Ausgestaltung der **Markenpolitik**.

Der Begriff der **Marke** kann aus unterschiedlichen Blickwinkeln betrachtet werden. Dazu gehören die juristische Sicht, die klassische Sicht und die wirkungsbezogene, konsumentenseitige Sicht.

Begriffsdimensionen der Marke

Die Begriffsdefinition **aus juristischer Sicht** lautet: »Als Marke können alle Zeichen, insbesondere Wörter einschließlich Personennamen, Abbildungen, Buchstaben, Zahlen, Hörzeichen, dreidimensionale Gestaltungen einschließlich der Form einer Ware oder ihrer Verpackung sowie sonstige Aufmachungen einschließlich Farben und Farbzusammenstellungen geschützt werden, die geeignet sind, Waren oder Dienstleistungen eines Unternehmens von denjenigen anderer Unternehmen zu unterscheiden.« (§ 3 Abs. 1 MarkenG)

Der Schutz der Marke gegen eine Verwendung des Namen durch ein anderes Unternehmen erfolgt über die Eintragung ins Markenregister – für Deutschland beim Deutschen Patent- und Markenamt in München; für Europa beim Europäischen Markenamt in Alicante. Der Schutz gilt allerdings nur innerhalb einer Warengattung wie der Markenname Bounty zeigt, der sowohl für Schokoriegel (Mars GmbH) als auch für Küchenrollen (Procter & Gamble) verwendet wird.

Schutz durch Eintrag ins Markenregister

Schützbar sind aus juristischer Sicht gemäß der oben stehenden Definition also beispielsweise Prominente (Heidi Klum), Verpackungsformen (Coca Cola-Flasche), akustische Signale (Telekom), Schriftzüge (Nivea), Zeichen (Nike) oder Farben (Telekom).

Aus **klassisch-betriebswirtschaftlicher Sicht** (Mellerowicz 1963, S. 39) sind Marken durch folgende konstitutive Merkmale zu charakterisieren:

Wiedererkennbarkeit und Überallerhältlichkeit

▸ Produkt des differenzierten Massenbedarfs,
▸ einheitliches Zeichen (Markierung),
▸ gleichbleibende Aufmachung, insbesondere der Verpackung,
▸ gleichbleibende oder verbesserte Qualität,
▸ überregionale, intensive Verbraucherwerbung,
▸ Überallerhältlichkeit (Ubiquität).

Danach wären z. B. Handels- oder Dienstleistungsmarken wie Aldi, Tchibo oder TUI nicht als Marken anzusehen. Auch stark regional bezogene Marken (z. B. Vita Cola) oder exklusive Modemarken (z. B. Prada) wären aufgrund der mangelnden Überallerhältlichkeit oder der nicht vorhandenen überregionalen, intensiven Verbraucherwerbung nicht als Marken anzusehen. Ähnliches gilt für Marken im B2B-Bereich.

Nicht zuletzt aus diesem Grund gilt heute eine **wirkungsbezogene Sicht** des Markenbegriffs, in dessen Fokus die Einflüsse, die von Marken auf die Wahrnehmungen und Präferenzen der Konsumenten ausgehen und weitgehend deren Kaufverhalten bestimmen: »**Marken** sind Vorstellungsbilder in den Köpfen der Anspruchsgruppen, die eine Identifikations- und Differenzierungsfunktion übernehmen und das Wahlverhalten prägen.« (Esch et al. 2008, S. 194).

Identifikation und Differenzierung

Das zentrale Ziel der Markenbildung besteht in der Erzeugung von abnehmerseitigen Präferenzen für homogene, substituierbare Güter. Dementsprechend ist die Markierung als zentrales präferenzstrategisches Instrument anzusehen. Sie findet ihren Ausdruck durch einen Markennamen (unterschiedliche Firmen- oder

Präferenzbildung

Eigennamen) und/oder durch ein Markenzeichen (Symbole, Farben und/oder Schriftzüge).

Hinsichtlich des Aufbaus und der Pflege von Marken lassen sich unterschiedliche Strategien, sog. **Marken-Strategien**, unterscheiden, die sich durch spezifische Vor- und Nachteile charakterisieren lassen (vgl. Becker 2006, S. 195 ff.):

▸ **Einzel- bzw. Mono-Marken-Strategie:** Jedes Marktsegment wird nur von einer Marke bearbeitet. Der Vorteil liegt in der Möglichkeit, eine stark individuelle Markenpersönlichkeit aufzubauen. Nachteilig ist, dass sämtliche Marketingaufwendungen von einem Produkt getragen werden müssen.

▸ **Company-Marken-Strategie:** Der Firmenname wird mit dem gesamten Angebotsprogramm verbunden. Hier werden alle Marketingaufwendungen von allen Produkten gemeinsam getragen. Dafür ist die Marke weniger klar positioniert. Außerdem werden eventuell auftretende Imageschäden eines Produktes leicht auf die anderen übertragen. So benennt der weltgrößte Automobilzulieferer, die Robert Bosch GmbH aus Gerlingen bei Stuttgart, die meisten seiner Produkte, ob Scheibenwischer, Einspritzpumpe oder Antriebsschlupfregelung, mit dem Firmennamen Bosch.

▸ **Range-Marken-Strategie** (Produktgruppen- oder Familien-Marke): Verschiedene Einzelprodukte einer Produktgruppe werden unter einer Marke angeboten. Der Hersteller wird dabei nicht herausgestellt. Hinsichtlich der Vor- und Nachteile ist diese Strategie als Kompromiss zwischen Mono- und Company-Marken-Strategie anzusehen. Ein Beispiel dafür ist die Schaeffler Technologies GmbH & Co. KG, ein Familienunternehmen aus dem Maschinenbau mit Sitz in Herzogenaurach. Die unterschiedlichen Produktfamilien werden jeweils unter eigener Marke angeboten: INA und FAG für Wälzlager, Luk für Kupplungen und Continental für Reifen.

▸ **Mehr-Marken-Strategie:** Ein Produkt wird unter verschiedenen Marken angeboten, um damit unterschiedliche Marktsegmente ansprechen und den Markt optimal ausschöpfen zu können. Nachteilig können sich hier ggf. Substitutionseffekte zwischen den Marken (sog. Kannibalisierungseffekt) auswirken.

Aufgrund des zunehmenden Wettbewerbs auch auf Business-to-Business-Märkten und der daraus resultierenden Notwendigkeit der Kundenbindung über Wiedererkennung, USP und Qualitätsgarantien gewinnt gerade im Produktgeschäft die Markenpolitik zunehmend an Bedeutung (vgl. ausführlich zum Thema Markenpolitik und Markenmanagement im Business-to-Business-Marketing Pförtsch/Schmid 2005).

Abschließend zur Produktpolitik sei auf die **Verpackungsgestaltung** als wichtiges Instrument der Produktgestaltung, vor allem für Markenartikel, hingewiesen. Verpackung kann als Sammelbegriff für jegliche Art von Umhüllung eines oder mehrerer Produkte angesehen werden. Im Laufe der Zeit wurden ihr zunehmend umfangreichere Funktionen zugeordnet. Hierzu gehören:

Marken-Strategien – stategische Ansätze mit unterschiedlichen Vor- und Nachteilen

Zunehmende Bedeutung der Markenpolitik

- ▶ Schutzfunktion,
- ▶ Transport- und Lagerfunktion,
- ▶ Mengenabgrenzungsfunktion,
- ▶ Werbefunktion,
- ▶ Identifizierungsfunktion,
- ▶ Informationsfunktion.

Funktionen
der Verpackung

Allgemein kann davon ausgegangen werden, dass die Werbefunktion der Verpackung im Business-to-Business Geschäft eine stark untergeordnete Rolle spielt. In der Regel werden die Produkte direkt oder über den Fachgroßhandel vorselektiert vertrieben – und dies fast ausschließlich über Zustellung/Versand. Eine kommunikative Ansprache zur Abhebung wie bei Konsumgütern am Point of Sale ist daher nicht erforderlich.

Zusammenfassung Kapitel 3.2.1

Die Vermarktung von Leistungen im Produktgeschäft orientiert sich stark am Einsatz des Marketinginstrumentariums für Konsumgüter, da die Marktbedingungen sich ähnlich gestalten. Auch im Produktgeschäft handelt es sich um einen anonymen (Massen-) Markt, und es liegt in der Regel keine Verbundbeziehung zwischen Einzelkaufentscheidungen vor.

Für die Gestaltung des Marketing-Mix im Produktgeschäft stehen dementsprechend eine Vielzahl an Subinstrumenten aus dem Konsumgütermarketing zur Verfügung, die hier in komprimierter Weise dargestellt wurden.

In der Produktpolitik sind dies im Wesentlichen die Fragen zur Produktgestaltung, zur Produktinnovation, -variation und -differenzierung sowie zur Markenpolitik.

3.2.2 Preispolitik

Der **Preis** stellt eine wesentliche Eigenschaft eines Produktes dar und ist zugleich das Äquivalent für den Erwerb eines Produktes oder die Erbringung einer Leistung. Die **Leistung** bezeichnet dabei die Gesamtheit aller Nutzen stiftenden Komponenten, die ein Nachfrager in Anspruch nimmt. Nachfrager bzw. Konsumenten betrachten Preise jedoch nicht isoliert, sondern beziehen in ihre Kaufentscheidungen regelmäßig das **Preis-/Leistungsverhältnis** ein (vgl. Simon/Fassnacht 2009, S. 9).

Preis als wesentliche
Produkteigenschaft

Zu beachten ist also das Verhältnis zwischen dem Preis und dem Nutzen eines Gutes, der sogenannte **Nettonutzen**: Nettonutzen = Nutzen – Preis.

Will ein Anbieter seine Leistung für die Konsumenten attraktiver machen, so hat er zwei Möglichkeiten: Einerseits kann er durch den Einsatz der Produkt-, Distributions- und Kommunikationspolitik die Nutzenstiftung erhöhen. Andererseits kann er den vom Kunden wahrgenommenen Preis für den Erwerb des Produktes bzw. die Inanspruchnahme der Leistung verringern.

Entgelt-/Kontrahierungspolitik

Inhalt der **Preispolitik** sind alle absatzpolitischen Maßnahmen zur ziel- und marktgerechten Gestaltung des vom Käufer wahrgenommenen Verhältnisses zwischen dem Preis und der Nutzenstiftung einer Sach- und/oder Dienstleistung (vgl. Scharf et al. 2009, S. 318). Da im Zusammenhang mit dem Preis meist nicht nur die Preishöhe, sondern auch Liefer- und Zahlungsbedingungen, Rabatte, Boni, Skonti etc. festgelegt oder verhandelt werden, wird die Preispolitik mitunter auch als Entgelt- oder Kontrahierungspolitik bezeichnet.

Preisentscheidung

Im Mittelpunkt der Preispolitik steht die **Preisentscheidung**. Für diese können zum einen unterschiedliche Anlässe, zum anderen unterschiedliche Ansätze bzw. Methoden unterschieden werden.

Anlässe der Preisentscheidung können sein:

… Gründe und Zeitpunkte

▸ Die **erstmalige Festlegung** eines Preises bei der Aufnahme eines neuen Produktes in das Absatzprogramm, den Eintritt in einen neuen Markt oder ein zu erstellendes Angebot bei Ausschreibungen.

▸ Die **gelegentliche Änderung** bzw. Anpassung von Preisen, z.B. bei Veränderung der Kostensituation in Beschaffung, Produktion oder Vertrieb, bei Nachfrageänderungen, bei Änderung des Konkurrenzverhaltens oder veränderten gesetzlichen Vorschriften.

▸ Schließlich treten auch **einmalige Anlässe** auf, z.B. bei Abverkauf vor einem Rückzug aus dem Markt oder Sonderverkäufen (Saisonschluss-, Jubiläums-, Konkursverkäufe).

… Verfahren

Ansätze der Preisentscheidung sind:

▸ **Kostenorientierte Verfahren**, welche die Preisbildung auf Basis der im Unternehmen innerhalb der Leistungserstellung angefallenen Aufwendungen berücksichtigen. Zentrales Ziel ist es, die durch die Herstellung des Produktes verursachten Kosten zu decken.

▸ **Marktorientierte Verfahren**, welche die Preisbildung primär auf Basis des Preisverhaltens der **Nachfrager** und/oder der Preispolitik der **Konkurrenten** vornehmen. Ziel ist es, mit der Preisgestaltung die Absatzchancen zu optimieren.

Kostenorientierte Preisfestsetzung

Kosten als Ausgangspunkt

Unmittelbaren Einfluss auf die Preisentscheidung haben naturgemäß die Kosten für die Erstellung und den Vertrieb der Produkte/Leistungen. Es gilt, diese zu decken und nach Möglichkeit mit einem Gewinnaufschlag zu versehen.

Um die Kosten zu ermitteln und darauf basierend den Angebotspreis zu ermitteln, stehen zwei Arten von Kalkulationsverfahren zur Verfügung: die Vollkostenrechnung und die Teilkostenrechnung.

Vollkostenansatz

Bei der **Preisfestsetzung auf Vollkostenbasis** werden alle im Unternehmen anfallenden variablen und fixen Kosten auf die Kostenträger (Produkte) verteilt. Der ermittelten Kostensumme wird ein Gewinnaufschlag zugeschlagen. Das Ergebnis ist der Preis (**progressive Kalkulation**). Gängige Verfahren der Vollkostenrechnung sind die (ein-, zwei- oder mehrstufige) Divisionskalkulation und die Zuschlagskalkulation.

Vorteile der Preisfestsetzung auf Vollkostenbasis sind in der relativ einfachen Handhabung der Methoden, die einen geringen Aufwand der Informationsbeschaffung erfordern, sowie der Vermeidung von Preiskämpfen zu sehen. Die Vermeidung von Preiskämpfen ist vor allem dann möglich, wenn die Methode in der jeweiligen Branche und bei ähnlichen Kostenstrukturen weit verbreitet ist. **Nachteile** entstehen gegebenenfalls durch die Aufgabe einer aktiven Preispolitik, die nicht verursachungsgerechte Verteilung der Kosten sowie der nicht berücksichtigten Wechselwirkung zwischen Preis und Kosten (vgl. u.a. Scharf et al. 2009, S. 323). Das folgende Beispiel verdeutlicht dies (vgl. ähnlich Scharf et al. 2009, S. 324).

Verfahren der Vollkostenrechnung

Beispiel **Progessive Kalkulation**

▶▶▶ Ein Student hat die Idee, sich selbstständig zu machen. Er verfügt über eine Personenbeförderungsberechtigung sowie einen guten Kontakt zu einem Reiseunternehmen, bei dem er am Wochenende einen Bus mieten kann. Seine Idee ist es, Tagesausflüge in ein nahegelegenes Naturschutzgebiet anzubieten. Seine Kosten pro Tag belaufen sich auf 1.200,- €. Der Bus verfügt über 60 Sitzplätze.

Gefahr einer unreflektierten Anwendung der Vollkostenrechnung

Er rechnet damit, dass sich die Reise gut verkaufen wird. Die Selbstkosten betragen bei voller Auslastung 1.200,- € / 60 Personen = 20,- €/Fahrgast. Er bietet die Tickets daher zunächst für 30,- €. Damit hätte er bei voller Auslastung 600,- € Gewinn. Am ersten Sonntag buchen tatsächlich 40 Personen den Ausflug. Somit hat der Student gerade seine Kosten von 1.200,- € gedeckt. Da er aber auf Gewinn angewiesen ist, erhöht er den Preis auf 35,- €. Am nächsten Sonntag buchen jedoch nur noch 30 Personen den Ausflug. Sein Umsatz beträgt nun nur noch 1.050,- € und er muss einen Verlust von 150,- € hinnehmen. Auf Basis seiner Kostenrechnung stellt er fest, dass die Kosten pro Fahrgast 1.200,- € / 30 Personen = 40,- €/Fahrgast betragen haben. Um endlich Geld zu verdienen erhöht er also abermals den Preis auf 40,- €, jedoch mit der Folge, dass nun nur noch 20 Personen buchen...

Nach dieser Erfahrung verwirft der Student das Vollkostenprinzip. Er wagt einen letzten Versuch und setzt den Preis auf 25,- €. Am nächsten Sonntag ist der Bus ausgebucht und er erzielt immerhin einen Überschuss von 300,- €. Die Selbstkosten sind nun auf 20,- €/Fahrgast gesunken.

Dieses Beispiel verdeutlicht die Gefahr einer progressiven Kalkulation und die erforderliche Berücksichtigung der Zusammenhänge zwischen Preis, Absatzmenge und Stückkosten: Mit geringerem Preis steigt die Absatzmenge und die Kosten pro Stück sinken. ◀◀◀

Teilkostenansatz –
Berücksichtigung nur
der variablen Kosten

Bei der **Preisfestsetzung auf Teilkostenbasis** werden nur die variablen, unmittelbar durch die Produktion des jeweiligen Produktes entstandenen Kosten, in die Kalkulation einbezogen. Zentrales Instrument ist die **Deckungsbeitragsrechnung**, deren Ausgangspunkt der Preis darstellt (retrograde Kalkulation). Unterschieden werden hier zwei Methoden: Beim **Direct Costing** werden alle Fixkosten der Summe der Deckungsbeiträge als Block gegenübergestellt. Bei der **Stufenweisen Fixkostendeckungsrechnung** werden die angefallenen Fixkosten in mehrere Teilbereiche aufgespalten und so Deckungsbeiträge auf verschiedenen Ebenen mit unterschiedlicher Aussagekraft erzeugt.

Markt- bzw. nachfrageorientierte Preisfestsetzung

Abnehmer als Ausgangs-
punkt

Die **markt- bzw. nachfrageorientierte Festsetzung** des Angebotspreises basiert auf der Einschätzung des Preisverhaltens der Abnehmer. Zur Erklärung des Preisverhaltens der Abnehmer lassen sich zwei Arten von Modellen unterscheiden: Die Grundmodelle der klassischen betriebswirtschaftlichen Preistheorie und die verhaltenswissenschaftlichen Modelle der Preistheorie.

Beachtung der preis-
bezogenen Nachfrage-
reaktion

Die **Preis-Absatz-Funktion** als wichtiges Grundmodell der klassischen Preistheorie zeigt den Zusammenhang zwischen der Höhe der Preisforderung p für ein Erzeugnis i und der zu erwartenden Absatzmenge A für dieses Erzeugnis. Sie stellt demnach den geometrischen Ort aller mengenmäßigen Reaktionen der Nachfrager auf verschiedene Preisforderungen des Anbieters dar. Im einfachsten Fall ist die Preis-Absatz-Funktion als linear anzusehen. Empirisch am besten fundiert ist die **doppelt geknickte Preis-Absatz-Funktion**, die auf Gutenberg zurückgeht. Der darin enthaltene **monopolistische Preisspielraum** ist insbesondere bei Produkten zu finden, die einer Präferenzstrategie unterliegen und für die mit Hilfe der anderen absatzpolitischen Instrumente (z. B. im Rahmen der Markenpolitik) eine starke Präferenz erzeugt wurde. Innerhalb des monopolistischen Preisspielraums gelingt es, trotz Preiserhöhungen viele (Stamm-)Kunden zu halten. Erst oberhalb der Preisschwelle werden auch viele dieser Kunden das Produkt oder die Marke nicht mehr kaufen. Die Abbildung 83 verdeutlicht dieses Phänomen.

Die Steilheit der Preis-Absatz-Funktion ist ein Indiz für die Preissensibilität der Nachfrager, die sich in der **Preiselastizität der Nachfrage** ausdrücken lässt. Diese berechnet sich aus dem Verhältnis zwischen der relativen Änderung der Ausgangsmenge und der relativen Änderung des Preises. In der Abbildung 84 ist der Zusammenhang verdeutlicht.

Beachtung psychischer
Faktoren

Die **verhaltenswissenschaftlichen Modelle** der Preistheorie beziehen psychische Faktoren zur Unterstützung der Preisentscheidung ein. Untersuchungsparameter sind (vgl. Diller 2008, S. 86 ff.):

▸ das **Preisinteresse** der Nachfrager, das sich aus dem mehr oder weniger starkem Bedürfnis ergibt, nach Preisinformationen zu suchen und diese bei der Einkaufsentscheidung zu berücksichtigen.

▸ die subjektive Beurteilung der **Preisgünstigkeit**, die sich aus dem Vergleich zu den Preisen der Konkurrenzprodukte ergibt; die Qualität und Nutzenstiftung bleiben dabei unberücksichtigt.

Abb. 83

Doppelt geknickte Preis-Absatz-Funktion nach Gutenberg

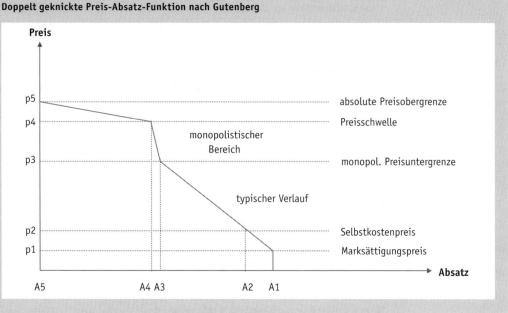

Abb. 84

Preis-Absatz-Funktion und Preiselastizität der Nachfrage

Preiselastizität der Nachfrage =

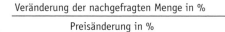

$$\text{Preiselastizität der Nachfrage} = \frac{\text{Veränderung der nachgefragten Menge in \%}}{\text{Preisänderung in \%}}$$

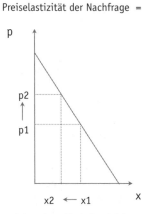

(a) geringe Preiselastizität,
unelastische Nachfrage

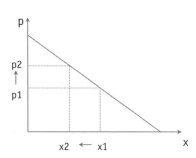

(b) hohe Preiselastizität,
elastische Nachfrage

▸ die subjektive Beurteilung der **Preiswürdigkeit**, die auf dem Vergleich von Preis und Nutzen basiert. Eine Sonderform ist dabei die kategoriale Preiswürdigkeitsbeurteilung, bei der der objektive Preis und die Qualitäten verschiedener Produkte in subjektive, kategorial gestufte Empfindungswerte transformiert werden.

Wettbewerbsorientierte Preisfestsetzung

Konkurrenz als Ausgangspunkt

Die **wettbewerbsorientierte Festsetzung** des Angebotspreises steht in einem engen Zusammenhang mit den konkurrenzgerichteten Marketingstrategien sowie der Marktform, in der sich ein Unternehmen bewegt. Geht man von einem Angebotsoligopol (wenige Anbieter, viele Nachfrager) aus, so lassen sich nach Gutenberg (1984, S. 266 f.) drei preispolitische Verhaltensmuster unterscheiden: wirtschaftsfriedliches Verhalten, Koalitionsverhalten und Kampfverhalten.

Grundsätzlich lassen sich in Bezug auf die Preise der Wettbewerber drei Alternativen der Preisfestsetzung unterscheiden. Diese sind recht grundlegender Natur, werden über längere Zeit verfolgt und sind daher auch den Preisstrategien zuzuordnen:

Alternatives Verhalten

▸ Unter Konkurrenzpreisniveau – **Preiskampf** (Kampfverhalten). Dies wird vielfach bei Eintritt in einen neuen Markt im Zuge der Marktdurchdringung angewendet. Erfolgsvoraussetzung ist jedoch eine hohe Preiselastizität der Nachfrage.

▸ Auf Konkurrenzpreisniveau – **Preisfolgerschaft** (wirtschaftsfriedliches Verhalten oder Koalitionsverhalten). Dies erscheint dann sinnvoll, wenn eine Orientierung am Preisführer erfolgen muss, z. B. weil eine Präferenzbildung in dem Markt schwierig und die Preiselastizität der Nachfrage gering ist.

▸ Über Konkurrenzpreisniveau – **Preisführerschaft** (wirtschaftsfriedliches Verhalten oder Koalitionsverhalten). Dies ist insbesondere bei der Einführung innovativer Produkte oder bei prestigeträchtigen Marken mit hoher Präferenzbildung möglich. Die Preissetzung des Anbieters dient den Wettbewerbern als Orientierung.

Gewinnschwellenanalyse

Ein hilfreiches Analyseinstrument zur Unterstützung und Überprüfung der kosten- und marktorientierten Preisentscheidung stellt die **Break-Even-Analyse** dar. Hier werden bei gegebenem Preis die Umsatz- und Kostenkurven gegenübergestellt. Die Gewinnschwelle liegt bei der Absatzmenge, bei der die entstandenen (erwarteten) Umsätze gleich den entstandenen (erwarteten) Kosten sind. Der Schnittpunkt beider Kurven ergibt demnach den Break-Even-Point, wie der nachfolgenden Abbildung 85 zu entnehmen ist.

Neben den eher operativ orientierten Entscheidungsansätzen zur Festsetzung der Preise einzelner Produkte stehen im Rahmen der Preispolitik weitere grundlegend strategisch ausgerichtete Gestaltungsinstrumente zur Verfügung.

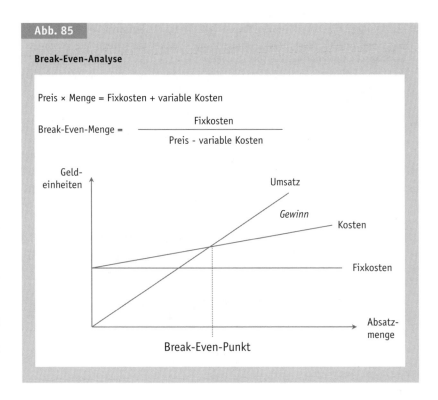

Abb. 85

Break-Even-Analyse

Preis × Menge = Fixkosten + variable Kosten

$$\text{Break-Even-Menge} = \frac{\text{Fixkosten}}{\text{Preis - variable Kosten}}$$

Preisstrategien

Hierzu gehört die Entscheidung über die grundsätzliche **Preispositionierung (Preislagenstrategie)** einzelner Produkte bzw. des gesamten Produktprogramms, welche die Entscheidung über die Ansprache des oberen, mittleren oder unteren Preissegmentes beinhaltet.

Die Ausgestaltung von Preislagenstrategien steht regelmäßig in engem Zusammenhang mit der Entscheidung über das Qualitäts- bzw. Leistungsniveau, wie in der Abbildung 86 verdeutlicht.

Innerhalb des verdeutlichten Korridors gilt das Preis-Leistungs-Verhältnis als ausgeglichen. Hier gibt es drei **Standardstrategien**:

▸ Eine **Hochpreisstrategie** (Premiumpreisstrategie) beinhaltet die Realisation eines hohen Preisniveaus durch besondere Leistungsvorteile (hohe Qualität der Leistung) für die Kunden. Dabei steht zumeist nicht der Preis, sondern die angebotene Leistung im Vordergrund (z. B. Premiummarken).

▸ Die **Mittelpreisstrategie** verbindet Durchschnitts- oder Standardqualität mit mittleren Preisen (z. B. Handelsmarken).

▸ Eine **Niedrigpreisstrategie** zielt auf die Realisation des geringsten Preises bei einer Mindestqualität (z. B. Gattungsmarken).

Preislagenstrategien – Ansprache eines bestimmten Preissegmentes

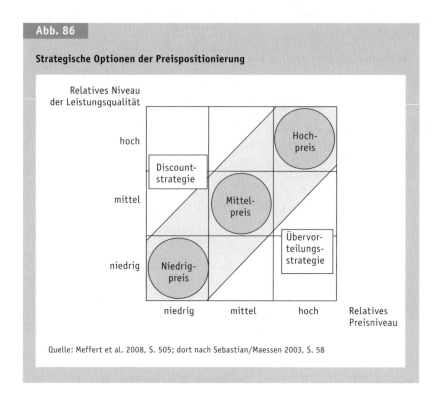

Abb. 86

Strategische Optionen der Preispositionierung

Relatives Niveau der Leistungsqualität

hoch — Discount-strategie — Hoch-preis

mittel — Mittel-preis

niedrig — Niedrig-preis — Übervor-teilungs-strategie

niedrig — mittel — hoch — Relatives Preisniveau

Quelle: Meffert et al. 2008, S. 505; dort nach Sebastian/Maessen 2003, S. 58

Discountstrategie als »Ausnahmestrategie«

Neben diesen Standardstrategien innerhalb des Korridors eines ausgeglichenen Preis-Leistungs-Verhältnisses gibt es auch die Möglichkeit, diesen Korridor zu verlassen. Eine sogenannte Discountstrategie bietet ein Mehr an Leistung und ist eine in der Realität häufig zu findende und erfolgreiche Strategie. Bei einer Übervorteilungsstrategie wird ein im Verhältnis zur Leistung höherer Preis verlangt. Diese Form der Strategie ist in der Realität nur in Fällen mangelnder Alternativen oder hoher Marktintransparenz realisierbar.

Skimming vs. Penetration

Auch im **Verlauf des Lebenszyklus** eines Produktes finden unterschiedliche Strategien Anwendung. In der Einführungsphase werden die Skimmingstrategie (Strategie der Marktabschöpfung) und die Penetrationsstrategie (Strategie der Marktdurchdringung) unterschieden. Die Abbildung 87 verdeutlicht zunächst den idealtypischen Verlauf der Preise bei beiden Strategien.

Hoher Einführungspreis

Die **Skimmingstrategie** ist gekennzeichnet durch einen hohen Einführungspreis zu Beginn des Produktlebenszyklus, der mit zunehmender Markterschließung und wachsendem Konkurrenzdruck schrittweise gesenkt wird. Ziel ist es, möglichst schnell Gewinne abzuschöpfen, um beispielsweise hohe Entwicklungskosten wieder einzuspielen. Im Wesentlichen werden hierbei die Innovatoren und Frühadopter angesprochen. Die Gefahr dieser Strategie besteht darin, dass durch die hohen Preise und Ertragschancen schnell Konkurrenten angelockt werden und dadurch die Amortisation gefährdet wird.

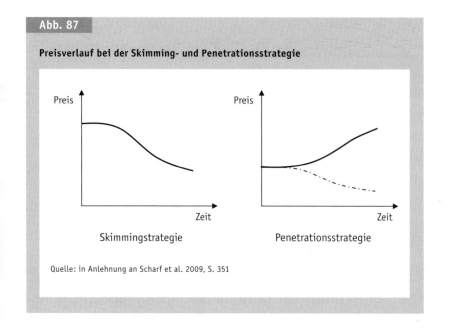

Abb. 87

Preisverlauf bei der Skimming- und Penetrationsstrategie

Skimmingstrategie

Penetrationsstrategie

Quelle: in Anlehnung an Scharf et al. 2009, S. 351

Die **Penetrationsstrategie** geht den umgekehrten Weg. Hier wird mit einem niedrigen Einführungspreis eine weitgehende Marktdurchdringung angestrebt. Ist eine marktbeherrschende Stellung, z. B. durch Präferenzbildung erreicht, wird der Preis ggf. schrittweise angehoben (Diller 2008, S. 289 ff.). Naheliegend ist diese Form der Strategie vor allem bei einer hohen Preissensibilität und damit hohen Preiselastizität der Nachfrage. Der Vorteil dieser Strategie besteht darin, dass potenzielle Wettbewerber durch die geringen Preise zunächst abgeschreckt werden (Markteintrittsbarrieren) und Kostensenkungspotenziale aufgrund großer Mengen realisierbar sind. Das Risiko besteht darin, dass die Amortisationsdauer zu hoch ist und geplante spätere Preiserhöhungen mitunter schwer oder aufgrund geänderter Markt-/Wettbewerbsbedingungen überhaupt nicht mehr durchsetzbar sind. Die Abbildung 88 fasst die Charakteristika der beiden Strategien zusammen.

Niedriger Einführungspreis

Ein Ansatz zur Aufteilung bzw. Segmentierung von Märkten z. B. im Rahmen der Marktparzellierungsstrategie ist die Möglichkeit der **Preisdifferenzierung**. Diese beinhaltet die systematische und gezielt unterschiedliche Preisstellung für eine gleichartige Sach- und/oder Dienstleistung, unter der Voraussetzung, dass die Preisdifferenz größer ist, als eventuell auftretende Kosten- oder Leistungsunterschiede. Ziel der Preisdifferenzierung ist es, das vorhandene Marktpotenzial möglichst optimal auszuschöpfen und so den Unternehmensgewinn zu erhöhen (vgl. Scharf/Schubert 2009, S. 341 f.).

Gezielte Ausschöpfung des Marktpotenzials

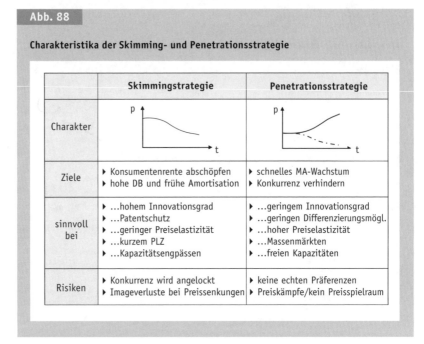

Abb. 88

Charakteristika der Skimming- und Penetrationsstrategie

	Skimmingstrategie	Penetrationsstrategie
Charakter		
Ziele	▸ Konsumentenrente abschöpfen ▸ hohe DB und frühe Amortisation	▸ schnelles MA-Wachstum ▸ Konkurrenz verhindern
sinnvoll bei	▸ ...hohem Innovationsgrad ▸ ...Patentschutz ▸ ...geringer Preiselastizität ▸ ...kurzem PLZ ▸ ...Kapazitätsengpässen	▸ ...geringem Innovationsgrad ▸ ...geringen Differenzierungsmögl. ▸ ...hoher Preiselastizität ▸ ...Massenmärkten ▸ ...freien Kapazitäten
Risiken	▸ Konkurrenz wird angelockt ▸ Imageverluste bei Preissenkungen	▸ keine echten Präferenzen ▸ Preiskämpfe/kein Preisspielraum

Unterschieden werden können zwei **Arten**:

Abgrenzbarkeit der Teilmärkte als grundlegende Fragestellung

▸ Bei der **horizontalen Preisdifferenzierung** werden unterschiedliche Preissegmente innerhalb eines Teilmarktes angesprochen und ausgenutzt.
▸ Bei der **vertikalen Preisdifferenzierung** werden unterschiedliche Preis-Absatz-Funktionen von mehreren, eindeutig abgrenzbaren Teilmärkten ausgenutzt, um unterschiedliche Preise durchzusetzen und so den Gesamtgewinn des Unternehmens zu erhöhen.

Umgesetzt werden kann die Preisdifferenzierung in den **Formen** der
▸ zeitlichen,
▸ räumlichen,
▸ personellen,
▸ verwendungsbezogenen und
▸ mengenbezogenen Preisdifferenzierung.

Konditionenpolitik

Kundenspezifische Modifikation der Leistungen

Ergänzend zu der Festlegung des Preises sowie im Rahmen der vorgestellten Preisstrategien können weitere **Konditionen** entschieden werden. Dabei handelt es sich kundenspezifische Modifikationen der sonst üblichen Leistungen, die zwischen Anbieter und Abnehmer vereinbart werden (vgl. Steffenhagen 2003, S. 577). Die preispolitische Feinsteuerung mittels der **Konditionenpolitik** dient zum einen dazu, die unterschiedlichen Zahlungsbereitschaften der Kunden bestmöglich abzuschöpfen. Zum anderen sollen die Abnehmer in gewünschter Weise beeinflusst werden (z.B. Abnahme größerer Mengen, frühere Bestellung, schnellere Zahlung) (vgl. Simon/Fassnacht 2009, S. 380).

Zielgerichtete Beeinflussung und Abschöpfung

Die wesentlichen Instrumente der Konditionenpolitik sind die Gewährung von Rabatten oder Absatzkrediten sowie die Lieferungs- und Zahlungsbedingungen.

Rabatte

Von dem strategischen Instrument der Preisdifferenzierung abzugrenzen ist die eher operativ ausgerichtete Gewährung von **Rabatten**. Dies sind Abschläge (Nachlässe) auf formell festgelegte und bekannt gegebene Preise (Listenpreise) im Rahmen der **Rabattpolitik**. Solche Rabatte sind häufig an Leistungen der Abnehmer geknüpft.

An (Gegen-)Leistungen der Abnehmer gebundene Preisnachlässe

Entsprechend der Zielgruppe, der diese Rabatte gewährt werden, können aus Herstellersicht zwei grundlegende **Formen** abgegrenzt werden: **handelsbezogene** Rabatte in Form des Funktionsrabattes, des Mengenrabattes, des Treuerabattes und des Zeitrabattes sowie **verbraucherbezogene** Rabatte in Form des Barzahlungsrabattes oder Treuerabattes (Rabattmarken). Diese **Rabattformen** sollen nachfolgend kurz erläutert werden (vgl. dazu Meffert et al. 2008, S. 545; Simon/Fassnacht 2009, S. 381f.).

Rabattformen

▸ **Funktionsrabatte** sind Entgelte seitens des Herstellers, die dem Handel für die Übernahme bestimmter Absatzfunktionen des Herstellers gewährt werden. Dazu gehören z.B. Aufgaben des Transports, der Lagerhaltung, des Kundendienstes etc. Vielfach werden auch direkte (Werbekosten-)Zuschüsse (so genannte WKZ) gewährt, z.B. für besondere Platzierungen, Verkaufsförderungsaktionen etc.

▸ **Mengenrabatte** werden auf Basis der Abnahmemengen gewährt. Der Hersteller gibt hier quasi Kosteneinsparungen in Produktion, Logistik und Vertrieb an den Handel weiter. Umsetzbar ist dies sowohl in Form fester Beträge, als auch in Form proportionaler oder überproportionaler Mengenrabatte (Rabattstaffeln).

▸ Eine Sonderform des Funktions- und/oder Mengenrabattes sind **Boni**. Hierbei handelt es sich um rückwirkend gewährte Nachlässe, z.B. aufgrund der Abnahme bestimmter Mengen oder der Übernahme bestimmter Funktionen durch den Abnehmer (z.B. Einhalten einer bestimmten Qualität der Warenpräsentation). Ziel ist es, das Verhältnis zwischen Lieferant und Kunde zu stabilisieren und die Kundenbindung auszubauen. Im Konsumgüterbereich sind Bonusprogramme wie Payback sehr beliebt.

▸ **Treuerabatte** stehen den Mengenrabatten und Boni sehr nahe. Hier werden Preisnachlässe für die Bezugstreue gewährt, d.h. für den Nachweis der ausschließlichen oder überwiegenden Abnahme von Waren des Anbieters.

▸ **Zeitrabatte** sind Rabatte, die für Leistungen des Abnehmers zum Zeitpunkt der Bestellung gewährt werden. Dazu gehören Vorbestellungs-, Saison-, Einführungs-, Aktions- und Auslaufrabatte.

▸ **Barzahlungsrabatte** (Skonti) werden für die unverzügliche Zahlung des Rechnungsbetrages gewährt. Ziel ist es, aus Sicht des Anbieters finanzwirtschaftliche Risiken zu reduzieren. Aus Abnehmersicht stellt dies ein Entgelt für die Nichtinanspruchnahme eines Lieferantenkredites dar.

Die **Absatzkreditpolitik** umfasst alle Maßnahmen eines Anbieters, die potenziellen Kunden mittels der Gewährung oder Vermittlung von Krediten oder Leasingangeboten zum Kauf der Produkte bzw. Leistungen veranlassen (vgl. Meffert et al. 2008, S. 548). Ziel ist es, neue Kunden zu gewinnen und/oder das Absatzvolumen der bestehenden Kunden zu erhöhen. Auch kann darüber das zeitliche Nachfrageverhalten gesteuert werden. Gestaltungsparameter sind die Kredithöhe, Laufzeit, Tilgungsmodalitäten, Zinshöhe und Zinsbindungsdauer sowie die Kreditsicherung.

Finanzierungs- und Leasingangebote

Gegenüber dem Einzelhandel gewährte **Absatzkredite** dienen der Verbesserung der Lieferbereitschaft des Handels, der Reduzierung großer Lagerbestände beim Hersteller oder der Durchführung verdeckter Preissenkungen (vgl. Meffert et al. 2008, S. 548). Gegenüber dem Endkunden spielt die psychologische Wirkung geringer Beträge für Zins und Tilgung gegenüber einem relativ hohen Gesamtpreis oftmals eine Rolle. Mit der Möglichkeit des vorgezogenen Kaufs wird ein Nutzenzuwachs verbunden, auch wenn der Teilzahlungspreis mitunter erheblich über dem Barpreis liegt (vgl. Scharf et al. 2009, S. 356).

Unterschiedliche Zielsetzungen

Kredite können in unterschiedlichen **Formen** realisiert werden:

Kreditfinanzierung

- ▸ Bei der **Alleinfinanzierung** ist der Anbieter auch der Kreditgeber, die Finanzierung erfolgt aus eigenen Mitteln.
- ▸ Bei der **Refinanzierung** ist der Anbieter auch der Kreditgeber, die Finanzierung erfolgt jedoch über Dritte (z. B. Bank).
- ▸ Bei der **Drittfinanzierung** sind Anbieter und Kreditgeber unterschiedlich. Geldgeber und somit Vertragspartner des Kreditnehmers ist z. B. eine Teilzahlungsgesellschaft.

Eine spezielle Form der Absatzkreditpolitik ist das **Leasing**. Dieses stellt eine bestimmte Art der Vermietung vor allem langlebiger Investitions- und Gebrauchsgüter dar (vgl. Wöhe/Bilstein 2002, S. 279). Der Kunde erwirbt dabei nicht das Eigentum, sondern lediglich das Nutzungsrecht für einen bestimmten Zeitraum. Dafür muss er regelmäßige Zahlungen (Leasing-Raten) leisten. Diese setzen sich zusammen aus dem Wertverlust des Leasingobjekts während der Nutzung und den Kosten für das Kapital, welches zum Erwerb des Leasingobjekts verwendet wurde. Zu unterscheiden sind das **direkte Leasing** und das indirekte Leasing. Beim direkten Leasing tritt der Hersteller selbst als Leasinggeber auf, während beim **indirekten Leasing** eine Leasinggesellschaft eingeschaltet wird, die das Mietobjekt vom Hersteller erwirbt und damit das Finanzierungsrisiko übernimmt (vgl. Scharf et al. 2009, S. 357 f.).

Nutzungsrecht statt Eigentum

Die **Lieferungs- und Zahlungsbedingungen** sind in der Regel im Kaufvertrag festgehalten und regeln den Inhalt und das Ausmaß der angebotenen bzw. erbrachten Leistungen. Sie sind häufig in den Allgemeinen Geschäftsbedingungen (AGB) festgehalten, die in einigen Branchen (z. B. Touristik, Banken) einheitlich festgelegt sind. In anderen Branchen sind sie gestaltbar und daher auch zur Profilierung im Wettbewerb geeignet (vgl. Meffert et al. 2008, S. 547).

Festlegung von Leistung und Gegenleistung

Die **Lieferungsbedingungen** spezifizieren Inhalt und Umfang der Lieferungsverpflichtungen des Anbieters. Sie regeln z. B.:

Lieferungsbedingungen

- den Ort (Erfüllungsort) und die Zeit (Lieferzeit) der Warenübergabe,
- die Berechnung von Verpackungen, Porti, Frachten, Versicherungskosten etc.,
- das Umtauschrecht und etwaige Garantieleistungen,
- Vertragsstrafen bei verspäteter Lieferung sowie
- die Abnahme von Mindestmengen und Mindermengenzuschläge.

Die **Zahlungsbedingungen** beinhalten sämtliche Regelungen hinsichtlich der Zahlungsverpflichtung des Käufers. Sie enthalten z. B.:

Zahlungsbedingungen

- die Art und den Zeitpunkt der Zahlung (Vorauszahlung, Barzahlung, Zahlung nach Erhalt der Ware),
- die Sicherung der Zahlung (z. B. Eigentumsvorbehalt),
- Zahlungsfristen und Einräumung von Skonti für kurzfristige Zahlung,
- ggf. die Inzahlungnahme gebrauchter Waren (z. B. beim Kfz-Kauf) sowie
- mögliche Gegengeschäfte.

> ## Zusammenfassung Kapitel 3.2.2
> Bei der Preispolitik geht es um Entscheidungen der Preisfestsetzung mittels kosten- oder marktorientierter Ansätze sowie um strategische Entscheidungen der Preispositionierung, Einführungspreise sowie der Preisdifferenzierung. Darüber hinaus sind im Rahmen der Konditionenpolitik Entscheidungen zur preispolitischen Feinsteuerung in Form der Rabattpolitik, der Absatzkreditpolitik sowie der Lieferungs- und Zahlungsbedingungen zu treffen. Die Rahmenbedingungen sind sehr ähnlich wie auf wettbewerbsintensiven Konsumgütermärkten. Dies spiegelt sich in einer Vielzahl substituierbarer Produkte wider. Beim Kaufentscheidungsprozess ist der Preisvergleich entscheidend, sodass die Preispolitik im Produktgeschäft eine prägende Rolle einnimmt.

3.2.3 Distributionspolitik

Dem Instrument der **Distributionspolitik** sind alle Entscheidungen und Handlungen eines Herstellers zuzurechnen, die mit dem Weg von materiellen und immateriellen Leistungen vom Hersteller bis zum Endverwender in Verbindung stehen (Meffert et al. 2008, S. 562).

Gestaltung des Weges vom Hersteller zum Endverwender

Das zentrale **Ziel** der Distributionspolitik besteht darin, das richtige Produkt zur richtigen Zeit im richtigen Zustand in der richtigen Menge am richtigen Ort den Abnehmern zur Verfügung zu stellen.

Die **Besonderheiten** dieses Instrumentes ergeben sich daraus, dass die Entscheidungen langfristig strategischer Natur und dementsprechend nur schwer revidierbar sind. Dies liegt nicht zuletzt daran, dass regelmäßig eine Kooperation mit anderen Unternehmen und/oder Personen nötig ist. Da die Kooperationspart-

Entscheidungen mit weitreichenden Auswirkungen

Vielfältige Beziehungen
zu anderen Marketing-
instrumenten

ner nur bedingt beeinflussbar sind, existieren vielfach Zielkonflikte (z. B. zwischen Hersteller und Handel). Entscheidungen im Rahmen der Distributionspolitik werden von anderen Instrumenten determiniert und beeinflussen gleichzeitig das gesamte absatzpolitische Instrumentarium. Aufgrund der zunehmenden Konkurrenz verschiedener Hersteller um ihre Präsenz beim Handel wird die Distribution gerade im Konsumgüterbereich zum zentralen Engpassfaktor.

Gestaltung der ...

Die grundlegenden **Entscheidungsbereiche** (funktionelle Subsysteme) der Distributionspolitik stellen die akquisitorische Distribution und die physische Distribution (Marketing-Logistik) dar (vgl. Bruhn 2009, S. 246):

... Distributionswege

▸ Bei der **akquisitorischen Distribution** geht es um das Management der Distributionswege vom Hersteller zum Endabnehmer in rechtlicher, wirtschaftlicher, informatorischer und beziehungsorientierter Sicht. Dies beinhaltet Entscheidungen hinsichtlich der Art und Struktur der Absatzkanäle (direkt oder indirekt, ein oder mehrere Kanäle) sowie hinsichtlich der Auswahl, Steuerung und ggf. Bindung von Partnern. Ziel ist die Erhöhung des Nutzens für das Unternehmen und den Kunden.

... Logistik

▸ Bei der **physischen Distribution** (Marketing-Logistik) geht es um alle Aspekte, die mit der Überwindung räumlicher und zeitlicher Distanzen zusammenhängen. Dazu gehören der physische Transport und die Lagerung der Unternehmensleistungen auf dem Weg vom Hersteller zum Kunden sowie die damit verbundenen Informationsflüsse. Das vorrangige Ziel besteht in der Optimierung der Kosten.

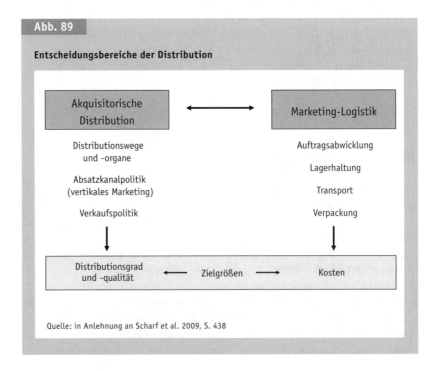

Abb. 89

Entscheidungsbereiche der Distribution

Akquisitorische Distribution ⟷ Marketing-Logistik

Distributionswege und -organe

Absatzkanalpolitik (vertikales Marketing)

Verkaufspolitik

Auftragsabwicklung

Lagerhaltung

Transport

Verpackung

Distributionsgrad und -qualität ⟵ Zielgrößen ⟶ Kosten

Quelle: in Anlehnung an Scharf et al. 2009, S. 438

Akquisitorische Distribution

Die grundlegenden Entscheidungen im Rahmen der Distributionspolitik betreffen die Wahl der Distributionsorgane und der Distributionswege. **Distributionsorgane** sind alle Personen und/oder Institutionen, die auf dem Weg eines Produktes vom Hersteller bis hin zur nächsten konsumtiven oder produktiven Verwendung Distributionsaufgaben bzw. -funktionen wahrnehmen.

Übernahme und ...

Die Übernahme von **Distributionsfunktionen** beinhaltet den Ausgleich zeitlicher, räumlicher, quantitativer und/oder qualitativer Spannungen zwischen Produktion und Verwendung.

Der Hersteller hat die Wahl, die Distributionsaufgaben durch eigene (**direkter Distributionsweg**) oder fremde Distributionsorgane (**indirekter Distributionsweg**) übernehmen zu lassen (Nieschlag et al. 2002, S. 466 ff.). Die grundlegenden Gestaltungsmöglichkeiten des direkten und indirekten Vertriebs verdeutlicht die Abbildung 90.

Verteilung der Distributionsaufgaben

Abb. 90

Direkter Vertrieb und Formen des indirekten Vertriebs

Produzent	Absatzmittler	Verwender/Verbraucher	Absatzwege-»TYP«
			direkt
	GH		einstufig indirekt
	EH		einstufig indirekt (relativ direkt)
	GH → EH		mehrstufig indirekt

EH = Einzelhandel   GH = Großhandel

Ein **Distributionssystem** ist gekennzeichnet durch die Gesamtheit aller Distributionsorgane und Distributionswege eines Herstellers. Die Abbildung 91 gibt einen Überblick über mögliche Distributionsorgane und -wege.

Distributionssystem

Die Entscheidung über die Ausgestaltung der Distributionsorgane und -wege wird neben den zu Grunde liegenden Marketingzielen und -strategien von verschiedenen Faktoren beeinflusst. So ergeben sich **Kriterien** aus:

Auswahl- und Entscheidungskriterien

▸ den **Eigenschaften** der zu vertreibenden **Produkte** wie Haltbarkeit, Wertigkeit, Erklärungsbedürftigkeit etc.,

Alternative Distributionsorgane und -wege

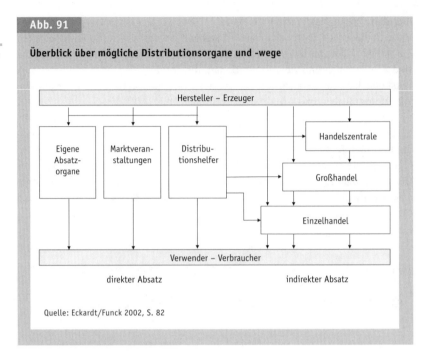

Abb. 91

Überblick über mögliche Distributionsorgane und -wege

Quelle: Eckardt/Funck 2002, S. 82

▸ der **Kapazität**, dem Auslastungsgrad und der Angebotsbreite des Produktions- und Absatzprogramms,
▸ der **Finanzkraft** (Liquidität) des Unternehmens, bestimmt durch entstehende Kosten und Erlöse,
▸ der Anzahl, räumlichen Verteilung und dem Einkaufsrhythmus der **Kunden**,
▸ der **Konkurrenzsituation** und der diesbezüglichen (Anpassungs-, Differenzierungs- oder Ausweich-)Strategie,
▸ der Position, der Größe, dem Sortimentsverbund, der Funktionsbündelung etc. der in Frage kommenden **Handelsbetriebe**.

Direkter Vertrieb

Eigene Verantwortung
und Kontrolle

Beim **direkten Vertrieb** übernehmen Herstellerunternehmen die Gestaltung der Verkaufsprozesse in eigener Verantwortung bzw. unter eigener Kontrolle, ohne dass rechtlich und wirtschaftlich selbstständige Handelsbetriebe (Absatzmittler) eingeschaltet werden. Der direkte Vertrieb kann über unterschiedliche Organe realisiert werden. Diese sind jedoch wirtschaftlich und/oder rechtlich mehr oder weniger abhängig von dem jeweiligen Hersteller. Die Abbildung 92 zeigt die typischen Organe des direkten Vertriebs.

Eigenschaften
der Produkte
sind entscheidend

Die Wahl einer direkten Distribution liegt vor allem nahe, wenn die Produkte bzw. Leistungen technisch komplex, stark erklärungsbedürftig sowie transport- und/oder lagerempfindlich sind und nur wenige Abnehmer angesprochen werden sollen. Handelt es sich um Produkte bzw. Leistungen mit einer flächenmäßig weit

Abb. 92

Typische Organe des direkten Vertriebs

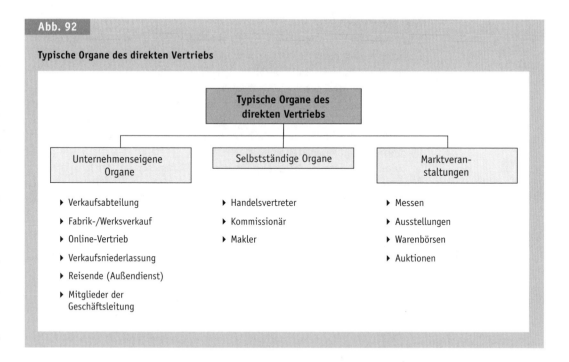

verteilten Nachfrage und/oder solche, die sich nur im Rahmen bestimmter Sortimente des Groß- und/oder Einzelhandels verkaufen lassen, liegt die Wahl einer indirekten Distribution nahe.

Die wesentlichen Vor- und Nachteile des Direktvertriebs sind in der Abbildung 93 dargestellt.

Abb. 93

Vor- und Nachteile des direkten Vertriebs

Vorteile	Nachteile
▸ Effektive Steuerung des Absatzes gemäß eigener Zielsetzung (z. B. kein Angebot von Konkurrenzprodukten) ▸ Einsparung der Handelsspanne ▸ Direkter Kontakt zu Endabnehmern ▸ Höhere Kompetenz (fachliche Beratung, Service, Mafo) ▸ Höhere Liefergeschwindigkeit	▸ Hoher Kapitaleinsatz und hohe laufende Kosten ▸ Hoher Organisationsaufwand für Steuerung und Kontrolle ▸ Komplette Ausschöpfung von Akquisitionschancen kaum möglich (Ubiquität!) ▸ Keine Integration der eigenen Erzeugnisse in die Sortimente des Groß- und Einzelhandels ▸ Beschränktes Sortiment entspricht ggf. nicht den Kundenanforderungen

Indirekter Vertrieb

Beim indirekten Vertrieb übertragen die Herstellerunternehmen einen Großteil der Distributionsaufgaben auf Groß- und/oder Einzelhandelsbetriebe. Damit werden wesentliche Einfluss- und Kontrollmöglichkeiten an andere Organe abgegeben. Zu unterscheiden sind dabei die Formen des einstufig oder mehrstufig indirekten Vertriebs. Beim einstufig indirekten Vertrieb ist zwischen Hersteller und Endabnehmer nur eine Handelsstufe eingeschaltet, während beim mehrstufig indirekten Vertrieb mehrere Stufen und verschiedene Formen von Absatzmittlern bzw. Handelsbetrieben eingeschaltet sind.

Zu unterscheiden sind Betriebsformen des Großhandels und des Einzelhandels. Eine **Betriebsform** ist die gedankliche Zusammenfassung von Handelsbetrieben einer Handelsstufe, die sich in einem (wesentlichen) oder mehreren Merkmalen ähnlich sind. **Unterscheidungsmerkmale** können sein:

▸ die Wirtschaftsstufe (Groß-/Einzelhandel),
▸ der Umfang übernommener Funktionen bzw. Dienstleistungen,
▸ die Art des Kundenkontaktes (Versand, stationär, ambulant),
▸ die Art, Breite und Tiefe des Sortiments,
▸ die Größe der Verkaufsfläche,
▸ die Art und Intensität des Einsatzes der Marketinginstrumente sowie
▸ die Kooperations- oder Zusammenschlussform.

Großhandelsbetriebe sind Unternehmen, die Waren einkaufen und unverändert bzw. ohne nennenswerte Be- oder Verarbeitung an Nicht-Konsumenten, d.h. an andere Unternehmen und Gewerbetreibende, verkaufen. Dazu gehören Weiterverkäufer (z.B. andere Groß- und Einzelhandelsbetriebe), Großverbraucher (z.B. Kantinen, Gesundheitsbetriebe, Behörden) und gewerbliche Verwender (z.B. Gaststätten) sowie Weiterverarbeiter (z.B. Hersteller, Handwerker).

Einzelhandelsbetriebe sind Unternehmen, die auf eigene Rechnung oder im Namen eines Einzelhandelskonzerns Waren meist ohne wesentliche Be- oder Verarbeitung überwiegend an private Konsumenten bzw. Endabnehmer verkaufen und entsprechende (Einzelhandels-)Dienstleistungen (z.B. Lieferservice, Finanzierung) anbieten. Die Abbildung 94 gibt einen Überblick über die typischen Organe des indirekten Vertriebs und die Vor- und Nachteile des indirekten Vertriebs finden sich in der Abbildung 95 zusammengeführt.

Abb. 94

Typische Organe des indirekten Vertriebs

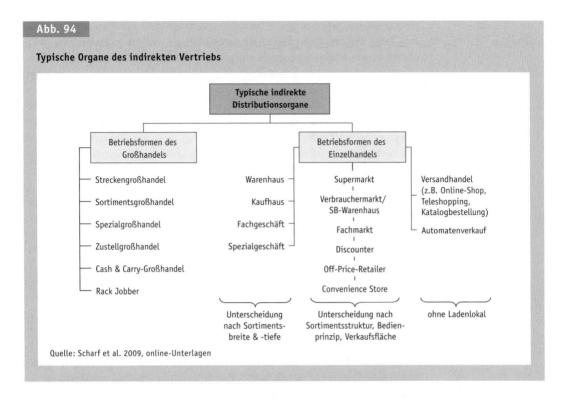

Quelle: Scharf et al. 2009, online-Unterlagen

Abb. 95

Vor- und Nachteile des indirekten Vertriebs

Vorteile	Nachteile
▶ Geringere Kapitalbindung ▶ Versorgung räumlich weit verteilter Abnehmer (höhere Distributionsdichte möglich) ▶ Konzentration auf Kernkompetenz (Produktion) ▶ Eingeschaltete Absatzorgane (Handelsbetriebe) verfügen über eine bessere regionale Marktkenntnis und bieten ein bedarfsorientiertes breites Sortiment (Verbundwirkungen) ▶ Eingeschaltete Absatzorgane (Handelsbetriebe) übernehmen Haftung und Kreditgewährung ▶ »Neutrale« Beratung ▶ Eingeschaltete Absatzorgane (Handelsbetriebe) unterhalten feste Kundenbeziehungen	▶ Geringe Kontroll- und Steuerungsmöglichkeiten ▶ Insbesondere bezüglich des Einsatzes der Marketinginstrumente ▶ Ggf. Flexibilitätsverzicht ▶ Kein direkter Kontakt zu Konsumenten ▶ Verzicht auf Handelsspanne

Im Rahmen der Gestaltung des indirekten Vertriebs sind aus Sicht der Hersteller eine Reihe von grundlegenden strategischen Entscheidungen zu treffen, die in die übergeordnete Marketingstrategie eingebettet sein müssen. Dazu gehören das Verhalten des Unternehmens in Bezug auf die Auswahl, die Stimulierung und ggf. die Bindung von Absatzmittlern.

Vertikales Marketing

Vielfach werden diese Aktivitäten unter dem Stichwort »**vertikales Marketing**« zusammengefasst. Darunter ist die Entwicklung und Gestaltung unternehmensspezifischer Konzepte bzw. Strategien durch den Hersteller zu verstehen. Das Ziel besteht in der optimalen Gestaltung der eigenen Beziehungen zu den Handelspartnern.

Qualitative und quantitative Begrenzung

Die **Auswahl bzw. Selektion von Absatzmittlern** betrifft die Art und Anzahl der einzuschaltenden Organe. Hinsichtlich der **Art** der auszuwählenden Absatzmittlern ist zwischen den unterschiedlichen Betriebstypen (Fachgeschäft, Discounter etc.) zu wählen. Die **Anzahl** der Absatzmittler führt zu den Formen des Universal-, Selektiv- oder Exklusivvertriebs.

Beispielsweise wird ein Hersteller von Gütern des regelmäßigen Bedarfs, der eine Preis-Mengen-Strategie bezogen auf einen undifferenzierten Massenmarkt verfolgt, regelmäßig alle ihm zur Verfügung stehenden Absatzwege nutzen. Er strebt die Ubiquität (Überallerhältlichkeit) seiner Produkte und damit eine **intensive Distribution** (Universalvertrieb) an. Demgegenüber wird ein Hersteller hochwertiger Marken des unregelmäßigen und ggf. exklusiven Bedarfs, der dementsprechend eine Präferenzstrategie mit Fokus auf ein oder wenige Marktsegment(e) verfolgt, eher eine gezielte und an spezifischen Kriterien orientierte Auswahl geeigneter Absatzmittler vornehmen. Er verfolgt damit eine **selektive Distributionsstrategie** (Selektivvertrieb). Im Extremfall beliefert dieser Hersteller nur ausgewählte Absatzmittler in einem ganz bestimmten Gebiet und betreibt so eine **exklusive Distributionsstrategie** (Exklusivvertrieb).

Gestalten von Anreizen

Hinsichtlich der **Stimulierung von Absatzmittlern** geht es darum, Anreize zu setzen, die Produkte des Herstellers in das Sortiment aufzunehmen oder im Sinne des Herstellers zu betreuen. Zu unterscheiden sind die Pull- und die Push-Strategie.

▸ Die **Push-Strategie** kann als handelsgerichtete »Hineinverkaufsstrategie« über die Gewährung von Rabatten, Werbekostenzuschüssen etc., eine intensive Betreuung durch Außendienstmitarbeiter oder auch Exklusivität in der Belieferung realisiert werden. Parallel dazu wird eine auf die nachfolgende Absatzstufe gerichtete »Herausverkaufsstrategie« über den Einsatz bzw. die Unterstützung von verkaufsfördernden Maßnahmen im Handel eingesetzt.

▸ Bei der **Pull-Strategie** stellt der Hersteller die nachfolgende Absatzstufe in den Mittelpunkt, indem diese direkt angesprochen und animiert wird, die Produkte des Herstellers im Handel nachzufragen.

Kooperative Optimierung

Einen dritten Ansatz zur zielgerichteten Stimulierung von Absatzmittlern stellen Kooperationsansätze zwischen Hersteller und Handel dar. Dies können Handelsmarkenprogramme, aber auch umfassendere Kooperationen im Rahmen des **Efficient Consumer Response (ECR)** sein. Hierbei geht es um die kooperative

Optimierung der Logistik (**Supply Chain Management**) und der Warengruppen-vermarktung (**Category Management**).

Im Zusammenhang mit der selektiven oder exklusiven Distribution ist häufig die Frage nach Möglichkeiten zur **Bindung und zielgerichteten Beeinflussung der Absatzmittler** durch den Hersteller verbunden. Dies kann über **vertragliche Bin-dungen** (Kontraktstrategien) zwischen Herstellern und Handelsbetrieben, soge-nannte **vertikale vertragliche Vertriebssysteme**, erfolgen. Zu unterscheiden sind hierbei **vertikale Vertriebsbindungen, Alleinvertriebs-, Vertragshändler-** und **Franchisesysteme** (Meffert et al. 2008, S. 581ff.).

Kontraktstrategien

Das Ziel des Herstellers besteht in der vertraglichen Absicherung seiner **Vertikale Vertriebsbindungen** beinhalten die vertragliche Verpflichtung von Absatzmittlern zur Einhaltung bestimmter Anforderungen bzw. Auflagen des Her-stellers. Das Ziel des Herstellers besteht in der vertraglichen Absicherung seiner selektiven Distribution. Es lassen sich die räumliche, die personelle und/oder die qualitative Vertriebsbindung unterscheiden:

Vertikale Vertriebs-bindungen

▸ Bei der **räumlichen Vertriebsbindung** wird die Distribution auf bestimmte geografisch begrenzte Absatzgebiete durch sogenannte Gebietsschutzklauseln für den Absatzmittler beschränkt.

… Formen

▸ Die **personelle Vertriebsbindung** beinhaltet eine Beschränkung der Distri-bution auf bestimmte Abnehmerkreise durch sogenannte Kundenbeschrän-kungsklauseln. Insbesondere bei mehrstufig-indirekten Distributionswegen soll so sichergestellt werden, dass die eingeschalteten Absatzmittler nur an genau spezifizierte Abnehmergruppen liefern (z. B. Querlieferungsverbote).

▸ Die **qualitative Vertriebsbindung** bezieht sich auf die Sicherstellung von Leistungsmerkmalen wie qualifizierte Beratung, hochwertige Präsentation und Service.

Beim **Alleinvertriebssystem** sichert der Hersteller dem Absatzmittler eine exklu-sive Belieferung für das entsprechende Gebiet zu. Im Gegenzug verpflichtet sich der alleinvertriebsberechtigte Absatzmittler, seine Distribution auf das definierte Absatzgebiet zu beschränken. Häufig ist der Alleinvertrieb für den Absatzmittler mit weiteren vertraglichen Verpflichtungen verbunden, wie z. B. die Durchführung von Werbung und Marktforschung oder die Übernahme von Reparatur-, Garantie- und Ersatzteildienstleistungen. Oftmals besteht zusätzlich eine Bezugsbindung, d. h. eine Verpflichtung, ausschließlich Erzeugnisse des Herstellers zu vertreiben.

Unterschiedlich starke Formen der Bindung

Das **Vertragshändlersystem** beinhaltet eine starke rechtliche und wirtschaft-liche Bindung der Absatzmittler an den Hersteller. Dazu gehören die Bindung an das Sortiment des Herstellers, oftmals der Ausschluss des Vertriebs von Konkur-renzprodukten sowie die Gestaltung der absatzpolitischen Instrumente nach den Vorgaben des Herstellers. Der Vertragshändler verwendet im Geschäftsverkehr das Zeichen des Herstellers, meist in Verbindung mit seinem eigenen Namen (z. B. VW-Autohaus Ost). Das systemkonforme Auftreten am Markt dokumentiert die Zugehörigkeit zum Vertriebsnetz des Herstellers.

Das **Franchisesystem** stellt die engste Form der vertraglichen Vertriebsbindung dar. Hierbei wird dem Absatzmittler (Franchisenehmer) gegen Entgelt das Recht eingeräumt und zugleich die Pflicht auferlegt, exakt definierte Produkte und/oder Dienstleistungen unter Verwendung von Namen, Warenzeichen und Ausstattung des Herstellers (Franchisegeber) an Dritte anzubieten. Das Entgelt des Franchisenehmers umfasst i. d. R. eine bestimmte Eintrittsgebühr sowie regelmäßige umsatzabhängige Zahlungen. Durch das standardisierte Auftreten der Franchisenehmer am Markt wirkt das Franchisesystem auf die Endabnehmer wie ein herstellereigenes Filialsystem.

Multi-Channel-Vertrieb

Parallele Nutzung
von Vertriebswegen

Gerade im Zuge des zunehmenden Wettbewerbs ist es im Rahmen des Produktgeschäftes für viele Unternehmen wichtig, eine umfassende Präsenz im Vertrieb zu zeigen und unterschiedliche direkte und indirekte Vertriebswege parallel zu nutzen. Dieses Vorgehen wird als Mehrkanalvertrieb bzw. **Multi-Channel-Vertrieb** bezeichnet.

Ziele

Neben der Ausschöpfung der Marktpotenziale (Umsatzsteigerung) bestehen die Ziele des Multi-Channel-Vertriebs darin, die Abhängigkeiten von einzelnen Vertriebspartnern zu verringern und die Vertriebskosten (z. B. Online-Vertrieb) zu senken sowie die Ubiquität und Erreichbarkeit zu steigern und damit die Kundenzufriedenheit zu verbessern.

Eine Übersicht über mögliche Chancen und Risiken des Mehrkanalvertriebs findet sich in Abbildung 96.

Chancen und Risiken

Abb. 96

Chancen und Risiken des Mehrkanalvertriebs

Chancen	Risiken
▸ Umfassende, individuelle und kostengünstige Betreuung vorhandener Kunden ▸ Multiple Kundenbindung durch ein Netzwerk an Geschäfts- und Servicebeziehungen mit dem Kunden ▸ Kanalübergreifendes Cross Selling ▸ Individuelle Ansprache und und Gewinnung neuer Nachfragersegmente ▸ Schwer zu imitierender Wettbewerbsvorteil (wenn gut abgestimmt/geführt) ▸ Erweiterte Möglichkeiten zur identitätskonformen Markenpräsentation	▸ Konflikt der Absatzkanäle reduziert das Vertriebsengagement der Kanäle ▸ Hoher Koordinationsaufwand ▸ Komplexitätserhöhung ▸ Hohe Investitionskosten beim Aufbau ▸ Fehlende Kompetenzen bei der Kombination von Offline- und Online-Channels ▸ Unzufriedene Kunden durch eine nicht integrierte und kanalübergreifende Kundenbetreuung ▸ Entstehung von Markenimagekonfusion durch fehlende Abstimmung der Absatzkanäle

Quelle: Meffert et al. 2008, S. 580; dort nach Wirtz 2002, S. 681

Physische Distribution (Marketinglogistik)

Einen wesentlichen Teilbereich der Distributionspolitik von Herstellern stellt die Gestaltung der physischen Distribution im Rahmen der **Marketing-Logistik** dar. Diese umfasst diejenigen logistischen Aktivitäten, die der Hersteller einschließlich der von ihm beauftragten Distributionshelfer selbst entfaltet bzw. die er selbst unter Kontrolle hat (Ahlert 1996, S. 22 ff.).

Das zentrale **Ziel** der Marketinglogistik besteht darin, dem Kunden das gewünschte Produkt in richtiger Menge, im gewünschten Zustand, zur richtigen Zeit an den richtigen Ort zu bringen – und zwar zu den dafür minimalen Kosten (vgl. Meffert et al. 2008, S. 611). Gegenüber den nachgelagerten Distributionsstufen soll ein maximaler **Lieferservice** zu gegebenen oder minimalen **Logistikkosten** erbracht werden.

Der **Lieferservice** bildet einen Maßstab für die von der Unternehmung erbrachte physische Distributionsleistung und beschreibt den Output der Marketing-Logistik. Er bezieht sich auf die Parameter des Logistiksystems und beinhaltet die Komponenten Lieferzeit, Lieferbereitschaft, Lieferungsbeschaffenheit und Lieferflexibilität (vgl. Pfohl 2004, S. 36 ff.):

Ausprägungen der Distributionsleistung

▸ Die **Lieferzeit** bezeichnet die Zeitspanne von der Auftragserteilung bis zur Einlagerung der Ware beim Absatzmittler bzw. der Entgegennahme der Ware durch den Kunden.

Komponenten des Lieferservice

▸ Die **Lieferzuverlässigkeit** ist ein Maß für die Einhaltung des vereinbarten Liefertermins. Sie ist abhängig von der Lieferbereitschaft und der Zuverlässigkeit der logistischen Arbeitsabläufe. Die **Lieferbereitschaft** ist wiederum abhängig von den verfügbaren Produktions- und Transportkapazitäten.

▸ Die **Lieferungsbeschaffenheit** stellt die Frage, ob die Ware im gewünschten Zustand nach Art und Menge geliefert wurde. Die **Liefergenauigkeit** beschreibt in diesem Zusammenhang, inwieweit Lieferung mit der Bestellung nach Art und Menge übereinstimmt, während mit dem **Zustand** der Lieferung auf mögliche Beschädigungen der Ware abgestellt wird.

▸ Die **Lieferflexibilität** kennzeichnet die Fähigkeit des logistischen Systems, Sonderwünsche des Kunden zu berücksichtigen. Im Einzelnen können sich solche Sonderwünsche neben der zu liefernden Ware selbst auf die Modalitäten der Auftragserteilung, die Liefermodalitäten und die Information des Kunden erstrecken.

Die **Bedeutung** der Komponenten **des Lieferservice** für das einzelne Unternehmen steigt mit

Bedeutung abhängig von Produkteigenschaften und Wettbewerb

▸ dem Grad der Substituierbarkeit der Produkte (Gefahr des Herstellerwechsels),

▸ physischen Produkteigenschaften, die erhöhte Anforderungen an Transport, Lagerhaltung und Verpackung mit sich bringen (z. B. Verderblichkeit, Zerbrechlichkeit),

▸ dem Lieferserviceniveau der Konkurrenz (Erwartungshaltung des Kunden),

▸ dem Wissen des Kunden über Infrastrukturbedingungen (z. B. höhere Erwartungen in der Nähe von Ballungszentren),

▸ der (Un)Abhängigkeit der Kunden (z. B. bei nur geringer Lagerhaltung des Kunden) (vgl. Scharf et al. 2009, S. 478; Meffert et al. 2008, S. 611f.).

Um den Lieferservice auf ein hohes Niveau zu bringen, gilt es, die **logistischen Teilsysteme** Auftragsabwicklung, Lagerhaltung, Transport und Verpackung weitestmöglich zu optimieren:

Parameter der Gestaltung

Logistische Teilsysteme

▸ Die **Auftragsabwicklung** beinhaltet die Gestaltung der Informationsflüsse zur Gewährleistung der Warenlogistik (Auftragsübermittlung, -bearbeitung, Zusammenstellung und Versand der Ware sowie Fakturierung und Rechnungslegung).

▸ Zur **Lagerhaltung** gehören alle Entscheidungstatbestände, die Einfluss auf die Lagerbestände haben.

▸ Der **Transport** betrifft die Beförderung von Produkten mit der Zielsetzung, sie an Orte zu bringen, an denen ihr wirtschaftlicher Nutzen größer ist, als an den Orten, von denen sie stammen.

▸ Die **Verpackung** erfüllt Anforderungen in Bezug auf Schutz der Ware, die Lagerfähigkeit, die Informationsübermittlung (z. B. Zerbrechlichkeit) sowie in Bezug auf die Bildung von Lager und Transporteinheiten.

Der Zusammenhang zwischen den Logistikkosten, die als Input aus der Art und Kombination der Produktionsfaktoren resultieren und die Gestaltung der logistischen Teilsysteme ermöglichen, sowie dem Lieferservice als Outputgröße ist in der Abbildung 97 verdeutlicht.

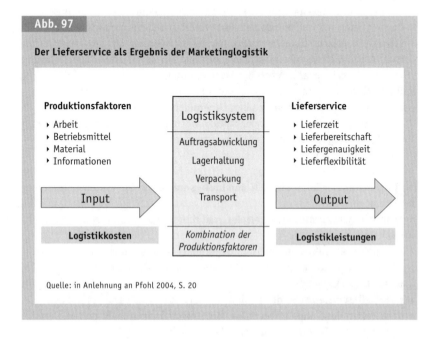

Abb. 97

Der Lieferservice als Ergebnis der Marketinglogistik

Produktionsfaktoren	Logistiksystem	Lieferservice
▸ Arbeit		▸ Lieferzeit
▸ Betriebsmittel	Auftragsabwicklung	▸ Lieferbereitschaft
▸ Material	Lagerhaltung	▸ Liefergenauigkeit
▸ Informationen	Verpackung	▸ Lieferflexibilität
Input	Transport	**Output**
Logistikkosten	*Kombination der Produktionsfaktoren*	**Logistikleistungen**

Quelle: in Anlehnung an Pfohl 2004, S. 20

Eine noch recht junge Form sowohl des direkten als auch des indirekten Vertriebs stellt die Distribution mit Hilfe des Internet im Rahmen des **E-Commerce** dar – sie gewinnt zunehmend an Bedeutung. Hierunter ist in einem engeren Sinne die Durchführung einer Transaktion (Verkauf oder Vermietung eines Wirtschaftsgutes) über das Internet zu verstehen. In einem weiteren Sinne ist die Kontaktaufnahme bzw. der Datenaustausch mit anderen Wirtschaftssubjekten mittels anderer elektronischer Medien, z. B. Fax, Telefon, Fernsehen etc. hinzuzuzählen. Nicht zuletzt, weil die Geschäftsbeziehungen von längerer Dauer sind und einen größeren Standardisierungsgrad aufweisen, übersteigt der Anteil des Electronic-Business im Business-to-Business-Bereich den im Business-to-Consumer-Bereich um ein Vielfaches.

E-Commerce von zunehmend hoher Bedeutung im B2B-Marketing

Zusammenfassung Kapitel 3.2.3
Die Distributionspolitik zielt auf Fragen der Vertriebswegewahl (akquisitorische Distribution – direkt, indirekt) sowie der Gestaltung der physischen Distribution (Marketinglogistik). Im Rahmen der akquisitorischen Distribution sind Entscheidungen hinsichtlich der Auswahl, Stimulierung und Bildung von Absatzorganen zu treffen. Im Rahmen der Marketinglogistik soll ein maximaler Lieferservice zu gegebenen oder minimalen Logistikkosten erbracht werden.

3.2.4 Kommunikationspolitik

Die bisher vorgestellten Aktionsparameter der absatzpolitischen Instrumente Produkt-, Preis- und Distributionspolitik dienten der Gestaltung und Verfügbarmachung von Problemlösungen für die Bedürfnisbefriedigung der Nachfrager. Das vierte Instrument dient nun der Kommunikation von Art und Inhalt der Problemlösungsangebote.

Die **Kommunikationspolitik** einer Unternehmung beinhaltet alle Aktivitäten zur systematischen Planung, Ausgestaltung, Abstimmung und Kontrolle sämtlicher auf die relevanten Zielgruppen des Unternehmens ausgerichteten Kommunikationsmaßnahmen. (vgl. Meffert et al. 2008, S. 632)

Beeinflussung der Zielgruppen im Sinne der Unternehmensziele

Das **Ziel** der Kommunikationspolitik ist, die Zielgruppen des Unternehmens derart zu beeinflussen, dass die Kommunikationsziele sowie die nachgelagerten Marketing- und Unternehmensziele erreicht werden. Dazu gehören **ökonomische Kommunikationsziele**, d. h. solche mit monetären Inhalten wie Gewinn, Umsatz oder Marktanteil, bei denen jedoch oft das Problem besteht, dass sie schwer zu messen sind, weil das Erreichen dieser Ziele meist ein Ergebnis des kombinierten Einsatzes aller Marketinginstrumente sowie des Einflusses diverser unternehmens- und marktseitiger Faktoren ist. Des Weiteren werden **psychografische Kommunikationsziele** wie die Erzeugung und Steigerung von Wahrnehmung, Bekanntheit, Einstellungen, Emotionen, Images oder die Positionierung von Produkten bzw. Organisationen verfolgt. Das Erreichen dieser vorökonomischen Ziele ist meist nur durch kommunikative Maßnahmen zu erreichen und diesen daher leichter zuzuordnen.

Die erforderlichen Aktivitäten innerhalb der Kommunikationspolitik können – ausgehend von einer Marketingproblemstellung (z. B. entlang der einzelnen Phasen des Produktlebenszyklus) – in Form eines idealtypischen **Planungsprozesses** dargestellt werden der die folgenden **Phasen beinhaltet** (vgl. Bruhn 2009, S. 202 ff.):

▸ **Analyse der Kommunikationssituation.** Im Rahmen einer kommunikationsbezogenen SWOT-Analyse werden die kommunikationsrelevanten externen Chancen und Risiken sowie die internen Stärken und Schwächen ermittelt. Im Ergebnis sind sowohl kommunikative Problemstellungen als auch Ansatzpunkte für kommunikationspolitische Ziele, Strategien und Maßnahmen verfügbar.

▸ **Planung der Zielgruppen.** In Abhängigkeit der Zielgruppen des Unternehmens sind die für die Kommunikation relevanten Zielgruppen zu identifizieren, zu beschreiben und deren Erreichbarkeit (z. B. Medien, Zeiten) zu ermitteln.

▸ **Festlegung der Kommunikationsziele.** Aus den Ergebnissen der Analyse der Kommunikationssituation und vor dem Hintergrund der bestehenden Marketingziele werden die Kommunikationsziele festgelegt. Zu unterscheiden sind hier ökonomische Ziele (z. B. Absatzmengen) und psychologische Ziele (z. B. Wahrnehmung, Positionierung).

▸ **Ableitung der Kommunikationsstrategie.** Im Rahmen der Kommunikationsstrategie werden die Schwerpunkte der kommunikativen Unternehmensaktivitäten festgelegt und die Auswahl der zentralen Kommunikationsinstrumente vorgenommen.

▸ **Festlegung des Kommunikationsbudgets, der Instrumente und Maßnahmen.** Auf Basis der Ziele, der Zielgruppen und der Strategie der Kommunikation sind das Kommunikationsbudget festzulegen sowie dessen Verteilung auf die verschiedenen Kommunikationsinstrumente vorzunehmen. Die einzusetzenden Kommunikationsinstrumente und die Kommunikationsbotschaft werden festgelegt.

▸ **Durchführung der Erfolgskontrolle der Kommunikation.** Das Erreichen der Kommunikationsziele, d. h. die Kommunikationswirkung wird gemessen und analysiert. Etwaige Erkenntnisse fließen in die Korrektur der vorgelagerten Ziele, Strategien und Maßnahmen ein.

In der Abbildung 98 ist der Planungsprozesss der Kommunikationspolitik dargestellt.

Abb. 98

Planungsprozesses der Kommunikationspolitik

Quelle: in Anlehnung an Bruhn 2009, S. 203

Die Instrumente der Kommunikationspolitik lassen sich unterteilen in solche der »above the line«-Kommunikation und in solche der »below the line«-Kommunikation (vgl. u.a. Scharf et al. 2009, S. 376; Esch 2008, S. 284; Schweiger/Schrattenecker 2005, S. 109):

▸ Zu den Instrumenten der **»above the line«-Kommunikation** gehören sichtbare Maßnahmen. Bei diesen ist dem Konsumenten bewusst, dass es sich um eine werbliche Beeinflussung handelt. Hierzu gehören die klassische Werbung, die Direktwerbung, die Online-Werbung und die Öffentlichkeitsarbeit.

Ziel der werblichen Beeinflussung offensichtlich

▸ Die Instrumente der **»below-the-line«-Kommunikation** sind Maßnahmen, die vom Konsumenten nicht ohne Weiteres als werbliche Beeinflussung wahrgenommen werden. Sie lassen sich unterteilen in konventionelle und unkonventionelle Maßnahmen. Zu den konventionellen Maßnahmen gehören die Verkaufsförderung, das Sponsoring, das Product Placement und die Events. Die unkonventionellen Maßnahmen lassen sich unterteilen in solche der Low-Budget-Kommunikation, der Mund-zu-Mund-Kommunikation und des Ambush Marketing.

Ziel der weiblichen Beeinflussung nicht immer offensichtlich

Nachfolgend werden die wichtigsten kommunikationspolitischen Instrumente kurz vorgestellt.

Instrumente der »above the line«-Kommunikation

Werbung

Die **klassische (Absatz-)Werbung** stellt eine Form der unpersönlichen (Massen-)kommunikation dar, bei der durch den Einsatz von Werbemitteln in bezahlten Werbeträgern (z. B. Zeitungsanzeigen, Rundfunk- oder Fernsehspots, Plakate oder Handzettel) versucht wird, unternehmensspezifische Zielgruppen zu erreichen und zu beeinflussen. Auf Grund der hohen Kosten, der Gefahr von Streuverlusten und der allgemeinen Informationsüberlastung ist die Gestaltung einer Werbemaßnahme detailliert zu planen:

Planungsprozess einer Werbemaßnahme

▸ Ausgehend von der grundlegenden Marketing-Konzeption werden die relevanten Daten über die **Werbeobjekte**, d. h. die zu bewerbenden Produkte bzw. Dienstleistungen spezifiziert. Je nach Werbeobjekt, welches im Mittelpunkt der Kommunikationsmaßnahme steht, lassen sich **Produktwerbung** (z. B. Persil), **Sortimentswerbung** (z. B. Nivea) und **Firmenwerbung** (z. B. Banden- und Trikotwerbung) unterscheiden.

▸ Die **Werbesubjekte**, d. h. die zu umwerbende(n) Zielgruppe(n), sind genau zu charakterisieren.

▸ Auf dieser Basis sind operationale **Werbeziele** zu formulieren, aus denen wiederum das **Werbebudget** abgeleitet wird. Die Ziele können ökonomischer (z. B. Umsatz) und vorökonomischer (z. B. Bekanntheitsgrad) Natur sein. Für die Festlegung des Budgets existieren in der Praxis eine Vielzahl von Verfahren. Vereinfachte heuristische Regeln orientieren sich am realisierten oder erwarteten Umsatz (i. d. R. 1–5 %), am Gewinn oder auch am Konkurrenzverhalten.

▸ Die eigentliche Werbekonzeption beginnt danach mit der Festlegung der **Copy-Strategie**, welche die Grundkonzeption für die **Werbebotschaft** darstellt. I.d.R. enthält diese die wesentlichen Informationen über den Produktnutzen (**Consumer Benefit**), die Begründung des Produktversprechens (**Reason Why**) und den Grundton (**Tonality**) der zu gestaltenden Werbemaßnahme, welche an die mit der Umsetzung betraute Werbeagentur oder Werbeabteilung gegeben werden.

▸ Schließlich werden auf dieser Grundlage Entscheidungen über die Auswahl der **Werbeträger** (-medien) und der **Werbemittel** getroffen. Zu den Werbeträgern bzw. -medien gehören beispielsweise Zeitungen, Litfasssäulen, Fernsehanstalten, Rundfunksender. Zunehmend bedeutende Werbeträger sind darüber hinaus neue Medien wie das Internet oder auch Mobiltelefone. Werbemittel sind z. B. Anzeigen, Prospekte, Fernsehspots, Leuchtschriften etc. sowie im Internet sog. Banner, E-Mails bzw. bei Mobiltelefonen die SMS-Nachrichten. Die Auswahl der Werbeträger erfolgt in erster Linie orientiert an den Werbezielen. Die Zielgruppe soll möglichst effizient sowohl räumlich quantitativ als auch qualitativ erreicht werden. Zentrale Kriterien für die Auswahl von Werbemedien sind dementsprechend die räumliche Reichweite (durch das Medium abgedeckte Fläche), die quantitative Reichweite (Anzahl der erreichten Personen) und die qualitative Reichweite (Genauigkeit der Zielgruppenansprache) sowie die Eindrucksqualität (Image, Glaubwürdigkeit des Werbeträgers und der Werbebotschaft) und die Kontaktfrequenz (Zahl der Werbekontakte).

▸ Vor der Durchführung der Werbemaßnahme sollte ein **Werbemitteltest** (Pretest) erfolgen, durch den die Werbemittel optimiert und eine Prognose der Werbewirkung ermöglicht werden soll.

▸ Nach der Durchführung der Werbemaßnahme erfolgt die **Kontrolle des Werbeerfolgs.**

Die **Online-Werbung** ist im Prinzip der klassischen Werbung zuzuordnen. Die Besonderheit besteht in der Nutzung des Internet als Kommunikationsmedium sowie der aktuell und zukünftig rasant zunehmenden Bedeutung aufgrund der immer intensiveren Verbreitung und Nutzung. Im Unterschied zu anderen Medien können Informationen durch die Unternehmen in großem Umfang (und quasi kostenfrei) zur Verfügung gestellt und durch die Abnehmer und andere Zielgruppen zu beliebiger Zeit, an jedem Ort und in unbegrenzter Menge abgerufen werden.

Online-Werbung – das Internet als Kommunikationsmedium

Insbesondere das **Web 2.0**, welches die Kommunikation in beide Richtungen zulässt, revolutioniert die Kommunikationspolitik und das Marketing insgesamt. Blogs und Social Media Netzwerke (z. B. Facebook, Twitter, YouTube) ermöglichen den Konsumenten heutzutage, eigenständig zu kommunizieren und produkt- oder unternehmensbezogene Botschaften in kürzester Zeit zu verbreiten. Die Unternehmen verlieren damit die absolute Kontrolle über ihre Kommunikation. Sie sind zunehmend gefordert, die Konsumenten aktiv einzubeziehen und auf diese zu hören. Inwieweit die Bedeutung des Web 2.0 auch im Business-to-Business-Marketing zunimmt, ist derzeit noch schwer abzuschätzen.

Web 2.0

Sub-Instrumente der Online-Werbung sind Werbebanner, Suchmaschinen-Anzeigen, Firmen-Websites, E-Mails und Newsletter.

Öffentlichkeitsarbeit (Public Relations) dient der Kommunikation des Unternehmens als Ganzem, um damit bei allen Ziel- und Anspruchsgruppen eine positive Einstellung gegenüber dem Unternehmen und seinen Leistungen zu erlangen. Ziel- bzw. Anspruchsgruppen können sich sowohl innerhalb (z. B. Mitarbeiter) als auch außerhalb (z. B. Kunden, Staat, Medien) des Unternehmens befinden. Es geht um die Information dieser Gruppen, was dazu führen soll, bei diesen Verständnis und Vertrauen für die vielfältigen Unternehmensaktivitäten aufzubauen.

Public Relations – (ganzheitliche) Information aller Ziel- und Anspruchsgruppen

Corporate-Identity-Policy
– einheitliche und
abgestimmte Gestaltung
aller Kommunikations-
instrumente

Corporate-Identity-Policy (Politik der Unternehmensidentität) stellt ein integratives Konzept der Unternehmenskommunikation dar, durch welches ein einheitliches Erscheinungsbild des Unternehmens nach innen und außen sichergestellt werden soll. Zentrales Aktionsinstrument ist die Öffentlichkeitsarbeit. Darüber hinaus können viele Parameter innerhalb der anderen kommunikationspolitischen Subinstrumente genutzt werden. Einheitliche und wiederkehrende Logos, Slogan, Farben etc. (Corporate Design) sowie ein einheitliches Verhalten der Mitarbeiter (Corporate Behavior) zielen auf ein gewünschtes einheitliches Erscheinungsbild (Corporate Image) des Unternehmens.

Instrumente der »below the line«-Kommunikation

Sales Promotion – zeitlich
begrenzte Aktionen

Verkaufsförderung (Sales Promotion) beinhaltet i. d. R. zeitlich begrenzte Aktionen, welche die Unterstützung und Akzeptanz des Handels (primär handelsgerichtete Verkaufsförderung) sowie kurzfristig den Abverkauf am »Point of Sale«, den Bekanntheitsgrad oder die Profilierung neuer Produkte (primär endabnehmergerichtete Verkaufsförderung) verbessern sollen.

Förderung

▸ **Sponsoring** beinhaltet die Förderung eines Gesponsorten (Personen oder Organisationen im sportlichen, kulturellen oder sozialen Bereich) durch vertraglich vereinbarte Gegenleistungen (Geld-, Sach- oder Dienstleistungen). Nach dem Bereich lassen sich Sport-, Kultur- und Sozialsponsoring unterscheiden.

Product Placement –
Produkte als Requisiten

▸ Beim **Product Placement** Produkte bzw. Dienstleistungen gezielt und gegen Bezahlung als Requisiten in der Handlung einer Film- oder Fernsehproduktion platziert. Das Entgelt kann in der Zahlung von Geld, der kostenfreien Zurverfügungstellung der Produkte und/oder (ergänzenden) Dienstleistungen bestehen.

Ereignisse mit Erlebnis-
charakter

▸ Das **Event Marketing** bezeichnet eine erlebbare Inszenierung besonderer Ereignisse mit dem Ziel, den Teilnehmern Erlebnisse und Emotionen mit dem Produkt oder dem Unternehmen nahezubringen. Besondere Bedeutung hat das Instrument bei der Inszenierung von Markenerlebniswelten gewonnen.

Persönliche Kommunika-
tion

▸ **Persönliche Akquisition** stellt auf die persönliche Kommunikation zwischen Unternehmen und Kunden durch den Einsatz eines effizienten Außendienstes ab. Vorteilhaft ist hier vor allem die direkte Rückkoppelung beidseitiger Informationsflüsse (z. B. Produktneuheiten oder Reklamationen). Bei diesem Instrument besteht eine besondere Verbindung zur Distributionspolitik.

Aufgrund der geringeren Anzahl an Kunden überwiegen im Business-to-Business-Marketing in der Regel die Formen der direkten Ansprache und der persönlichen Kommunikation. Aufgrund der vielfach abgeleiteten Nachfrage erscheint neben der Ansprache des direkten Kunden häufig der Einsatz von Sprungwerbung (Pull-Konzept) interessant. Ein prominentes Beispiel hierfür ist die zeitweise intensive Werbung von Intel, die das primäre Ziel verfolgte, dass die Endkunden ein solches Bauteil im Endprodukt erwarten sollten.

Zusammenfassung Kapitel 3.2.4

In der Kommunikationspolitik geht es um die Auswahl und Gestaltung geeigneter Kommunikationsinstrumente. Diese können im Rahmen des Produktgeschäftes weitgehend dem Konsumgütermarketing entnommen und vielfach analog dazu eingesetzt werden. Aufgrund der geringeren Anzahl an Kunden überwiegt jedoch im Business-to-Business-Marketing in der Regel der Anteil der Formen der direkten Ansprache und der persönlichen Kommunikation.

Wiederholungsfragen zu Kapitel 3.2.4

2. *Erörtern Sie die Charakteristika des Produktgeschäftes anhand eines selbstgewählten Beispiels. Wo sehen Sie trotz aller Parallelen wesentliche Unterschiede zum Einsatz der Marketinginstrumente bei Konsumgütern?*
3. *Skizzieren Sie kurz den Produktinnovationsprozess. Welche grundsätzlichen Besonderheiten sind entlang der einzelnen Phasen im Business-to-Business-Marketing zu beachten?*
4. *Erläutern Sie den Unterschied der Preisfindung mittels Vollkostenverfahren gegenüber dem Teilkostenverfahren. Welcher dieser Ansätze dominiert möglicherweise im Produktgeschäft gegenüber den anderen Geschäftstypen (Anlagen-, System-, Zuliefergeschäft)?*
5. *Welche Distributionsorgane des direkten und indirekten Vertriebs werden bei welchem Geschäftstyp (Produkt-, Anlagen-, System-, Zuliefergeschäft) vermutlich vorrangig eingesetzt? Nutzen Sie für die Beurteilung bitte die folgende Tabelle. Verwenden Sie die Einträge »Ja«, »Nein«, »Teilweise«.*

	Produkt-geschäft	Anlagen-geschäft	System-geschäft	Zuliefer-geschäft
Eigene Absatz-organe	...	...	...	...
Marktveran-staltungen	...	...	...	...
Distributions-helfer	...	...	...	...
Großhandel	...	...	...	...
Einzelhandel	...	...	...	...

6. *Beurteilen Sie die Relevanz der in der nachfolgenden Tabelle enthaltenen Kommunikationsinstrumente für die unterschiedlichen Geschäftstypen (Produkt-,*

Anlagen-, System-, Zuliefergeschäft). Verwenden Sie die Einträge »Hoch«,
»Mittel«, »Niedrig«.

	Produkt-geschäft	Anlagen-geschäft	System-geschäft	Zuliefer-geschäft
(Absatz-) Werbung	…	…	…	…
Verkaufs-förderung	…	…	…	…
Öffentlich-keitsarbeit	…	…	…	…
Corporate Identity Policy	…	…	…	…
Product Placement	…	…	…	…
Persönliche Akquisition	…	…	…	…

Die Lösungen zu den Wiederholungsfragen finden Sie in Kapitel 5, S. 246 ff.

3.3 Marketing-Mix im Anlagengeschäft

Im Gegensatz zum Produktgeschäft wandelt sich beim Anlagengeschäft die Perspektive des Anbieters der Leistungen von der Betrachtung anonymer Märkte hin zur Ansprache einzelner Kunden. Als Zielgruppe stehen nun statt einer Vielzahl zumeist unbekannter Kunden einzelne bzw. wenige und häufig persönlich bekannte Kunden im Fokus des Marketing.

Der Geschäftstyp des Anlagengeschäftes beinhaltet Leistungen (Hardware- oder Hardware/Software-Bündel), die zur Fertigung weiterer Güter bzw. Leistungen eingesetzt werden und deren Vermarktungsfähigkeit aufgrund der erforderlichen Individualisierung begrenzt ist.

Anlagengeschäft – Charakteristika

Darüber hinaus sind aus Marketingsicht folgende **Charakteristika** kennzeichnend für diesen Geschäftstyp (vgl. Backhaus/Voeth 2010, S. 325 ff. und die dort angegebene Literatur):

▸ **Kein zeitlicher Kaufverbund**: Es besteht – im Gegensatz zum System- oder Zuliefergeschäft – kein zeitlicher Kaufverbund zu anderen Leistungen. Andere, nachfolgende Kaufprozesse werden durch die Abwicklung des Anlagengeschäftes also nicht beeinflusst. Derartige Leistungen sind beispielsweise großindustrielle Anlagen wie z. B. Raffinerien oder Walzwerke, aber auch Infrastruktureinrichtungen wie z. B. aus den Bereichen der Energie- und Wasserversorgung.

▸ **Kundenindividualität und Auftrags-(Einzel-)fertigung)**: Es handelt sich um kundenindividuell erbrachte Leistungen, die Projektcharakter haben.

Daher besteht häufig kaum Vergleichbarkeit zwischen verschiedenen Projekten. Außerdem sind Umfang und Verlauf der Projekte oft nicht vollständig vorhersehbar und können sich im Projektverlauf ändern.

▸ **Vermarktung vor Erstellung:** Aufgrund der Individualität können die Leistungen erst nach Auftragserteilung hergestellt werden und müssen dem entsprechend vor ihrer eigentlichen Herstellung vermarktet werden.

▸ **Einbezug des Kunden:** Ebenfalls aufgrund der Individualität muss der Käufer häufig intensiv in den Erstellungsprozess einbezogen werden. Intensive Abstimmungen zwischen Anbieter und Kunde sind erforderlich (Customer Integration).

▸ **Kooperation mit anderen Anbietern:** Häufig ist ein Anbieter nicht im Stande, alle Teilleistungen selbst zu erbringen. Vor allem Großanlagen werden daher durch Arbeitsgemeinschaften, Generalunternehmerschaften, Konsortien etc. vermarktet und erstellt.

Die vorstehend erörterten Eigenschaften treffen insbesondere auch für dienstleistungsintensive Angebote (»Dienstleistungsgeschäfte«), z. B. Unternehmensberatung im B2B-Geschäft, zu.

Für die beteiligten Parteien ergeben sich aus den genannten Charakteristika zum Teil erhebliche Risiken.

Die Besonderheiten und Anforderungen beim Einsatz der Marketinginstrumente im Anlagengeschäft lassen sich am besten anhand des in Phasen unterteilten Vermarktungsprozesses für Anlagegüter verdeutlichen.

3.3.1 Phasen der Vermarktung im Anlagengeschäft

Die einzelnen **Phasen der Vermarktung im Anlagengeschäft** lassen sich wie folgt unterteilen und charakterisieren:

Typischer Vermarktungsprozess

▸ **Voranfrage:** Die Initiative für Gespräche über ein Anlagengeschäft kann sowohl von der Anbieter- als auch von der Nachfragerseite ausgehen. Anbieterseitig finden ggf. Akquisitionsbemühungen statt. Die Nachfrageseite kann ihrerseits Anfragen für ein solches Projekt starten. In einem fortgeschrittenen Stadium der Voranfragephase kommt es dann ggf. zur Erstellung einer Vorstudie bezüglich der technischen und wirtschaftlichen Machbarkeit (Feasibility Study) oder erforderlicher Inputgrößen (Rohstoffe, Energie etc.). Nach der Beurteilung der Vorstudie folgt die Entscheidung, ob der Prozess abgebrochen wird oder eine formale Ausschreibung erfolgt.

▸ **Angebotserstellung:** Will ein Anbieter auf die Ausschreibung reagieren, wird er Nachweise zusammentragen, die seine Qualifizierung für die Auftragsübernahme belegen, Kontakte mit potenziellen Mitanbietern aufnehmen, die technische Lösung konzeptionieren, ggf. die Auftragsfinanzierung sicherstellen und einen Angebotspreis formulieren.

▸ **Kundenverhandlungen:** Auf Basis der abgegebenen Angebote werden Verhandlungen mit den Anbietern geführt, deren Ergebnis i. d. R. ein sogenannter Letter of Intent ist. Dieses Dokument enthält die Zuschlagssicherung für den Anbieter, ohne jedoch einen formal juristischen Anspruch zu begründen. Der Letter of Intent bildet die Basis für weitere Verhandlungen zu den Vertragsinhalten. Den Abschluss bildet der Anlagenvertrag (Auftragseingang/ Auftragsvergabe).

▸ **Abwicklung**: Während der Erstellung der Anlage fallen vielfältige Durchführungsentscheidungen im Beschaffungs-, Fertigungs-, Logistik- und Montagebereich an, bei denen Anbieter und Nachfrager häufig eng zusammenarbeiten.

▸ **Betrieb** (Gewährleistung und Service): Nach dem Probelauf und der formalen Übergabe beginnt die Gewährleistung und Abwicklung der verbleibenden Finanzierung.

In der Abbildung 99 ist der Phasenablauf grafisch dargestellt.

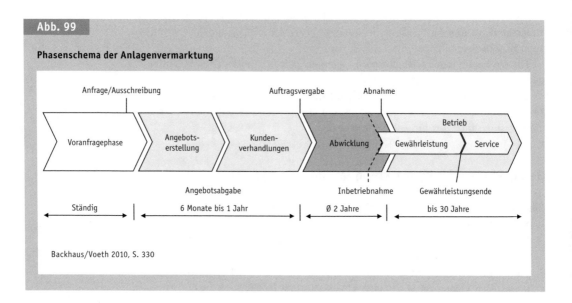

Abb. 99

Phasenschema der Anlagenvermarktung

Backhaus/Voeth 2010, S. 330

Abgeschlossene Projekte dienen vielfach als Referenz(anlag)en für den aktuellen Kunden sowie potenzielle andere Kunden, weshalb der **Nachbetreuung** und Sicherstellung der Kundenzufriedenheit besondere Bedeutung zukommt.

Die Erfahrungen aus dem Projektverlauf sollten zur Optimierung der Abläufe zukünftiger Projekte dienen, um eventuelle Fehler oder Probleme zukünftig zu vermeiden.

3.3.2 Phasenspezifische Marketingentscheidungen

3.3.2.1 Voranfragephase

Das Anlagengeschäft insbesondere für Großanlagen ist aufgrund der relativ geringen Zahl von Projekten und potenziellen Lieferanten durch eine hohe Markttransparenz charakterisiert. Häufig wird auf Nachfragerseite ein Wettbewerb unter den
Anbietern durchaus gewünscht. Die Vergabeform der öffentlichen Ausschreibung
dominiert in diesen Fällen. Daher lassen sich in der Praxis häufig passive Verhaltensweisen von Anbietern in der Voranfragephase beobachten (vgl. Backhaus/
Voeth 2010, S. 331). Die Anbieter warten einfach eine Ausschreibung ab und
werden dann aktiv.

Hohe Markttransparenz

Häufig Vergabe über Ausschreibungen

Finden Akquisitionsbemühungen seitens der Anbieter statt, sind diese in der
Regel recht allgemein gehalten und darauf ausgerichtet, bei potenziellen Kunden
die Identifikation von Problem(-lösungsnotwendigkeit)en zu erreichen (Stimulierung des Bedarfs). Grundsätzlich kommen hier alle Instrumente der Kommunikationspolitik in Frage, wobei im Gegensatz zum Konsumgütermarketing direktere
Werbeformen gegenüber der breiten Medienwerbung den Vorzug finden.

Neben der Stimulierung des Bedarfs besteht eine wichtige Aufgabe der Kommunikationspolitik darin, das Image zu verbessern. Dies ist notwendig, weil es
sich bei den Leistungen meist um Vertrauensgüter handelt, deren Qualität – wenn
überhaupt – erst umfassend nach dem Kauf beurteilt werden kann.

3.3.2.2 Angebotserstellungsphase

Mit dem Eingang einer Anfrage beginnt für den Anbieter die Angebotserstellungsphase. Hier geht es zunächst um die Frage, ob man sich an der Ausschreibung
beteiligen soll oder nicht. Dafür wird grundlegend eine Anfragenanalyse und -be-
wertung vorgenommen. Neben den Kosten für die Erstellung des Angebots (Ak-
quisitionskosten, Projektierungskosten, Organisationskosten) sind hierbei eine
Reihe von Kriterien zu berücksichtigen, und es stellt sich die Frage nach einem
geeigneten Vorgehen.

Anfrage als Auslöser

Verfahren zur Anfragenanalyse und -bewertung

Verfahren zur Anfragenanalyse und -bewertung lassen sich in qualitative und
quantitative unterteilen. Zu den qualitativen Verfahren gehören Checklisten und
Profilvergleiche. Scoringmodelle bzw. Punktbewertungsverfahren stellen eine Art
Bindeglied zwischen den qualitativen und den quantitativen Verfahren dar. Die
quantitativen Verfahren bewerten beispielsweise die Auftragswahrscheinlichkeit,
die erwarteten Kosten und Erträge sowie Risiken (z.B. Zahlungsausfall), die mit
dem Auftrag ggf. einhergehen (vgl. Backhaus 2003, S. 316ff.).

Qualitative und quantitative Methoden

Anbieterorganisation

Da Aufträge im Anlagengeschäft vielfach nur durch Anbietergemeinschaften bearbeitet werden können (zu den Gründen vgl. Backhaus/Gnam 1999), besteht
eine wesentliche Frage in der Organisation einer solchen Anbietergemeinschaft.
Mögliche **Organisationsformen** von Anbietergemeinschaften sind:

Anbietergemeinschaften

▸ **Generalunternehmerschaft** – Hier besteht ein bilaterales Vertragsverhältnis zwischen Kunde und Anbieter, der im Außenverhältnis auch allein für die Erbringung der vertragsgemäßen Gesamtleistung haftet. Der Anbieter als Generalunternehmer vergibt in eigenem Namen Unteraufträge an weitere Lieferanten (Subunternehmer), die selbst keine Vertragsverhältnisse zum Kunden eingehen.

▸ **Offenes Konsortium** – Rechtlich selbstständige Unternehmen schließen sich zur gemeinsamen Erfüllung einer Gesamtleistung zusammen. Dies erfolgt häufig in Form einer Gesellschaft des bürgerlichen Rechts. Jedes Mitglied des Konsortiums ist dann gesamtschuldnerisch gegenüber dem Kunden haftbar, sofern keine vertraglichen Sonderregeln getroffen werden.

▸ **Stilles Konsortium** – Dies entspricht im Außenverhältnis gegenüber dem Kunden der Generalunternehmerschaft. Im Unterschied zum Generalunternehmer werden die Leistungen durch Teilnehmer des Konsortiums erbracht.

▸ **Arbeitsgemeinschaft** – Die Arbeitsgemeinschaft stellt eine Unternehmung auf Zeit dar. Sie tritt damit im Unterschied zum eng verwandten Konsortium als ein Leistungsträger auf.

Die Vor- und Nachteile der grundlegenden Kooperationsformen Generalunternehmerschaft und Konsortien sind der nachfolgenden Abbildung 100 zu entnehmen.

In der Angebotserstellungsphase stellt die Preispolitik das zentrale Marketinginstrument dar. Auf die wesentlichen Besonderheiten soll nachfolgend eingegangen werden.

Preispolitik

Besondere Rolle der Mitarbeiter

Gegenüber der klassischen Preispolitik, die sich im Spannungsfeld aus Kosten, Konkurrenz und Nachfrage bewegt, ist im industriellen Anlagengeschäft im Zusammenspiel mit den zuvor dargestellten Aspekten der Anbieterorganisation zusätzlich die Dimension der Mitanbieter zu berücksichtigen.

Damit zusammenhängend ergeben sich folgende Probleme bei der Ermittlung und Formulierung des Angebotspreises:

▸ Aufgrund der Individualität der einzelnen Projekte existiert in der Regel kein Marktpreis. Es ist daher notwendig, sich für die Preisfindung vorrangig an den Kosten zu orientieren. Dabei sind auch aus der Langfristigkeit des Anlagengeschäftes resultierende Preisrisiken zu berücksichtigen. In der Regel wird also die Ermittlung nach dem Vollkostenansatz erfolgen (müssen).

▸ Die so gewonnene Preisvorstellung ist mit den Teilpreisen der Mitanbieter abzustimmen, um zu einer Gesamtpreisvorstellung zu kommen.

▸ Die intern ermittelte Preisvorstellung ist mit den Marktgegebenheiten abzustimmen. Kundenpreisvorstellungen und ggf. Konkurrenzpreise sind dabei zu berücksichtigen.

Wie bereits angemerkt, werden hier in der Regel **kostenorientierte Ansätze** die Preisfindung dominieren. Ausgehend von einem Vollkostenansatz werden in einem zweiten Schritt Kunden- und Konkurrenzinformationen berücksichtigt und

Abb. 100

Bestimmungsgründe für die Wahl einer Kooperationsform

		Generalunternehmerschaft	Konsortien
Vorteile	Für Kunden	▸ Nur ein Verhandlungs-partner ▸ Gesamtrisiko in einer Hand	▸ Leistungsanteile können direkt verhandelt werden ▸ Haftungsbasis wird ver-größert
	Für Anbieter	▸ Eigenleistung ist beim Generalunternehmer frei bestimmbar ▸ Freie Wahl der Subunter-nehmer ▸ Referenzvorteil	▸ Risikoanteil sinkt für alle Anbieter ▸ Direkter Kundenkontakt ▸ Nicht nur für den Ge-neralunternehmer, son-dern für alle Konsorten (Referenz) ▸ Evtl. können Finanzie-rungshilfen genutzt werden, wenn als Voraus-setzung direkte Kunden-kontakte gegeben sind
Nachteile	Für Kunden	▸ Evtl. geringere Haftungs-basis beim Anbieter ▸ Wenn eigenes Know-how groß ist, müssen u.U. Leistungen, die selbst erbracht werden können, abgegeben werden	▸ Mehrere Verhandlungs-partner ▸ Er muss die Nahtstel-lenprobleme beurteilen können
	Für Anbieter	▸ Wenn die Lieferkonditio-nen nicht weitergegeben werden können ▸ Größeres Risiko beim Generalunternehmer	▸ Höhere Kosten durch Ko-ordinationserfordernisse ▸ Direkter Haftungszugriff auf alle Konsorten

Quelle: Backhaus/Voeth 2010, S. 355

die Preisvorstellung angepasst, sofern dies aus Kosten- und Gesamtunternehmens-sicht vertretbar ist. Backhaus/Voeth (2010, S. 356 ff.) stellen eine Reihe von Ver-fahren zur Kalkulation von Angebotspreisen für Anlagegüter vor.

Gerade bei langfristigen und sich ggf. über mehrere Jahre erstreckenden Aufträ-gen stellt sich häufig das Problem starker Preisunsicherheiten auf den Beschaffungs-märkten (z. B. für Lohn- und/oder Rohstoffpreise). Ähnliches gilt bei hohen Inflati-onsraten. Solche Schwankungen können gerade für kleine und mittlere Unternehmen schnell existenzgefährdend werden. Daher sollten folgende mögliche **Instrumen-te der Preissicherung** eingesetzt werden (vgl. Backhaus/Voeth 2010, S. 371 ff.):

Preisschwankungen auf der Beschaffungsseite als Gefahr

▸ **Festpreiseinschluss**: Der Anbieter versucht hier, mögliche zukünftige Preis-erhöhungen in einem Kalkulationsaufschlag zu berücksichtigen.

▸ **Preisvorbehalt**: Der Anbieter kann hierbei nachweisbare Kostensteigerungen an den Auftraggeber weitergeben. Dieses aus Anbietersicht vorteilhafteste

Instrument spielt in der Praxis eine geringe Rolle, da die Nachfrager meist eine Preissicherheit verlangen.

▸ **Offene Abrechnung**: Hier werden erbrachte Teilleistungen und aufgelaufene Kosten schrittweise abgerechnet. Der Auftraggeber trägt allein das Kostensteigerungsrisiko. Diese Variante kommt meist zum Einsatz, wenn Leistungsumfang und/oder Kosten in der Verhandlungsphase nicht abschätzbar sind. Ggf. ist die Vereinbarung eines Kostendachs (»Worst Case« aus Sicht des Kunden) möglich.

▸ **Mathematische Preisgleitklauseln**: Hier wird der endgültig relevante Preis von der Preisentwicklung bestimmter Elemente (z. B. Löhne, Materialpreise) abhängig gemacht. Schwierig hierbei ist die Festlegung der relevanten Elemente und deren Gewichtung. Eine besonders gebräuchliche Variante ist die Preisformel der ECE (United Nations Economic Commission for Europe):

$$P = \frac{P_0}{100} \left(a + m\, \frac{M}{M_\circ} + 1\, \frac{L}{L_0} \right)$$

Legende:

P	=	Endgültiger Preis
P_0	=	Preis am Basisstichtag (z. B. bei Vertragsabschluss)
a	=	Nicht gleitender Preisanteil
m	=	Anteil der Materialkosten am Preis
l	=	Lohnanteil am Preis
M_0	=	Materialkosten am Basisstichtag (z. B. bei Vertragsabschluss)
M	=	Materialkosten am Abrechnungstag
L_0	=	Lohnkosten am Basisstichtag (z. B. bei Vertragsabschluss)
L	=	Lohnkosten am Abrechnungstag
A+m+1	=	100

Gesamtpreisverhandlung

Die Berücksichtigung der **Mitanbieter** bei der Preisfindung erfordert häufig koalitionsinterne Verhandlungen zwischen den Anbietern. Ziel ist es, zu einem Gesamtpreis zu kommen. Bei diesen Verhandlungen können Zielkonflikte auftreten. Dabei wird die Durchsetzbarkeit der Vorstellungen einzelner Mitanbieter – das **Preisdurchsetzungspotenzial** – von folgenden Faktoren beeinflusst (Oliveira Gomes 1987, S. 23 ff. zitiert in Backhaus/Voeth 2010, S. 370):

▸ Unternehmensbezogene Faktoren – z. B. der Kapazitätsauslastungsgrad.
▸ Projektbezogene Faktoren – z. B. die Substituierbarkeit der Teilleistungen, die Nahtstellenprobleme zwischen den Anbietern, Referenzen für vergleichbare Projekte.
▸ Mitanbieterbezogene Faktoren – z. B. Preiszugeständnisse bei früheren gemeinsamen Projekten.
▸ Kundenbezogene Faktoren – z. B. Präferenzen für bestimmte Mitanbieter.
▸ Konkurrenzbezogene Faktoren – z. B. Preisstellungen, Qualität.

Zur gesamthaften Beurteilung des Preisdurchsetzungspotenzials empfiehlt sich die Anwendung eines Scoringmodells unter Rückgriff auf die vorstehenden Faktoren.

Ermittlung des marktfähigen Preises

Die Kunden- und Konkurrenzorientierung bei der Preisfindung berücksichtigt beispielsweise ein nutzenorientierter Ansatz (Value Pricing) von Oxenfeldt (1966, 1979). Dieser schlägt ein dreistufiges Vorgehen vor (vgl. Backhaus/Voeth 2010, S. 364):

1. Ermittlung der relevanten **Konkurrenzangebote**.
2. Bestimmung des Betrags, um den die eigene angebotene Problemlösung dem Kunden **Nutzenvorteile** bringt (Additional Value, Überlegenheitsprämie). Diese Vorteile können sich z. B. in zukünftigen Kosteneinsparungen niederschlagen.

3. Die nachfragerseitige **Preisobergrenze** für das eigene Angebot ergibt sich aus der Addition von Konkurrenzpreisen und Überlegenheitsprämie. Diese bildet die Basis für den anschließenden Verhandlungsprozess.

Ein wesentliches Problem im Anlagengeschäft resultiert aus dem großen Auftragsvolumen und den damit zusammenhängenden Finanzierungserfordernissen. (vgl. Backhaus/Voeth 2010 S. 375 ff. und die dort angegebene Literatur). Die **Auftragsfinanzierung** i.e.S. beinhaltet »die Beschaffung von Finanzmitteln zur Deckung von Auszahlungsüberhängen, die aufgrund von zeitlichen und/oder betragsmäßigen Diskrepanzen im Anfall auftragsbezogener Ein- und Auszahlungen entstehen.« (Backhaus/Voeth 2007 S. 375). Im weiteren Sinne gehört hierzu auch die Betreuung aller mit der Abwicklung eines Auftrags zusammenhängenden Finanzaktivitäten.

Vorfinanzierung erforderlich

Financial Engineering ist dabei »die Planung und Ausarbeitung von maßgeschneiderten Finanzierungskonzepten durch Erschließung und Kombination aller zweckadäquaten Finanzierungsalternativen als Grundvoraussetzung für die Durchführung komplexer Anlagenprojekte.« (Backhaus/Voeth 2007 S. 375).

Die Höhe und der zeitliche Verlauf des Finanzierungsbedarfs ergeben sich i.d.R. aus drei Gruppen von **Auszahlungsüberhängen:**

Entstehung des Vorfinanzierungsbedarfs

▸ Angebotskosten (Akquisition, Planung, Projektierung),
▸ laufende Fertigungskosten, die nicht durch An- und Zwischenzahlungen gedeckt werden und
▸ Gewährung von (schrittweisen) Zahlungszielen (Zielfinanzierung).

Letzteres wird auch als Liefervertragskredit bezeichnet.

Weitere mögliche **Finanzierungsinstrumente** sind:

▸ Lieferantenkredit – Finanzierung der Auszahlungsüberhänge durch eine Bank.
▸ Bestellerkredit – Finanzierung über Zahlungen seitens der Bank des Bestellers.
▸ Forfaitierung – Verkauf der Forderung an einen Forderungsankäufer.

Die jeweiligen Vor- und Nachteile dieser Finanzierungsinstrumente sind in der Abbildung 101 zusammengefasst.

3.3.2.3 Kundenverhandlungsphase

Im Anschluss an die Angebotsabgabe erfolgt die Verhandlung mit ausgewählten Anbietern (Ausnahme: Closed Bid-Submissionen). Gegenstand dieser Verhandlungen sind im Wesentlichen Angebotsbestandteile, über die noch kein Konsens zwischen Anbieter und Nachfrager besteht.

Einigung über Angebotsbestandteile

Aus Anbietersicht ist hier zu entscheiden über:

▸ Das **Verhandlungsteam** – Wer sollte verhandeln?
Eine wesentliche Rolle spielen individuelle Persönlichkeitsmerkmale und Verhaltensweisen sowie die Größe und Zusammensetzung des Teams. Generelle Richtlinien, Empfehlungen oder Ansätze sind hierfür in der Literatur leider nicht verfügbar.

Wer?

▸ Den **Verhandlungsprozess** – Wie soll verhandelt werden?
Zur Verhandlungstaktik und Verhandlungstechnik (Einsatz von Informations- und Kommunikationstechnologien) gibt es umfangreiche praxisorientierte und

Wie?

Abb. 101

Vor- und Nachteile des Lieferantenkredits, Bestellerkredits und der Forfaitierung aus Anbieter und Nachfragersicht

Lieferantenkredit		
	Vorteile	Nachteile
Lieferan-tensicht	▸ Krediteinräumung und -verwaltung sind relativ unkompliziert. ▸ Größere Dispositionsfreiheit des Lieferanten bezüglich des Einsatzes eigener Liquidität oder des Rück-griffs auf den Kapitalmarkt. ▸ Der Plafond A der AKA als zins-günstige Refinanzierungsquelle steht nur für Lieferantenkredite zur Verfügung.	▸ Belastung der Bilanz für relativ lange Zeiträume durch Erhöhung des Verschuldungsgrads. ▸ Belastung bestehender Kreditlinie auch bei vorhandener HERMES-Deckung wegen verbleibender Restrisiken beim Exporteur. ▸ Leistungsfernere Zahlungsbedingun-gen und Anspannung der Liquidi-tätslage des Lieferanten.
Besteller-sicht	▸ Kreditspielräume bei Banken blei-ben für den Besteller unberührt. ▸ Einfache Abwicklung und Dokumen-tation, da Verhandlungen nur mit dem Exporteur zu führen sind.	▸ Begrenzte Verfügbarkeit sowohl der Höhe als auch der Laufzeit nach we-gen Zurückhaltung der Lieferanten. ▸ Geringer Möglichkeiten des Erhalts von Finanzierungen für An- und Zwischenzahlungen.
Bestellerkredit		
	Vorteile	Nachteile
Lieferan-tensicht	▸ Da bei den Finanzierungsverhand-lungen die Bank hinzutritt, lassen sich nicht selten günstigere Kondi-tionen durchsetzen. ▸ Entlastung von Bilanz und Kredit-linien. ▸ Erreichung leistungsnäherer Zah-lungsbedingungen und damit ver-bundene Liquiditätsentlastung. ▸ Bestellerkredite werden von Zah-lungsschwierigkeiten i. d. R. später betroffen.	▸ Hoher Verwaltungsaufwand bedingt durch Aushandeln der Kreditverträ-ge und damit verbundener rechtli-cher Probleme.
Besteller-sicht	▸ Relativ große Beträge mit langen Rückzahlungszeiträumen sind verfügbar. ▸ Vereinbarung fester Zinssätze zu-meist möglich. ▸ Werden Bestellerkredite von Export-kreditversicherern gedeckt, sind die Banken eher bereit, auch An- und Zwischenzahlungen sowie lokale Kosten frei zu finanzieren.	▸ Komplexe Abwicklung und Doku-mentationen. ▸ Belastung der Kreditspielräume des Bestellers.
Forfaitierung		
	Vorteile	Nachteile
	▸ Kein Forderungsmanagement nötig. ▸ Entlastung der Bilanz. ▸ Erhöhte Liquidität. ▸ Ggf. Kreditrückzahlung möglich.	▸ Beschränkte Restlaufzeit (abhängig von Bonität des Kunden). ▸ Hohe Kosten (für Refinanzierung, Risikoprämie, Abwicklung, Bereit-stellungsprovision). ▸ Bei hohen Beträgen mehrere For-faiteure nötig (Teilabtretungen müssen erforderlich).

Quelle: nach Backhaus/Voeth 2010, S. 380 u. 382

theoretisch ausgerichtete Literatur. In der Abbildung 102 sind die grundlegenden Ansätze zur Analyse von Vertragsverhandlungen kurz dargestellt.

Einen Überblick über mögliche Techniken, die im Verhandlungsverlauf eingesetzt werden können, enthält die Abbildung 103.

▸ Die **Verhandlungsinhalte/-objekte** – Worüber wird verhandelt?

Die Inhalte des Angebots und die Ergebnisse der Verhandlungen werden im sogenannten Anlagenvertrag dokumentiert. Hier sind alle Rechte und Pflichten der beteiligten Vertragsparteien niedergelegt. Zu den wesentlichen Verhandlungsgegenständen gehören: die technischen Leistungen, die betriebswirtschaftlichen Konditionen, die Abwicklung des Projektes sowie der Umgang mit möglichen Vertragsstörungen.

Worüber?

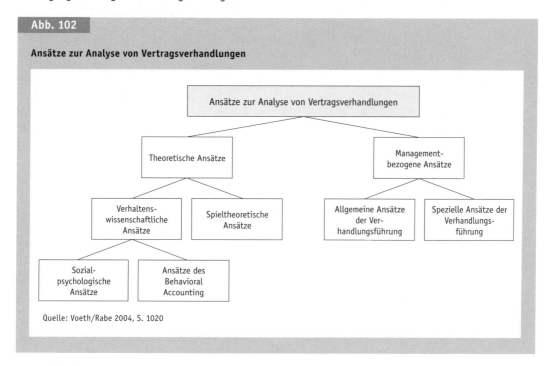

Abb. 102

Ansätze zur Analyse von Vertragsverhandlungen

Quelle: Voeth/Rabe 2004, S. 1020

3.3.3.4 Projektabwicklungs- und Gewährleistungsphase

Im Mittelpunkt dieser Phase steht die Sicherstellung der Zufriedenheit des Kunden. Aufgrund der normalerweise geringen Anzahl von Projekten im Anlagengeschäft kommt jedem Projekt ein besonderer Stellenwert zu und es ist eine sehr kulante Ausrichtung der Gewährleistungspolitik zu empfehlen (vgl. Backhaus/Voeth 2010, S. 415 f.).

Kulanz mit hohem Stellenwert

Ziel sollte es sein, das Projekt als Referenz für mögliche Folgeaufträge bei dem aktuellen oder anderen potenziellen Kunden nutzen zu können. Damit kann das auf Seiten des Nachfragers empfundene Risiko reduziert werden. Folgende **Referenzarten** werden in Bezug auf die Reduzierung des Risikoempfindens beim Kunden unterschieden, wobei ihre Wertigkeit verschieden ist:

Referenzen zur Erzeugung von Vertrauen

- ▸ Gesamtprojekt-Referenzen,
- ▸ Know-how-Referenzen,
- ▸ Komponenten-Referenzen und
- ▸ Koalitions-Referenzen.

Abb. 103

Einsatz verschiedener Verhandlungstechniken in der Kundenverhandlungsphase

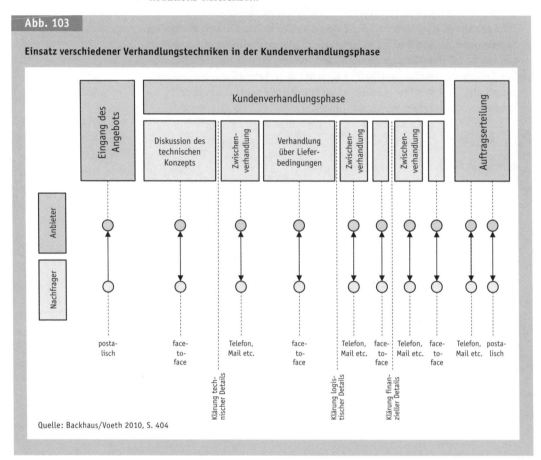

Quelle: Backhaus/Voeth 2010, S. 404

Zusammenfassung Kapitel 3.3

Die Vermarktung von Leistungen im Anlagengeschäft ist dadurch charakterisiert, dass kein zeitlicher Kaufverbund besteht, die Leistungen kundenindividuell in Form von Einzelfertigung, häufig unter Einbezug des Kunden und in Kooperation mit anderen Anbietern erstellt werden. Außerdem erfolgt die Vermarktung vor der Erstellung der Leistung. Die Vermarktung ist darüber hinaus in mehrere Phasen zu unterteilen: Voranfrage, Angebotserstellung, Kundenverhandlungen, Abwicklung und Betrieb. Das Marketing, insbesondere der Einsatz der Marketinginstrumente, orientiert sich an diesen Phasen und zielt auf eine Optimierung der entsprechenden Teilprozesse.

7. *Erörtern Sie die Charakteristika des Anlagengeschäftes. Versetzen Sie sich in die Situation eines Herstellers von Druckmaschinen, der bereits für einige Verlage und Druckereien die Fertigungsinseln erstellt und geliefert hat. Welche Folgen haben die Charakteristika des Anlagengeschäftes für den Vermarktungsprozess?*

8. *Erörtern Sie die Phasen des Anlagengeschäftes am Beispiel eines Herstellers von Druckmaschinen, dem ein möglicher Auftrag durch eine erfolgreiche Druckerei ins Haus steht, die den Ausbau ihrer Kapazitäten plant. Es soll auch ein Teil der alten Anlagen modernisiert bzw. erneuert werden.*

9. *Nach weiterer Recherche seitens des Herstellers von Druckmaschinen wird deutlich, dass der Auftrag die Kapazitäten des Unternehmens möglicherweise übersteigt. Welche Alternativen hat das Unternehmen? Welche Vor- und Nachteile folgen ggf. daraus?*

10. *Diskutieren Sie kurz die grundlegenden Besonderheiten der Preispolitik im Anlagengeschäft. Was ist besonders zu beachten?*

11. *Welches Vorgehen würden Sie dem Hersteller von Druckmaschinen empfehlen, um zu einem Angebotspreis (ggf. in Anbietergemeinschaft) zu kommen?*

12. *Der Auftrag für den Hersteller von Druckmaschinen kommt zustande. Das Gesamtprojekt erstreckt sich über einen Zeitraum von drei Jahren. Das Projektvolumen beträgt mehrere Millionen Euro. Welche Möglichkeiten der Zwischenfinanzierung gibt es, wenn 80 % der Leistung erst nach vollständiger Lieferung und Inbetriebnahme seitens des Auftraggebers bezahlt wird?*

13. *Erörtern Sie den möglichen idealtypischen Verlauf des Verhandlungsprozesses mit dem Kunden nach Abgabe des Angebotes.*

14. *Nach Abschluss des Geschäftes haben Sie von Ihrem Auftraggeber die Erlaubnis bekommen, das Projekt als »Referenz« anzugeben.*
Was verstehen Sie allgemein unter einer »Referenz« und welchen Nutzen haben Referenzen? Was würden Sie unter »Gesamtprojekt-Referenzen«, »Know-how-Referenzen«, »Komponenten-Referenzen« und »Koalitions-Referenzen« verstehen? Unterscheiden Sie die verschiedenen Referenzarten hinsichtlich ihrer Wertigkeit in Bezug auf die Reduzierung des auf Seiten des Kunden empfundenen Risikos.

Die Lösungen zu den Wiederholungsfragen finden Sie in Kapitel 5, S. 249 ff.

3.4 Marketing-Mix im Systemgeschäft

Leistungen des Systemgeschäftes richten sich in der Regel an einen **anonymen Markt** – dies obwohl auf der Nachfragerseite mitunter ein hohes Maß an Individualität vorherrscht. Zugleich sind Leistungen im Systemgeschäft durch einen **zeitlichen Kaufverbund** charakterisiert, der in der nachfolgenden Abbildung 104 verdeutlicht wird.

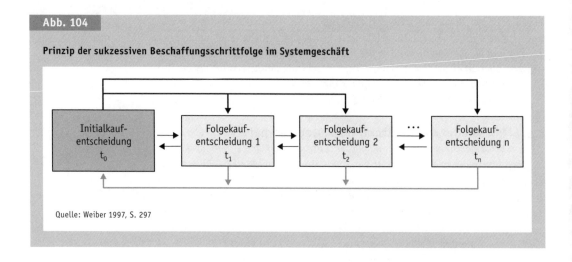

Abb. 104

Prinzip der sukzessiven Beschaffungsschrittfolge im Systemgeschäft

Quelle: Weiber 1997, S. 297

Starke Bindung des
Kunden an den Anbieter

Ausgehend von einer **Initialkaufentscheidung** erfolgt eine sukzessive Beschaffung weiterer Systembestandteile. Innerhalb des Kaufverbundes werden damit **Folgekaufentscheidungen** getroffen. Diese werden durch die Initialkaufentscheidung determiniert, da mit dieser eine Festlegung auf eine bestimmte Systemarchitektur bzw. Systemphilosophie erfolgt ist. Kompatibilitäten zu weiteren Systemelementen sind infolge dessen regelmäßig zu berücksichtigen und erzeugen eine starke Bindung des Kunden an den Anbieter.

Die **Art der Bindung** kann in folgende Formen unterschieden werden (vgl. Weiber/Beinlich 1994):

▸ Technische Bindung – Sie basiert auf technischer Kompatibilität, wie z.B. bei Softwareprodukten von Apple oder Microsoft.
▸ Organisatorische Bindung – Sie entsteht durch die Anpassung der Ablauforganisation, die Einsetzbarkeit vorhandener Datensätze, bestehende Softwarekenntnisse etc.
▸ Psychologische Bindung – Sie wird erzeugt durch die Verlässlichkeit des Anbieters, die Kompetenz, das Preis-Leistungs-Verhältnis etc.

Gefahr der Abhängigkeit
des Nachfragers

Für den Kunden im Systemgeschäft ergibt sich aus der Bindung, die aus dem Initialkauf entsteht, eine mehr oder weniger große **Unsicherheit** in Bezug auf das Verhalten des Anbieters sowie auf die Nutzung der Leistung. So besteht die Gefahr, dass der Anbieter, der sich in einer Monopolsituation befinden kann, die Abhängigkeit des Nachfragers beispielsweise ausnutzt bezüglich der

▸ Preise für Systemerweiterungen,
▸ Qualität der Folgeinvestitionen,
▸ Service-Bereitschaft des Anbieters,
▸ Weiterentwicklung der Systemarchitektur,
▸ Zeitpunkt, bis zu welchem Systemergänzungen oder -erweiterungen angeboten werden (vgl. Backhaus/Voeth 2010, S. 432).

Hinsichtlich der Nutzung ergibt sich die Unsicherheit für den Nachfrager vor allem daraus, dass er die Leistungsfähigkeit des Systems nicht oder nur bedingt einschätzen kann. Dies vor allem, weil Teile des Systems erst zu späteren Zeitpunkten beschafft und damit die Gesamtleistung entsprechend erst in der Zukunft beurteilt werden kann.

Leistungsfähigkeit des Systems ist schwer einschätzbar

3.4.1 Phasen der Vermarktung im Systemgeschäft

Die Vermarktung im Systemgeschäft muss sich auf die zuvor dargestellten Eigenschaften des Systemgeschäftes einstellen. Nicht zuletzt sollten die Aktivitäten der Vermarktung auf das Management der Unsicherheit seitens der Nachfrager zielen.

Management der Unsicherheit

Ausgehend von dem Entscheidungsprozess und dem Verhalten des Nachfragers ergeben sich zwei Stufen der Vermarktung im Systemgeschäft (Backhaus/Voeth 2010, S. 438):

▸ Das **Management der Einstiegsinvestition**: Welche Maßnahmen können ergriffen werden, um Nachfrager zur Durchführung von Einstiegsinvestitionen in das System des eigenen Unternehmens zu bewegen?
▸ Das **Management der Folgeinvestitionen**: Durch welche Aktivitäten kann die Systembindung des Nachfragers zum Anbietervorteil genutzt werden, ohne dass es zu einem Systemausstieg kommt?

3.4.2 Management der Einstiegsinvestition

Das Management der Einstiegsinvestition soll vor allem das von Seiten des Nachfragers empfundene Risiko beim Systemeinstieg minimieren. Dafür bieten sich im Wesentlichen zwei Ansätze (Backhaus/Voeth 2010, S. 448 f.):

Empfundenes Risiko des Nachfragers minimieren

1. Die **Gestaltung des Systems** in der Art, dass ein möglichst hoher Nutzen (z. B. Qualität) einem möglichst geringen Opfer (z. B. Preis) gegenüber steht. Die Instrumente der Produktpolitik und der Preispolitik sind hier vorrangig gefordert.
2. Die **System-Kommunikation**, mit deren Hilfe die Wahrnehmung der Nachfrager positiv beeinflusst werden soll.

3.4.2.1 Produktpolitische Gestaltung des Systems

Die wesentliche Herausforderung für die Produktpolitik im Systemgeschäft besteht darin, die verschiedenen Teilleistungen und Komponenten aufeinander abzustimmen. Den Rahmen hierfür bildet die Definition der Systemarchitektur. Je nach Gestaltung der Systemarchitektur müssen Einstiegsleistung und Folgeprodukte aufeinander abgestimmt werden.

Verschiedene Teilleistungen aufeinander abstimmen

Für die Gestaltung von Systemen sind Entscheidungen zu treffen im Hinblick auf die vier Dimensionen:

▸ Determiniertheit,

▸ Offenheit,
▸ Ausgewogenheit und
▸ Latenz.

Die Dimensionen in ihren extremen Ausprägungen finden sich in der Abbildung 105.

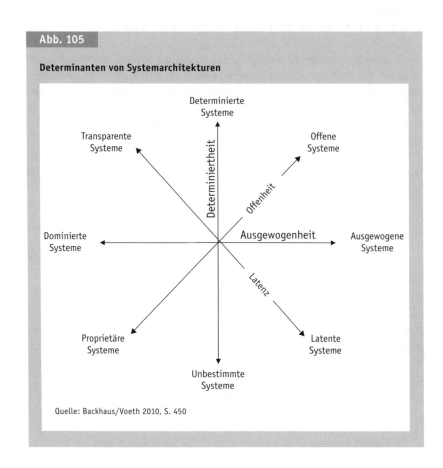

Abb. 105

Determinanten von Systemarchitekturen

Quelle: Backhaus/Voeth 2010, S. 450

Die möglichen **Eigenschaften der Systeme** sind wie folgt zu beschreiben:

▸ **Determinierte Systeme** sind dadurch charakterisiert, dass die Folgeinvestitionen nach Art und Umfang bereits beim Systemeinstieg feststehen. Bei **unbestimmten Systemen** wird durch den Nachfrager beim Systemeinstieg zwar von Folgeinvestitionen ausgegangen. Diese sind aber nach Art, Umfang und Zeitpunkt noch ungewiss.

▸ Die Offenheit eines Systems bestimmt den Umfang der Monopolisierung des Marktes für den Anbieter. **Offene Systeme** erlauben Folgeinvestitionen auch bei Wettbewerbern, weisen also eine geringe Systembindung auf. **Proprietäre**

Systeme beinhalten demgegenüber eine vollständige Bindung an den Anbieter.

▸ Die Ausgewogenheit von Systemen charakterisiert die Dominanz der Erst- oder (einzelner) Folgeinvestitionen. Bei **dominierten Systemen** prägt eine Teilinvestition die gesamten anderen (z. B. prägt ggf. die Erstinvestition Drucker alle Folgeinvestitionen in Papier, Patronen etc.). Bei einem vollständig **ausgewogenen System** sind alle Einstiegs- und Folgeinvestitionen identisch.

▸ Die Latenz beschreibt das Ausmaß des im Vorfeld des Systemeinstiegs wahrgenommenen Systemcharakters. Ein **transparentes System** liegt dann vor, wenn dem Käufer bei Systemeinstieg bewusst ist, dass es sich um ein System handelt und welche Folgeinvestitionen erforderlich sind. Bei einem **latenten System** wird dem Kunden der Systemcharakter erst bei notwendig werdenden Folgeinvestitionen bewusst.

Aus der Kopplung der verschiedenen Eigenschaftsdimensionen von Systemen ergeben sich mögliche **Systemprofile** und typische Systemkonzeptionen, wie sie in der nachfolgenden Abbildung 106 dargestellt sind.

Typische Systemkonzeptionen

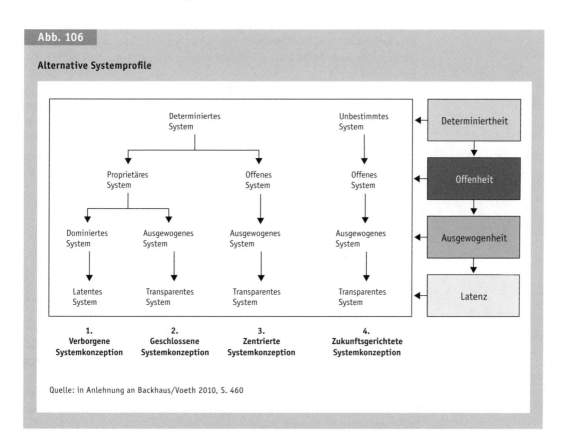

Abb. 106

Alternative Systemprofile

Quelle: in Anlehnung an Backhaus/Voeth 2010, S. 460

Es ergeben sich die folgenden **Systemkonzeptionen** (vgl. Backhaus/Voeth 2010, S. 461f.):

1. **Verborgene Systemkonzeptionen** zielen darauf ab, Nachfrager zum Einstieg in ein geschlossenes Gesamtsystem zu veranlassen, ohne dass diesen im Vorfeld der Systemcharakter bewusst gemacht wird. Häufig wird der Systemeinstieg mittels einer Quersubvention der Einstiegsinvestition durch spätere Folgeinvestitionen vereinfacht.

2. **Geschlossene Systemkonzeptionen** zielen darauf ab, Nachfrager zum Einstieg in ein geschlossenes Gesamtsystem zu veranlassen. Der Systemcharakter wird dabei offengelegt. Quersubventionen sind nicht erforderlich.

3. **Zentrierte Systemkonzeptionen** sind offen, d.h. Folgeinvestitionen können auch bei Wettbewerbern getätigt werden. Damit einher geht für den Anbieter die Notwendigkeit, dass die Einstiegsinvestition bereits kostendeckend ist, da eine Quersubvention durch Folgeinvestitionen nicht sichergestellt ist.

4. **Zukunftsgerichtete Systemkonzeptionen** sind unbestimmt. Die gesamten Vermarktungsaktivitäten müssen daher darauf gerichtet sein, dem Kunden die Zukunftsfähigkeit des Systems zu vermitteln.

3.4.2.2 Preispolitische Gestaltung des Systems

Aufgrund der generellen Ausrichtung von Systemen auf einen anonymen Markt weist das Pricing im Systemgeschäft eine große Ähnlichkeit zum Pricing im Produktgeschäft und damit zum Konsumgütergeschäft auf (vgl. Backhaus/Voeth 2010, S. 462).

Preisbündelung

Eine wesentliche Besonderheit liegt darin, dass Nachfrager üblicherweise im Zusammenhang mit der Einstiegsinvestition bzw. in deren Vorfeld die Preise bzw. Ausgaben inklusive der Folgeinvestitionen betrachten. Für den Anbieter ist daher eine simultane Planung der Preise erforderlich. Die damit zusammenhängende kombinierte Preisfestlegung wird auch als Preisbündelung bzw. Bundling bezeichnet. Voeth (2003) unterscheidet **Bundling-Phänomene** danach, ob

▶ sich das Bundling auf gleiche Leistungen oder verschiedene Leistungen bezieht (Leistungsdimension),

▶ die gebündelten Leistungen zum gleichen Zeitpunkt oder zu verschiedenen Zeitpunkten erworben werden (Zeitdimension),

▶ die Bündelung von einzelnen Nachfragern oder nachfragerübergreifend vorgenommen wird (Nachfragerdimension).

Aus der Kombination der Merkmale ergibt sich ein Würfel, wie er in der Abbildung 107 ersichtlich ist.

Die Felder (3) und (4) beinhalten klassische Preisbündelungen bzw. Mengenrabatte dar. (1) und (2) stellen Fälle von Nachfragerbündelung bzw. Bündelgeschäften dar. In den Feldern (5) und (6) finden sich Phänomene der Kooperation von Nachfragern im Einkauf. Das Systemgeschäft als solches findet sich in den Feldern (7) und (8): Gleiche Nachfrager erwerben gleiche oder verschiedene Leistungen zu unterschiedlichen Zeitpunkten. Der Fall (7) gehört dabei zu den ausgewogenen Systemen.

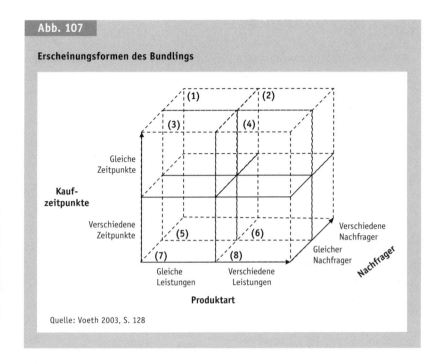

Abb. 107

Erscheinungsformen des Bundlings

Quelle: Voeth 2003, S. 128

Bei vollständig ausgewogenen Systemen, bei denen das Gesamtsystem aus inhaltlich identischen Systembestandteilen besteht, stehen dem Systemanbieter in Abhängigkeit von den Zahlungsbereitschaften der Nachfrager zwei grundsätzliche Preisfestsetzungsmöglichkeiten zur Verfügung:

- **Lineares Pricing:** Hier werden einheitliche Preise für die dem System zugehörigen Teilleistungen (Einstiegs- und Folgeinvestitionen) verlangt.
- **Nicht-lineares Pricing:** Hier wird ein Preissystem entwickelt, bei dem der Durchschnittspreis pro Einheit mit zunehmender Anzahl erworbener Systemkomponenten sinkt. Damit stellt das nicht-lineare Pricing ein Instrument zur quantitativen Preisdifferenzierung dar.

In der nachfolgenden Abbildung 108 sind die beiden Varianten auf Basis unterschiedlicher Zahlungsbereitschaften zweier Kunden A und B verdeutlicht.

Ein wichtiges Instrument der preispolitischen Absatzsteuerung im Systemgeschäft stellen **Rabatte** dar. Insbesondere bei Nachfrageschwankungen können Anbieter über die Gewährung von zeitpunktbezogenen Rabatten die Entscheidungszeitpunkte für Folgeinvestitionen beeinflussen. Auch die Gestaltung von Zahlungsbedingungen kann helfen, die Nachfragerunsicherheit zu reduzieren, indem beispielsweise Ratenzahlungen nach Lieferung oder Geldzurück-Garantien bei Nichterreichen der investitionsbezogenen Zielsetzungen möglich sind (vgl. Backhaus/Voeth 2010, S. 472 ff.).

Lineares und nicht-lineares Pricing

Rabatte und Zahlungsbedingungen zur Steuerung der Nachfrage

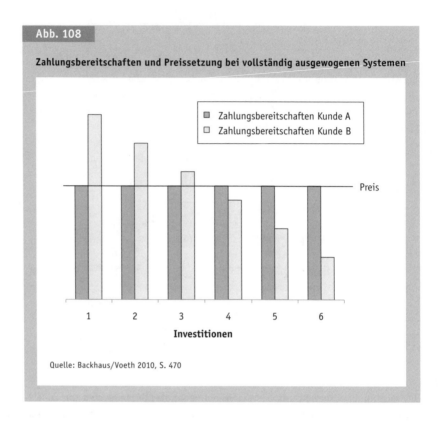

Abb. 108

Zahlungsbereitschaften und Preissetzung bei vollständig ausgewogenen Systemen

Quelle: Backhaus/Voeth 2010, S. 470

3.4.2.3 Kommunikationspolitische Gestaltung des Systems

Die erfolgte Systemkonzeption (Produkt- und Preisgestaltung) ist anschließend dem Markt zu kommunizieren. Die Wahrnehmung der potenziellen Nachfrager sollte dabei so beeinflusst werden, dass sie das System beschaffen möchten. Es sind Entscheidungen zu treffen hinsichtlich

▸ des Kommunikationsobjektes,

▸ der Kommunikationsträger und

▸ der Kommunikationsinhalte.

Initialkaufobjekt und Folgeinvestition voneinander trennen oder miteinander verbinden?

Bezogen auf das **Kommunikationsobjekt** ist die Frage zu beantworten, ob Initialkaufobjekt und Folgeinvestitionen kommunikationspolitisch getrennt oder gemeinsam bearbeitet werden sollen. Eine Trennung ist eigentlich immer nur dann sinnvoll, wenn der Systemcharakter vor der Einstiegsinvestition nicht betont werden soll. Dies hängt auch stark mit der Art der verfolgten Markenstrategie innerhalb eines Systems zusammen. Bei Einzelmarken ist die Trennung erforderlich. Familienmarken können gut kombiniert beworben werden.

Referenzsysteme und persönlicher Verkauf

Als **Kommunikationsträger** sind aufgrund der Standardisierung der Leistung grundsätzlich auch nicht-individualisierte Kommunikationsinstrumente (z. B. Medienwerbung) einsetzbar. Aufgrund der Nachfragerunsicherheit sind jedoch Träger/

Instrumente zu bevorzugen, die Empfehlungscharakter (Referenzsysteme) und persönlichen Kontakt (persönlicher Verkauf) beinhalten.

Die **Inhalte der Kommunikation** sollten grundsätzlich darauf ausgerichtet sein, Unsicherheit abzubauen und Vertrauen bei den potenziellen Kunden zu erzeugen. Die genaue Ausrichtung der Kommunikationsinhalte hängt darüber hinaus stark von der Art der gewählten **Systemkonzeption** ab.

Ziel der Kommunikation: Unsicherheit abbauen

▸ Bei **verborgenen** Systemkonzeptionen ist der Systemcharakter zu verbergen, da der Anbieter den Nachfrager zum Einstieg in ein geschlossenes System veranlassen will, ohne dass diesem der Systemcharakter im Vorfeld bewusst gemacht wird.

Beachtung der Systemkonzeption

▸ Bei **geschlossenen** Systemkonzeptionen sollen die Nachfrager zum Einstieg in ein geschlossenes Gesamtsystem veranlasst werden, wobei der Systemcharakter jedoch offengelegt wird. Der Gesamtnutzen des Systems sollte hier im Vordergrund stehen.

▸ Bei **zentrierten** Systemkonzeptionen sollte gerade deren Offenheit in Bezug auf die Wahl der Anbieter bei Folgeinvestitionen in den Vordergrund gestellt werden. Darüber hinaus sollten die Besonderheit und Leistungsfähigkeit herausgestellt werden.

▸ Da die **zukunftsgerichteten** Systemkonzeptionen unbestimmt sind, sollte der herausragende Nutzen sowie die Zukunftsfähigkeit des Systems bereits bei der Einstiegsinvestition vermittelt werden.

Ein weiteres stark kommunikatives Instrument zur Reduktion der Nachfragerunsicherheit stellen **Garantien** dar. Hierzu gehört die zeitliche und/oder inhaltliche Ausdehnung der Gewährleistungspflicht, also Funktionsgarantien für bereits gekaufte Leistungen. Darüber hinaus sind Erfüllungsgarantien für versprochene oder zukünftig erforderliche Leistungen ein wichtiges und viel genutztes Instrument für das Management der Einstiegsinvestition im Systemgeschäft.

Garantien

3.4.3 Management der Folgeinvestition

Ist die Einstiegsinvestition durch den Nachfrager erfolgt, ändert sich die Marketingsituation für den Anbieter grundlegend. Aufgrund des Systemeinstiegs ist der Kunde gebunden. Das Ausmaß der Bindung hängt stark von der Art des Systemkonzeptes sowie der Höhe der geleisteten Investition ab. Der Anbieter hat grundsätzlich die Möglichkeit, die entstandene Systembindung auszunutzen, indem er die Systemausstiegs- bzw. -wechselkosten der Nachfrager abzuschöpfen versucht (vgl. Backhaus/Voeth 2010, S. 482 f.).

Ausnutzen der Systembindung

Folgendes ist dabei zu beachten (vgl. Backhaus/Voeth 2010, S. 482 ff.):

▸ Die Höhe der **Wechselkosten** kann sich im Zeitverlauf verändern. Sie können ansteigen (z.B. aufgrund zunehmender organisatorischer Anpassungen in Folge des Systemeinstiegs) oder auch abnehmen (z.B. aufgrund von Alterung oder Verschleißen der Systemtechnologie).

Systemausstiegskosten abschöpfen

▸ Die Veränderung der Wechselkosten als Differenz zwischen Restbuchwert und Wiederverkaufserlös verdeutlicht die Abbildung 109.

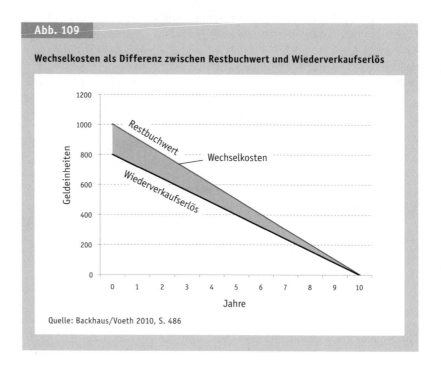

Abb. 109

Wechselkosten als Differenz zwischen Restbuchwert und Wiederverkaufserlös

Quelle: Backhaus/Voeth 2010, S. 486

▸ Für die Preispolitik ergeben sich daraus diverse Möglichkeiten einer dynamischen Preisbildung entlang des Nutzungsverlaufs. Nicht zuletzt sollten hierfür die Optionen einer Skimming- oder Penetrationsstrategie geprüft werden.
▸ Die Nutzungsintensität des Systems und die Höhe der Folgeinvestitionen können bewusst reduziert werden, wenn die Abschöpfungsmanier des Anbieters erkannt wird und als ungerechtfertigt empfunden wird.
▸ Wettbewerber hätten durch ein solches Verhalten ggf. die Möglichkeit, in den Markt für die Folgeinvestitionen einzutreten. Der Markt für Druckerpatronen lässt dies derzeit sehr deutlich werden.
▸ Schließlich ist auch die längerfristige Perspektive zu beachten. Eine starke und ökonomisch belastende Abhängigkeit zu einem Anbieter wird der Kunde nach Ablauf der Nutzungszeit des aktuellen Systems ggf. zum Anlass nehmen, den Anbieter zu wechseln.
▸ Um einem möglichen Anbieterwechsel entgegenzuwirken, ist vor allem Zufriedenheit mit dem aktuellen System und seinem Anbieter zu erzeugen. Ergänzend kann der aktuelle Anbieter vor Ablauf der Nutzungszeit einen »anbieterinternen« Wechsel des Systems forcieren, indem er einen Marketingmix mit entsprechenden Vorteilen für den Kunden generiert.

Zusammenfassung Kapitel 3.4

Die Vermarktung von Leistungen im Systemgeschäft ist dadurch charakterisiert, dass diese sich an einen anonymen Markt richtet und zwischen den Leistungen ein zeitlicher Kaufverbund besteht. So determiniert eine Initialkaufentscheidung mögliche Folgekaufentscheidungen in technischer, organisatorischer und/oder psychologischer Hinsicht. Dadurch wird eine mehr oder weniger starke Bindung des Kunden an das eigene Unternehmen erzeugt. Nicht zuletzt aufgrund dieses Bindungseffektes werden die Phasen der Vermarktung im Systemgeschäft in das Management der Einstiegsinvestition und das Management der Folgeinvestition unterteilt.

Die einzelnen Systemgeschäfte lassen sich nach verschiedenen Merkmalen kategorisieren. Für das Management der Einstiegsinvestition lassen sich aus der Kombination und Gewichtung der Systemmerkmale wiederum vier grundlegende Systemkonzepte klassifizieren: Verborgene, geschlossene, zentrierte und zukunftsgerichtete Systemkonzeptionen. Auf diese sollte der Marketing-Mix entsprechend abgestimmt werden.

Während das Management der Einstiegsinvestition auf die Gewinnung von Kunden für das System gerichtet ist, zielt das Management der Folgeinvestition vornehmlich auf das Halten des Kunden und das vorsichtige Abschöpfen des Bindungsvorteils durch die entstehenden Ausstiegs- bzw. Wechselkosten.

Wiederholungsfragen zu Kapitel 3.4

15. *Erläutern Sie die Charakteristika des Systemgeschäftes am Beispiel eines Anbieters von Büro-Systemmöbeln.*
16. *Inwieweit entsteht eine Kundenbindung aufgrund des Charakters des Systemgeschäftes und worauf basiert diese im Fall der Büro-Systemmöbel?*
17. *Woraus resultiert die Unsicherheit einer Kaufentscheidung aus Sicht eines Käufers von Büro-Systemmöbeln?*
18. *Welcher Art des Systemgeschäftes ist ein Anbieter von Büro-Systemmöbeln zuzuordnen, und welchen Einfluss hat dies auf die Gestaltung der Marketinginstrumente?*
19. *Wie verhalten sich die Wechselkosten aus Sicht des Käufers von Büro-Systemmöbeln und wie lassen diese sich bewerten?*

Die Lösungen zu den Wiederholungsfragen finden Sie in Kapitel 5, S. 252.

3.5 Marketing-Mix im Zuliefergeschäft

»**Zulieferer** beliefern Herstellerunternehmen mit industriellen Vorprodukten und/oder (zugehörigen) Dienstleistungen. Die Herstellerunternehmen werden dabei als OEM (Original Equipment Manufacturer = Erstausrüster) bezeichnet und sind organisationale Nachfrager, die Produkte als Teile oder Module bei Zulieferern beschaffen, um sie in ihre (End-)Produkte einzubauen.« (Backhaus/Voeth 2010, S. 493; vgl. auch die dort angegebene Literatur).

Prominente Beispiele für Zulieferer, die über starke Marken auch das Image der Endprodukte beeinflussen, sind Intel in der PC-Branche sowie Conti oder Blaupunkt in der Automobilbrache. IBM bzw. Automobilhersteller wie Volkswagen fungieren hier als OEM.

Neben dem Zuliefergeschäft existiert für diese Unternehmen häufig auch ein Ersatzteilgeschäft für auszutauschende Teile. Dieses Geschäft richtet sich an den Endverwendermarkt und entspricht seinem Charakter nach dem Produktgeschäft bzw. dem Konsumgütermarketing. Die Besonderheiten dieses Geschäftes wurden bereits in den vorstehenden Kapiteln betrachtet. Hier soll es daher ausschließlich um das Zuliefergeschäft gehen.

3.5.1 Charakteristika und Phasen der Vermarktung im Zuliefergeschäft

Längerfristige Geschäftsbeziehung

Charakteristisch für das Zuliefergeschäft sind einzelkundenbezogene Transaktionen, die durch einen zeitlichen Kaufverbund charakterisiert sind. Einzelne Anbieter- und Nachfragerorganisationen gehen hierbei eine längerfristige Geschäftsbeziehung ein. Aufgrund der geringen Anzahl und der häufig individuell abgestimmten Leistung hat der einzelne Kunde für das Zulieferunternehmen i.d.R. eine hohe Bedeutung. Die prägende Bedeutung des Einzelkundenfokus und des zeitlichen Kaufverbundes soll kurz detaillierter betrachtet werden.

Einzelkundenfokus

Folgende Charakteristika verdeutlichen die Relevanz des **Einzelkundenfokus** (vgl. Backhaus/Voeth 2010, S. 495 ff.):

▸ Erhöhte **Interaktionskomplexität**: Um das Leistungsangebot an den Wünschen und Vorstellungen der Nachfragerunternehmen auszurichten, müssen diese weitestmöglich in den Entwicklungs- und ggf. Erstellungsprozess einbezogen werden (vgl. Diller 1995, S. 444; Trommen 2002, S. 8 ff.).

▸ **Leistungsindividualisierung**: Sie kann in Form der kundenspezifischen Entwicklung und Fertigung von Produkten ebenso wie in der Kombination standardisierter Leistungen mit individuellen Dienstleistungen (z.B. Just-in-Time-Belieferungen, Reparaturservices etc.) erfolgen.

▸ **Gegenseitige Abhängigkeit**: Die hohe Individualisierung der Leistungen sowie die stark ausgeprägten persönlichen Beziehungen bedeuten für die Marktteilnehmer, dass ihnen kaum Ausweichmöglichkeiten zur Verfügung stehen und eine entsprechende gegenseitige Abhängigkeit entsteht.

▸ **Integralqualität:** Diese steht für das Ausmaß, in dem Produkte »gut zueinander passen«, d. h. der Individualitätsgrad bzw. die Kompatibilität zweier
Leistungen. Bedeutsam sind hier vor allem die Qualitätsdimensionen »Produkt« (z. B. die Normung und Abstimmung von Schnittstellen), »Zeit« (z. B.
die Haltbarkeit oder Lebensdauer der Komponenten) und »Verfügbarkeit«
(z. B. die Möglichkeit von Just-in-Time-Belieferung auch bei größeren Nach-
frage- und Produktionsschwankungen).

Der **zeitliche Kaufverbund** schlägt sich nicht zuletzt in einer starken Abhängigkeit vom Lebenszyklus des Endproduktes nieder. Es handelt sich daher
i. d. R. um eine lebenszyklusorientierte Geschäftsbeziehung. In der Automobilbranche sind beispielsweise Scheinwerfer oder Armaturenbretter modellspe-
zifisch gefertigte und gelieferte Zulieferprodukte. Diese sind nach Auslaufen
eines Modells in identischer Form nicht mehr vermarktbar. Auch eine Vermarktung an andere Hersteller ist nicht möglich. Aus Kundenperspektive folgt daraus eine Beurteilung der Geschäftsbeziehung nicht einzeltransaktionsbezo-
gen, sondern in Bezug auf einen Zeitraum sowie die darin stattgefundenen
Transaktionen/Beziehungen.

Abhängigkeit vom Lebenszyklus des Endproduktes

Aus den dargestellten Besonderheiten folgt die Notwendigkeit, die Beziehung
zu den Kunden zu pflegen und diese zum Wiederkauf zu bewegen. Dabei sind
unterschiedliche **Phasen der Geschäftsbeziehung** im Zuliefergeschäft zu un-
terstellen:

Pflege der Kunden-beziehung besonders wichtig

▸ Einstiegs-/Auswahl- bzw. Vorvertragsphase,
▸ Absicherungs-/Ausbauphase,
▸ Beendigungsphase.

Die marketingrelevanten Besonderheiten der beiden ersten Phasen sollen nachfolgend betrachtet werden. Ziel ist es, ein phasenspezifisches Beziehungsmanage-
ment aufzubauen.

3.5.2 Einstieg in die Geschäftsbeziehung

Aufgrund der langen zeitlichen Bindung einer Geschäftsbeziehung im Zuliederge-
schäft ist es i. d. R. schwer, als neuer Lieferant den Einstieg zu finden. Für den
Eintritt in eine Zuliefer-Geschäftsbeziehung bedarf es daher eines strategischen
Einstiegsfensters für den Lieferanten, wenn z. B. ein Neuprodukt aufgenommen
wird oder ein Modellwechsel ansteht und damit neue Zulieferprodukte benötigt
werden. Sofern er es frühzeitig erkennt, hat der »**Out-Supplier**« ggf. die Chance,
bestehende »**In-Supplier**« aus ihrer Position zu verdrängen. Der Trend eines zunehmenden Outsourcing seitens der OEM ist hier sicher förderlich.

Suche nach strategischem Einstiegsfenster

Darüber hinaus sind die Einstiegschancen des »Out-Suppliers« stark von der
OEM-seitig verfolgten **Sourcing-Strategie** abhängig:

Lieferantenanzahl

▸ Nach der Anzahl der Lieferanten lassen sich das **Single** und das **Multiple Sourcing** unterscheiden. Dabei ist mit zunehmender Notwendigkeit der Individualisierung der Leistung eine Tendenz zum Single Sourcing gegeben.

Leistungsumfang

▸ Nach dem Umfang der gelieferten Leistung ist in das Modular und das Component Sourcing zu differenzieren. Während beim **Component Sourcing** einzelne Komponenten bezogen werden, handelt es sich beim **Modular Sourcing** um komplexe Bündel von Subsystemen (z.B. komplett vorinstallierte Armaturenbretter in der Fahrzeugbranche). Die Lieferanten treten hier häufig als Systemlieferanten auf, die auf eigene Sublieferanten zurückgreifen. Daraus können ggf. »hierarchisch strukturierte Zulieferpyramiden« entstehen (vgl. Bartelt 2002, S. 23 f.). Die Abbildung 110 veranschaulicht eine solche Zulieferpyramide.

Abb. 110

Hierarchisch strukturierte Zulieferpyramide

Zulieferpyramide

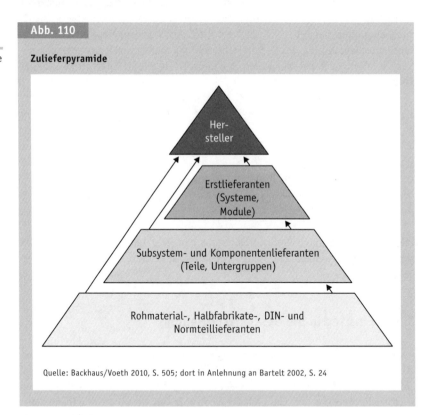

Quelle: Backhaus/Voeth 2010, S. 505; dort in Anlehnung an Bartelt 2002, S. 24

Geographische Reichweite

▸ Nach der geografischen Reichweite lassen sich Local und Global Sourcing abgrenzen. Während für das **Local Sourcing** Vorteile der räumlichen Nähe und ggf. Ziele der Förderung regionaler oder nationaler Unternehmen sprechen, stellt das **Global Sourcing** vor dem Hintergrund des Kostendruckes häufig einen stark ökonomisch begründeten Trend dar.

Der nachfragerseitige Prozess zur **Auswahl von Zulieferern** kann grundsätzlich in **zwei Phasen** unterteilt werden:

Auswahlprozess

1. Die **Vorauswahl** – hier geht es um das Auffinden und die Selektion von Anbietern, die in der Lage sind, die Anforderungen zu erfüllen.
2. Die **Konzeptauswahl** – hier werden die selektierten Anbieter aufgefordert, ein Angebotskonzept zu erarbeiten, auf dessen Basis die Endauswahl erfolgt.

Im Rahmen der Vorauswahl werden die Lieferanten nach einer Vielzahl unterschiedlicher Kriterien beurteilt. Es werden verschiedene Ansätze und Methoden zur Bewertung herangezogen (vgl. Backhaus/Voeth 2010, S. 514 ff.). Zu nennen sind hier einfache Checklistenverfahren (vgl. z. B. Harting 1994, S. 70 ff.) und Profilanalysen (vgl. z. B. Reichmann 2001, S. 347 ff.), Scoring-Modelle sowie auch Portfolioanalysen (vgl. Backhaus/Voeth 2010, S. 515 ff. und die dort angegebene Literatur). Die Abbildung 111 vermittelt einen Eindruck über Art und Inhalt der möglichen Kriterien.

Lieferantenbewertung

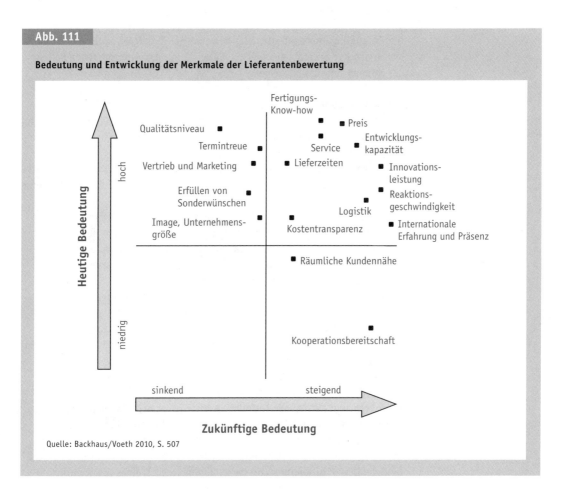

Abb. 111

Bedeutung und Entwicklung der Merkmale der Lieferantenbewertung

Quelle: Backhaus/Voeth 2010, S. 507

Beachtung von Potenzialen

Im Zuliefergeschäft sind neben aktuell zu beurteilenden produktbezogenen Merkmalen wie der Qualität, dem Preis, der Termintreue und der räumlichen Entfernung, inkl. der logistischen Vor- und Nachteile, auch Leistungspotenziale relevant. **Potenzialanalysen** beziehen sich auf die **Innovationsfähigkeit** (Besteht die Fähigkeit und die Bereitschaft, neue Produkte und Verfahren zu entwickeln?), das Integrationspotenzial (Können auch komplexe Leistungsbündel bzw. Systeme erstellt und geliefert werden?) sowie das **Flexibilitätspotenzial** (Kann sich das Unternehmen schnell an veränderte Bedingungen anpassen?).

Ermittlung der Kriterien und Verfahren zur Lieferantenauswahl

Will ein Unternehmen als zukünftiger Lieferant aktiv werden, ist es vor Erstellung eines Angebotes erforderlich, die Kriterien und verwendeten Verfahren des Nachfragers zu eruieren und die eigenen Marketingaktivitäten darauf abzustimmen.

Hierfür stehen dem Unternehmen zwei alternative Strategiekonzepte zur Verfügung (vgl. Backhaus/Voeth 2010, S. 517 ff.):

1. Die **Anpassungsstrategie**. Hier erfolgt in reaktiver Art und Weise eine weitestmögliche Ausrichtung der Aktivitäten an den Anforderungen der Nachfrager.
2. Die **Emanzipationsstrategie**. Hier versucht der Zulieferer, aktiv auf die Definition des Kundenproblems und die Entwicklung der Anforderungen seitens des Kunden Einfluss zu nehmen.

Anpassungskonzepte

Management von Nachfragemacht

Anpassungskonzepte sind immer dann erforderlich, wenn es sich aus Sicht des Anbieters um einen Käufermarkt handelt, das Nachfragerunternehmen also eine Macht- bzw. Dominanzposition inne hat.

Im Extremfall versteht sich der Lieferant als externe Spezialabteilung des Nachfragers. Für das Marketing sind daher vor allem die folgenden **Aktionsbereiche** relevant:

▸ **Qualitätssicherung** – Umfassende Maßnahmen der Qualitätssicherung sind durch das Qualitätsmanagement zu ergreifen. Dem Marketing obliegt die Aufgabe, die diesbezüglichen Erwartungen des Kunden zu eruieren, entsprechende Maßnahmen im Unternehmen zu veranlassen und diese Aktivitäten gezielt in die Kommunikation an den Kunden einzubauen.

▸ **Logistikintegration** – Neben der produktbezogenen Qualität ist auch die Qualität der Prozesse, insbesondere der Logistik sicherzustellen. Die Gestaltung eines aktiven Lieferservice steht hier im Vordergrund. Es geht um die Sicherstellung einer mengen- und zeitgenauen Lieferung, beispielsweise über die Umsetzung von Just-in-Time-Konzepten.

▸ **Reaktive F&E-Kooperation** – Für die zukunftsorientierte Bindung der Kunden ist die auf den Kunden ausgerichtete Forschung und Entwicklung von Produkten und Leistungen hilfreich. Auch hier ist es Aufgabe des Marketing, diese Ausrichtung zu kommunizieren sowie die diesbezügliche Kooperation zu unterstützen.

▸ **Preispolitik** – Vor dem Hintergrund des zunehmenden internationalen Wettbewerbs in der Zulieferbranche stellt die Preispolitik eines der wichtigsten

Marketinginstrumente dar. Auch bei einer grundsätzlichen Strategie der Anpassung lässt sich die Attraktivität aus Kundensicht mit Hilfe preispolitische Feinsteuerung durchaus beeinflussen. Dennoch steht häufig die Anpassung der Kostenstrukturen an das Preisniveau des Marktes/Wettbewerbs, z. B. mittels des Target Costing im Vordergrund.

Emanzipationskonzepte

Im Gegensatz zum reinen Anpassungskonzept besteht für die Zulieferer die Möglichkeit, sich im Wettbewerb zu emanzipieren. Hierfür gibt es zwei grundlegende Ansätze (vgl. Backhaus/Voeth 2010, S. 528 ff.):

1. Zulieferer können versuchen, zum **Innovationstreiber** zu werden, indem sie Innovationsprozesse beim bzw. in Kooperation mit dem Anbieter aktiv initiieren, vorantreiben und begleiten.

»Innovations-Push«

2. Mittels eines **stufenübergreifenden Marketing** (Pull-Konzept) können Zulieferer bei den Kunden ihrer Abnehmer Präferenzen erzeugen, sodass sie in der Vorauswahl eher berücksichtigt werden. Im Extremfall gelingt die Bildung einer Marke, die als essentiell für die Qualität wahrgenommen und daher vom Endkunden gefordert wird. Voraussetzung für einen solchen Ansatz ist jedoch, dass die Komponente eine wesentliche Bedeutung für das Gesamtprodukt hat und dass diese für die nachgelagerte Marktstufe identifizierbar ist.

»Marken-Pull«

3.5.3 Absicherung und Ausbau der Geschäftsbeziehung

Ist die Entscheidung für eine Zusammenarbeit getroffen, finden in der Regel auf beiden Seiten – Zulieferer und Abnehmer – spezifische Investitionen in Maschinen und Personal etc. statt, um die Geschäftsbeziehung mit Leben zu füllen. Diese Investitionen stellen einerseits gewisse Austrittsbarrieren für jeden der Partner dar. Andererseits beinhalten die eigenen Investitionen auch einen wesentlichen Grund dafür, dass ein Austritt des jeweils anderen Partners verhindert werden sollte. Dies ist vor allem dann erforderlich, wenn die Investitionen zwischen den Partnern asymmetrisch verteilt sind.

Investitionen als Austrittsbarrieren

In diesen Fällen kann ein Ausgleich der einseitig getätigten spezifischen Investitionen durch den anderen Partner erfolgen. Ist dies nicht möglich, sinnvoll oder gewollt, können zur Absicherung Verträge genutzt werden, die einseitig erfolgte Investitionen kompensieren und die entstehenden Pflichten und Ansprüche der Parteien fixieren. Hierin können sämtliche Konditionen der Zusammenarbeit sowie insbesondere die Kündigungsklauseln festgelegt werden.

Absicherung durch Verträge

Ist eine Geschäftsbeziehung entstanden, muss zunächst das reibungslose Funktionieren sichergestellt werden, bevor im Weiteren ein Ausbau der Geschäftsbeziehung angestrebt wird. Wesentliches Instrument zur Unterstützung eines Ausbaus der Geschäftsbeziehung aus Sicht des Marketing stellt die kontinuierliche Kommunikation mit dem Kunden dar. Ziel muss es sein, die Geschäftsbeziehung auf andere Projekte oder Gebiete auszudehnen – angefangen von gemeinsamer Forschung und Entwicklung bis hin zum Insourcing ganzer Geschäftsaktivitäten

Pflege und Ausbau der Geschäftsbeziehung

des Kunden. Die informationstechnische Vernetzung stellt hierfür ein hilfreiches Instrument dar.

Zusammenfassung Kapitel 3.5

Die Vermarktung von Leistungen im Zuliefergeschäft ist dadurch charakterisiert, dass Anbieter und Nachfrager eine längerfristige Geschäftsbeziehung eingehen. Die Leistungen sind in der Regel unter Einbezug des Kunden entwickelt und sind dementsprechend stark individualisiert. Daraus folgt eine starke wechselseitige Abhängigkeit zwischen Anbieter und Nachfrager. Die Phasen der Geschäftsbeziehung lassen sich unterteilen in die Einstiegs-, Absicherungs-/Ausbau- und die Beendigungsphase.

Für das Management der Einstiegsphase ist es aus Sicht des Anbieters wichtig, sich mit der Sourcingstrategie (Single- versus Multiple Sourcing, Modular- versus Component-Sourcing, Local- versus Global-Sourcing) sowie dem Prozess, den Kriterien und verwendeten Verfahren der Lieferantenauswahl auseinanderzusetzen. Aus dieser Kenntnis heraus kann das Unternehmen seinen Marketing-Mix auf Anpassung oder Emanzipation hin ausrichten. Das Management der Absicherung und des Ausbaus der Geschäftsbeziehung nutzt alle Instrumente der Kundenbindung und Intensivierung der Zusammenarbeit.

Wiederholungsfragen zu Kapitel 3.5

20. Erörtern Sie die Charakteristika des Zuliefergeschäftes am Beispiel eines Zulieferers von Autositzen in der Automobilbranche.
21. Welche Informationen benötigt ein solcher Zulieferer (bisher »Out-Supplier«), wenn er an einer Geschäftsbeziehung zu einem Automobilhersteller interessiert ist?
22. Skizzieren Sie alternative Ansätze, um einen solchen Einstieg zu erreichen.
23. Erläutern Sie mögliche Maßnahmen, um eine bestehende Geschäftsbeziehung abzusichern und ggf. auszubauen.

Die Lösungen zu den Wiederholungsfragen finden Sie in Kapitel 5, S. 253.

3.6 B2B-Marketing und Internet

B2B dominiert im Internet

Für das B2B-Marketing hat das Internet eine nicht mehr wegzudenkende Bedeutung erlangt. Immerhin werden rund 90 Prozent der gesamten Online-Umsätze zwischen Unternehmen, d. h. im B2B-Bereich, erzielt.

Aus Sicht des B2B-Marketing lässt sich die Rolle des Internets aus unterschiedlichen Perspektiven betrachten:

- Im **Vertrieb** haben sich neue **E-Commerce**-Direktvertriebsmöglichkeiten über eigene Shops entwickelt, die parallel oder ersatzweise zu den klassischen Vertriebswegen eingesetzt werden können. Die (Erfolgs-)Möglichkeiten sind jedoch sehr stark von dem Geschäftstyp – Produkt-, Anlagen-, System- oder Zuliefergeschäft – abhängig. Diese Möglichkeiten werden mit zunehmender Komplexität und abnehmender Standardisierung der Produkte geringer. Auch die Enge der Geschäftsbeziehung zwischen Anbieter und Nachfrager wirkt sich auf die Möglichkeiten aus.

Facettenreichtum im B2B-Internet-Marketing

- Durch den Boom des Internets sind einige neue **B2B-Geschäftsmodelle** entstanden, die die erheblichen Effizienzpotenziale des Internets ausnutzen und hier die Beschaffungs- und Vertriebskanäle zum Teil revolutioniert, mindestens aber umfassend ergänzt haben. Vor allem **E-Markets** (Elektronische Marktplätze), aber auch Kataloge und Fachportale gehören hier zu den bedeutenden Schlagworten.
- In der **Beschaffung** spielt das **E-Procurement** eine permanent zunehmende Rolle. Das B2B-Marketing muss sich diesbezüglich auf die geänderten Wünsche und Anforderungen der Nachfragerunternehmen einstellen.
- Im Bereich der **Kommunikation** haben auch im B2B-Marketing die noch jungen Kommunikationswege des Internets (Internetseiten, Newsletter, Blogs etc.) erhebliche Bedeutung erlangt.

Ein Ende des Wachstums ist in allen Feldern nicht in Sicht. Nachfolgend werden die wesentlichen für das B2B-Marketing relevanten Begrifflichkeiten und Modelle kurz vorgestellt.

3.6.1 E-Commerce und B2B-Geschäftsmodelle

Unter **E-Commerce** wird die Unterstützung und Abwicklung jeglicher Formen von Handelsaktivitäten zwischen Marktpartnern über elektronische Kommunikationsnetze verstanden (Merz 2002, S. 19f.). Dazu gehören in einer umfassenden Sichtweise alle unternehmensübergreifenden Geschäftsprozesse, die mit dem Verkauf von Leistungen zu tun haben – von der ersten Informationsanbahnung über die Transaktion bis zum Service nach der Transaktion.

Die Eignung und das Potenzial von E-Commerce im B2B-Bereich ist analog der grundlegenden Kriterien zur Typologisierung von B2B-Geschäftsmodellen abhängig von:

B2B-Geschäftstypen und E-Commerce-Potenzial

- dem **Grad der Spezifität bzw. Individualität der Leistungen.** Hier lässt sich ein Kontinuum zwischen maximaler Individualisierung (z. B. anwenderspezifische Fertigungssysteme) und maximaler Standardisierung (z. B. Standardmaschinen, Normteile) aufspannen.
- der **Art bzw. Intensität der Beziehung zwischen den Geschäftspartnern.** Auch hier gibt es ein Kontinuum zwischen einmalig stattfindenden Ge-

schäftsbeziehungen (Einzelgeschäfte) und wiederholt stattfindenden, kooperativen Geschäftsbeziehungen.

Die Abbildung 112 verdeutlicht dies.

Abb. 112

Eignung und Potenzial von E-Commerce im B2B-Bereich

B2B-E-Commerce-Geschäftsmodelle haben sich in drei grundlegenden Stufen entwickelt (Schneider/Schnetkamp 2000, S. 20 f.):

EDI

▸ **Elektronischer Datenaustausch** (**EDI** – Electronic Data Interchange) stellt die einfachste Form der Abwicklung von B2B-E-Commerce dar. EDI umfasst den direkten elektronischen Austausch von Daten zwischen verschiedenen Computeranwendungen. Es war die wichtigste Form des elektronischen Geschäftsverkehrs vor dem Auftreten des World Wide Web und fand zumeist zwischen zwei eng zusammenarbeitenden Unternehmen statt (z. B. im Rahmen eines Zuliefergeschäftes).

Internet-Katalog

▸ **Elektronische Kataloge** sind unternehmenseigene web-basierte Produktkataloge zur effizienten Informationsbereitstellung für (potenzielle) Kunden. Sie eignen sich vor allem für kleinere und standardisierte Geschäfte (z. B. im

Rahmen des Produktgeschäftes oder des Systemgeschäftes). Zu unterscheiden sind je nach Initiative **Sell-Side-Kataloge**, bei denen die Initiative vom Lieferanten ausgeht, und **Buy-Side Kataloge**, bei denen die Initiative vom Käufer ausgeht.

▸ **Elektronische Marktplätze** (E-Markets) stellen das umfassendste Geschäftsmodell im Internet dar. Es sind »virtuelle Räume«, in denen verschiedene Marktteilnehmer über das Internet jederzeit interagieren können. Der Zugang zu E-Markets steht in der Regel für mehrere Käufer, Verkäufer und Dienstleister offen. Die Initiative zur Gründung wie auch der Betrieb von E-Markets kann von verschiedenen Seiten aus erfolgen (Intermediär-Side-Katalog): Anbieter, Nachfrager und Dienstleister können jeweils einzeln oder in Kooperation Gründer und Betreiber solcher E-Markets sein. In ihren unterschiedlichen Ausprägungen können E-Markets in nahezu allen B2B-Geschäftsmodellen – also auch im Rahmen des Anlagengeschäftes – zum Einsatz kommen.

E-Market

Die Abbildung 113 verdeutlicht die Formen und Entwicklung von Geschäftsmodellen im B2B-E-Commerce.

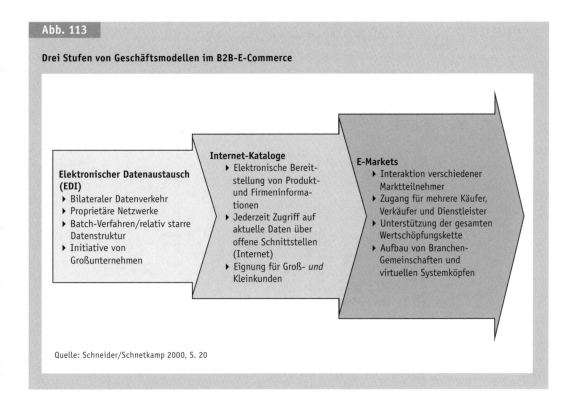

Abb. 113

Drei Stufen von Geschäftsmodellen im B2B-E-Commerce

Elektronischer Datenaustausch (EDI)
▸ Bilateraler Datenverkehr
▸ Proprietäre Netzwerke
▸ Batch-Verfahren/relativ starre Datenstruktur
▸ Initiative von Großunternehmen

Internet-Kataloge
▸ Elektronische Bereitstellung von Produkt- und Firmeninformationen
▸ Jederzeit Zugriff auf aktuelle Daten über offene Schnittstellen (Internet)
▸ Eignung für Groß- *und* Kleinkunden

E-Markets
▸ Interaktion verschiedener Marktteilnehmer
▸ Zugang für mehrere Käufer, Verkäufer und Dienstleister
▸ Unterstützung der gesamten Wertschöpfungskette
▸ Aufbau von Branchen-Gemeinschaften und virtuellen Systemköpfen

Quelle: Schneider/Schnetkamp 2000, S. 20

Unterstützung von
Information, Verhand-
lung, Abschluss und
Abwicklung

In Erweiterung eines Portals, das den Teilnehmern lediglich eine einheitliche Browser- bzw. Nachrichtenschnittstelle bietet, über die diese auf eine zentrale Anwendung zugreifen können, umfasst ein E-Market neben der Information und Kommunikation die Verhandlung und Preisfindung sowie den Abschluss und die Abwicklung von Bestelltransaktionen zwischen den Marktteilnehmern (Merz 2002, S. 603 sowie Loebbecke 2001, S. 99). Im B2B-Bereich unterstützen E-Markets darüber hinaus durch vielfältige (Zusatz-)Leistungen die gesamte Wertschöpfungskette der beteiligten Unternehmen.

Innerhalb der elektronischen Marktplätze können desweiteren sogenannte horizontale und vertikale Ansätze unterschieden werden (Vgl. u.a. Kollmann 2001, S. 83 und S. 85):

Formen von E-Markets

- ▶ **Vertikale Marktplätze** decken branchenspezifische Handelsleistungen über die gesamte Wertschöpfungskette für eine meist geschlossene Nutzergruppe ab.
- ▶ **Horizontale Marktplätze** bieten branchenübergreifende Handelsleistungen für einen bestimmten Punkt der Wertschöpfungskette und für eine offene Nutzergruppe an.

Marktfragmentierung vs.
Produktkomplexität

Die Eignung dieser Marktplatzformen hängt jeweils von der Anbieter-Nachfrager-Konstellation (Marktfragmentierung) sowie der Produktkomplexität ab, die in der Abbildung 114 zusammengeführt sind.

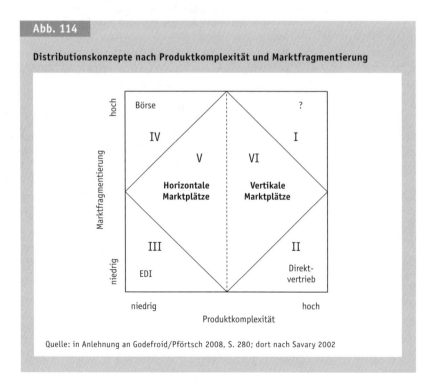

Abb. 114

Distributionskonzepte nach Produktkomplexität und Marktfragmentierung

Quelle: in Anlehnung an Godefroid/Pförtsch 2008, S. 280; dort nach Savary 2002

In den Ecken dieser Matrix erscheinen elektronische Marktplätze nicht sinnvoll. Je nach Konstellation sind jeweils andere Vertriebsformen vorteilhafter, und zwar wie folgt:

Erfordernis anderer Vertriebsformen

▸ Rechte obere Ecke (I): Hier finden sich sehr komplexe Produkte auf stark fragmentierten Märkten mit einer großen Zahl von Kunden. In der Realität kann dies eigentlich nicht vorkommen. Es ist daher keine Lösung dafür vorgesehen.

▸ Rechte untere Ecke (II): Komplexe Produkte treffen auf wenige, in geringem Maße fragmentierte Kunde. Hier wird auch in Zukunft der klassische Direktvertrieb mit intensiven Austauschbeziehungen (persönlicher Verkauf) zwischen Anbieter und Nachfrager entlang des gesamten Vermarktungsprozesses dominieren.

▸ Linke untere Ecke (III): Recht einfache, standardisierte Produkte werden von wenigen Anbietern an wenige Nachfrager verkauft. Hier findet sich schon seit den 1970er-Jahren das EDI, welches heute durch das Internet ergänzt oder ersetzt wird. Ein Marktplatz ist nicht erforderlich.

▸ Linke obere Ecke (IV): Einfache Standardprodukte (z. B. Rohstoffe wie Öl, Gas etc.) können über unabhängige Dritte vermarktet werden. Dies erfolgt traditionell über **Börsen** – heute Internetbörsen.

Demgegenüber ist in den mittleren Bereichen der Matrix (Produkte mit eher mittlerer Komplexität treffen auf eine mittlere Anzahl von Kunden) die Form des Marktplatzes interessanter:

Potenzial für Marktplätze/ E-Markets

▸ Linke Hälfte (V): Produkte mit eher geringer Komplexität werden an eine mittlere Anzahl Kunden vermarktet. Hier finden sich **horizontale Marktplätze** mit einem breiten, aber nicht sehr tiefen Sortiment. Beispiele hierfür sind mercateo.com, atrada.net.

▸ Rechte Hälfte (VI): Produkte mit etwas höherer Komplexität werden an eine mittlere Anzahl Kunden vermarktet. In diesem Bereich gibt es **vertikale Marktplätze** mit einem eher schmalen, aber tiefen Sortiment, das sich auf spezifische Bedürfnisse einer bestimmten Branche richtet. Beispiele hierfür sind ChemConnect.com (chemische Industrie), farmpartner.com (Agrarwirtschaft), teccom.de (Automobilersatzteile Aftermarket).

Godefroid/Pförtsch (2008, S. 281 ff.) haben darüber hinaus eine Betrachtung der Onlinevermarktung im B2B-Bereich differenziert nach der Größe von Käufer und Verkäufer vorgenommen. Dies verdeutlicht Abbildung 115.

Größenverhältnisse von Anbietern und Nachfragern sind relevant

Sind Käufer und Verkäufer sehr groß (I), benötigen sie keinen elektronischen Marktplatz. Die Kontakte sind hier sehr direkt und persönlich (**persönlicher Verkauf**). Beispielsweise werden die Flugzeughersteller Airbus und Boeing im Flugzeugneugeschäft einen direkten Kontakt zu den ca. 150 Airlines pflegen.

Bei großen Käufern und kleinen Verkäufern (II) handelt es sich um eine für das Zuliefergeschäft typische Situation. Hier stellen **Einkaufsportale** die geeignetste Lösung dar. Beispiele hierfür sind covisint (gemeinsames Einkaufsportal einiger großer Automobilhersteller), click2procure (Siemens) oder Trimondo (Lufthansa).

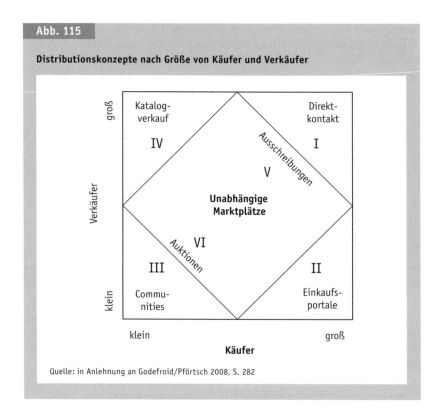

Abb. 115

Distributionskonzepte nach Größe von Käufer und Verkäufer

Quelle: in Anlehnung an Godefroid/Pförtsch 2008, S. 282

Im Falle kleiner Käufer und großer Verkäufer (IV) wird für die Verkäufer regelmäßig der Direktvertrieb (über das Internet) im Vordergrund stehen, indem die Kataloge ins Internet gestellt werden (**Katalogverkauf**). Marktplätze sind daher nicht erforderlich. Beispiele hierfür sind Cisco und Dell.

Der Fall kleiner Käufer und Verkäufer (III) kommt im B2B-Geschäft kaum vor. Wenn doch, ist dieser Fall gut für elektronische Marktplätze ähnlich eBay geeignet, da hier Angebot und Nachfrage auf kostengünstige Weise zusammengeführt werden können.

Im mittleren Bereich der Matrix finden sich wiederum die Stärken elektronischer Marktplätze:

▸ Sind Anbieter und Kunden eher größer (V), werden häufig **Ausschreibungen** (reverse auctions) durchgeführt. Bei Ausschreibungen geht die Initiative vom Nachfrager aus, der Nachfrager eine Leistung erbracht haben möchte. Die Anbieter können sich für die Erbringung dieser Leistung im Preis unterbieten. Der Nachfrager wählt den ihm am geeignetsten erscheinenden Anbieter nach seinen Kriterien aus. Bekanntes Beispiel aus dem C2C-Bereich ist myhammer.

▸ Bei eher kleinen Anbietern und Nachfragern (VI) liegen **Auktionen** nahe. Auktionen stellen Plattformen zur Versteigerung von Produkten und Dienst-

Potenzial in mittleren Größenbereichen

leistungen dar. Letztere können von registrierten Nachfragern über die Abgabe von Geboten erworben werden. Damit sind Auktionen auch als besondere Form der Preisermittlung anzusehen.

3.6.2 E-Procurement

Ein wesentliches Element elektronischer Marktplätze ist die umfassende Unterstützung des Beschaffungsprozesses aus Sicht des Nachfragers im Rahmen des **E-Procurements**. Für das B2B-Marketing des Anbieters geht damit die Anforderung einher, sich auf die diesbezüglich veränderten Wünsche und Anforderungen der Nachfragerunternehmen einzustellen.

Elektronische Beschaffung von besonderer Bedeutung

Stand im Rahmen des Einsatzes von EDI im Wesentlichen die Standardisierung und Optimierung von sich wiederholenden Beschaffungsprozessen im Vordergrund, geht es mit dem Einsatz der unterschiedlichen Formen von E-Markets auch um die Kommunikation entlang des gesamten Beschaffungsprozesses (Kaufphasen) und dies zudem auf die unterschiedlichen an der Beschaffung Beteiligten gerichtet – die Mitglieder des Buying Centers.

Die Abbildung 116 enthält einen beispielhaften Überblick über unterschiedliche Instrumente der Online-Kommunikation im Hinblick auf die Mitglieder des Buying Centers – zum einen im Hinblick auf die Art der durch die Personen genutzten Quellen und zum anderen im Hinblick auf die einsetzbaren Formate.

Im nachfolgenden Abschnitt werden die unterschiedlichen Instrumente der Online-Kommunikation aus Sicht des B2B-Marketing beleuchtet.

3.6.3 Online-Marketing-Kommunikation

Im Rahmen der Kommunikationspolitik haben auch im B2B-Marketing die noch jungen Kommunikationswege des Internets erhebliche Bedeutung erlangt. Diese sollen im Folgenden kurz vorgestellt werden.

Instrumente der B2B-Online-Kommunikation

Wichtigstes Instrument und Basis einer jeden Online-Kommunikation ist die **Website** des Anbieterunternehmens. Über **Suchmaschinenoptimierung** (SEO – Search Engine Optimisation), d.h. die Verbesserung des Rankings der Website in Suchmaschinen, können Aufmerksamkeit und Frequenz auf die eigene Website und das Unternehmen bzw. dessen Leistungen erzeugt werden.

Die **Online-Werbung** gewinnt zunehmend an Bedeutung. War sie zunächst ein ergänzendes Instrument zur klassischen (Offline-)Werbung, so ersetzt sie diese immer häufiger. Die wesentlichen Mittel der Online-Werbung sind (vgl. Bernecker/Beilharz 2009, S. 177 ff.):

▸ **Suchmaschinenmarketing** (SEM – Search Engine Marketing) beinhaltet das Schalten von Anzeigen bei Suchmaschinen.
▸ **Banner-Anzeigen** sind Grafikdateien oder Flashanimationen auf einer Website, die einen Link auf das beworbene Angebot bzw. die Website enthalten, welcher durch Anklicken aktiviert wird.

Abb. 116

**Mögliche Quellen und Formate der Online-Informationsbeschaffung
durch Mitglieder im Buying Center**

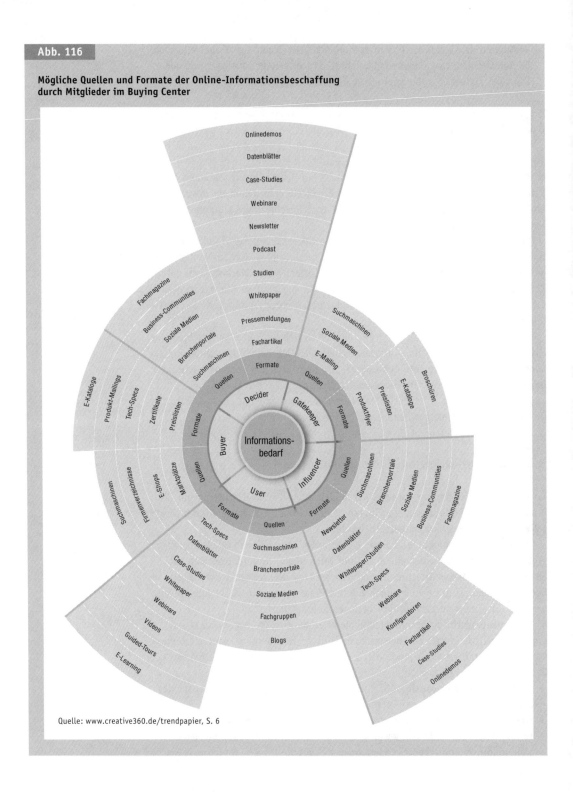

Quelle: www.creative360.de/trendpapier, S. 6

▸ **Videobanner, Layerads, Pop-ups, Pagepeel-Anzeigen** sind Unterformen der Bannerwerbung die in unterschiedlicher Form und mehr oder weniger aufdringlich als Werbung auf einer aufgerufenen Seite erscheinen.

Ein weiteres wichtiges Instrument des Online-Marketing insbesondere dann, wenn Kunden bekannt sind und eine Beziehung zu diesen aufgebaut oder gepflegt werden soll, ist das **E-Mail-Marketing**, das sich in drei Formen unterteilen lässt (vgl. Bernecker/Beilharz 2009, S. 197):

Formen des E-Mail-Marketing

▸ **Stand-Alone-Kampagnen/E-Mails** (i. e. S.) sind Maßnahmen, die einmalig bzw. mit einer bestimmten zeitlichen Beschränkung durchgeführt werden. Im Mittelpunkt steht dabei die Information über eine bestimmte (neue) Leistung des Unternehmens.
▸ **Newsletter** sind regelmäßig versendete E-Mails mit bestimmten Kommunikationsinhalten.
▸ **Newsletter-Sponsorship** beinhaltet die Beteiligung am Newsletter anderer Unternehmen, indem darin Anzeigen mit Werbebotschaften und Logos geschaltet werden, hinter denen ein Link auf die eigenen Seiten und ggf. das entsprechende Angebot liegt.

Mit **Web 2.0** steht heute der Austausch und die die Interaktivität der Nutzer im Vordergrund. Für die Unternehmen bietet sich die Chance, Kommunikation in beide Richtungen nicht nur zuzulassen, sondern im Sinne der Kommunikationsziele zu beeinflussen. Wichtige Instrumente sind:

Instrumente des Web 2.0

▸ Ein **Blog** (Kurzform für Weblog) stellt eine Art elektronisches Tagebuch dar, das von privaten, aber auch kommerziellen Nutzern geführt wird. Informationen über Unternehmen oder Marken werden hierüber heute in kürzester Zeit verbreitet, diskutiert und weiterentwickelt. Darin ebenso wie in der Tatsache, dass das Unternehmen diese Kommunikation kaum noch steuern oder kontrollieren kann, liegt die Besonderheit. Auch im B2B-Marketing ist es wichtig, dass diese Art der Kommunikation in der Kommunikationsstrategie gezielt berücksichtigt wird.

Blog

▸ **Podcasts** (Audioblogs) bieten die Möglichkeit, Informationen per Audio- oder Videodateien im Internet zu verbreiten. Auch diese Form der Kommunikation bietet für Unternehmen zunehmend interessante Möglichkeiten, komplexe oder umfangreiche Informationen durch attraktive, multimediale Aufbereitung besser orts- und zeitunabhängig zu übermitteln.

Podcast

▸ **Wikis** stellen Inhalte von Web-Sites dar, die von den Benutzern nicht nur gelesen, sondern auch online direkt im Browser geändert und ergänzt werden können. Derartige Wikis sind beispielsweise für B2B-Fachportale interessant, wenn es um Erfahrungsberichte oder Anleitungen zum Einsatz bestimmter Produkte geht. Bedienungsanleitungen können so z. B. erstellt, ergänzt oder korrigiert werden.

Wiki

▸ **Social Networking** ermöglicht die Bildung umfassender Netzwerke zwischen Menschen und damit auch zwischen Unternehmen. Die Kontaktaufnahme zu »Bekannten dritten Grades«, wie es beispielsweise über die Plattform Xing

Social Networking

ermöglicht wird, stellt einen unmittelbaren, durchaus ökonomisch bewertbaren, Nutzen – gerade im B2B-Marketing – dar. Facebook und Twitter bieten neben dieser Art des Networkings die Möglichkeit, Fanpages einzurichten, auf denen angemeldete Fans über Neuigkeiten informiert werden, sich untereinander austauschen oder direkten Kontakt zum Unternehmen aufnehmen können. Für ein echtes Customer Relationship Management im B2B-Marketing bieten sich hier äußerst wertvolle Möglichkeiten zur Bindung von Unternehmenskunden und zur fortlaufenden gemeinsamen Verbesserung der Unternehmensleistungen.

Zusammenfassung Kapitel 3.6

Online-Marketing stellt einen entscheidenden Erfolgsfaktor für Unternehmen im B2B-Bereich dar. Die Rolle des Online-Marketing aus Sicht des B2B-Marketing kann unter verschiedenen Perspektiven betrachtet werden: Das Streben nach Effizienzvorteilen sowie neue Möglichkeiten des Online-Direktvertriebs haben neben bereits seit langem bestehenden Instrumenten wie EDI und Geschäftsmodellen wie Börsen oder Katalogvertrieb neue B2B-Geschäftsmodelle wie Internet-Kataloge oder E-Markets hervorgebracht.

Die zunehmende Rolle des Internets entlang des gesamten Kaufentscheidungsprozesses und der Beschaffung (E-Procurement) im B2B-Geschäft bringt erhebliche neue Herausforderungen an das B2B-Marketing, insbesondere bzgl. der Zielgruppe des Buying Centers, mit sich.

Bedeutende Kommunikationsinstrumente, deren Potenzial für das B2B-Marketing noch lange nicht erschöpft ist, bestehen neben der Optimierung der Web-Sites und deren Suchmaschinenoptimierung in Online-Werbung (Suchmaschinenmarketing, Banner-Anzeigen, Videobanner, Layerads, Pop-ups, Pagepeel-Anzeigen), E-Mail- und Web 2.0-Marketing.

Wiederholungsfragen zu Kapitel 3.6

24. Was verstehen Sie unter E-Commerce? Diskutieren Sie Einflussfaktoren auf das Potenzial und die Eignung von E-Commerce im B2B-Marketing.

25. Diskutieren Sie die Relevanz unterschiedlicher Kommunikationsinstrumente wie Suchmaschinenmarketing, Newsletter, Social Networking in Bezug auf die Mitglieder eines Buying Centers, Einkäufer, Entscheider und Benutzer.

Die Lösungen zu den Wiederholungsfragen finden Sie in Kapitel 5, S. 254.

4 Fallstudien und Aufgaben

4.1 Fallstudie »BüroTop GmbH«

Nachfolgend finden Sie eine Fallstudie für ein Unternehmen, das im Markt für Büromöbel aktiv ist. Diese Fallstudie bildet die Grundlage für die Beantwortung der nachfolgenden »Aufgaben zur Fallstudie«, die thematisch jeweils einem der drei ersten Kapitel dieses Buches zugeordnet werden können. An dem konkreten Beispiel des vorgestellten Marktes und des Unternehmens können die Grundlagen des Business-to-Business-Marketing angewendet werden. Schließlich kann – aufbauend auf diesem grundlegenden Verständnis – ein umfassendes Marketingkonzept für das Beispielunternehmen entwickelt werden.

4.1.1 Der Gesamtmarkt

Nach einem starken Boom bis vor 10 Jahren schrumpften die Absatzzahlen für Büromöbel in den vergangenen Jahren beständig. Viele Anbieter am Markt sind finanziell angeschlagen und kämpfen ums Überleben.

Folgende Gründe dürften für die Rückgänge in dieser Branche verantwortlich sein:

▸ Büromöbel sind als relativ flexible Investitionsgüter weitaus stärker von der konjunkturellen Entwicklung abhängig als die meisten anderen Industrieprodukte. Die Anschaffung neuer Möbel erfolgt bei den Unternehmen i. d. R. nur bei Ausweitung der Bürokapazitäten oder in wirtschaftlichen Hoch-Zeiten.
▸ Die Sperrigkeit der Produkte ist ursächlich für relativ geringe Ausfuhranteile in dieser Branche, so dass auch hier kein Potenzial (wie in anderen Bereichen) zu finden ist.
▸ Ausländische Billiganbieter und auch der (Internet-)Versandhandel drängen mit neuen Konzepten (und mehr finanziellen Mitteln) in den Markt. Der traditionelle Großhandel wird einerseits von diesen Großverteilern, andererseits durch Direkt-Vertriebssysteme der Hersteller unterlaufen.
▸ Die großen Überkapazitäten der Hersteller führten zu einem Preiskampf. Bei der Produktkalkulation wurden z.T. nur noch die variablen Herstellungskosten zugrunde gelegt.

Kurzfristig profitieren die Kunden von einem sehr guten Preis-Leistungsverhältnis. Die langfristigen Investitionssicherheiten gestalten sich jedoch problematisch, da die vor allem bei Systemmöbeln wichtigen Nachliefergarantien in vielen Fällen nicht mehr gegeben sind.

Die Produkte gleichen einander immer mehr. Zunehmend erfüllen so gut wie alle die heutigen Anforderungen an Ergonomie und Funktionalität. Dem stehen teilweise die Wünsche der Konsumenten nach individuellen Gestaltungsspielräumen zur persönlichen Entfaltung, zur Schaffung einer Wohnatmosphäre sowie zur modischen Veränderbarkeit der Möbel entgegen.

Positiv erscheinen die Ergebnisse einer Befragung durch eine renommierte Unternehmensberatung. Danach hat sich in den letzten 2-3 Jahren ein erheblicher ›Investitionsstau‹ aufgebaut. Die Befragten gaben zu 48 % an, in den nächsten 2 Jahren Veränderungen in den Büros anzustreben. 29 % bestätigten einen dringenden Investitionsbedarf an den Arbeitsplätzen bzw. bei der Ausstattung mit Büromöbeln. Die Abbildung 117 verdeutlicht die Entwicklung des Gesamtmarktes.

Abb. 117

Umsatz- und Absatzentwicklung im Büromöbelmarkt Deutschland in den Jahren t-3 bis t-0

Jahr	IndustrieUmsatz in Mrd. Euro	+/−	Absatz in Mio. Stück	+/−
t-3	2,193	−7,30 %	11,38	–
t-2	2,243	+2,28 %	11,40	+0,18 %
t-1	2,164	−3,50 %	10,78	−5,44 %
t-0	2,170	+0,25 %	10,82	+0,37 %

4.1.2 Die Marktsegmente

Der Markt unterteilt sich in drei grundlegende Produktkategorien: Holz- und Stahlbüromöbel sowie Bürositzmöbel, die sich jeweils in verschiedene Teilkategorien unterscheiden lassen.

▸ **Holzbüromöbel:** Hierunter fallen alle Arten von Büromöbeln, deren hauptsächlicher Werkstoff Holz darstellt. Dieses sind z. B. Schreib- und Bürotische, Schränke, Container, kombinierte Systemschrankelemente usw. Die Holzbüromöbel liegen seit einigen Jahren sehr im Trend. Sie werden auf Grund ihrer vielfältigen Designmöglichkeiten sowie ihrer wärmeren und damit wohnlicheren Atmosphäre häufig bevorzugt.

▸ **Stahlbüromöbel:** Dies sind Möbel, die vorrangig aus Metall hergestellt sind. Neben Schreibtischen, Schränken und Containern – wie bei den Holzbüromöbeln – werden hier zusätzlich Kartei- und Auszugsschränke unterschieden. Den Stahlbüromöbeln wird allgemein eine höhere Haltbarkeit und Funktionalität, dafür aber häufig ein schlichteres Design und eine kühlere Optik zugeschrieben. Die Nachfrage in diesem Segment ist in den letzten Jahren stark zurückgegangen.

▸ **Bürositzmöbel:** Diese Produktkategorie wird auf Grund ihrer besonderen Anforderungen bei der Herstellung und dem Design gesondert aufgeführt. Ergonomische Kriterien stehen bei ihrer Herstellung besonders im Vordergrund. Unterschieden werden bei den Bürositzmöbeln ebenfalls solche mit Holz- und solche mit Stahlgestell. Darüber hinaus werden Bürodrehstühle gesondert aufgeführt.

Die Umsatzmarktanteile und -entwicklungen der Produktkategorien sind in der Abbildung 118 zusammengefasst:

Abb. 118

Umsätze Büromöbel in Prozent vom Gesamtumsatz in den Jahren t-1 und t-0

Produktkategorie:	Umsätze t-1	Umsätze t-0
Büromöbel:	**75 %**	**73 %**
aus Holz:	*57 %*	*62 %*
aus Stahl:	*18 %*	*11 %*
Bürositzmöbel:	**25 %**	**27 %**
Bürodrehstühle:	*15 %*	*15 %*
Sitzmöbel aus Holz:	*2 %*	*5 %*
Sitzmöbel aus Stahl:	*8 %*	*7 %*
Summe:	*100 %*	*100 %*

Die Preise gestalten sich entsprechend der Zielgruppe, der Auftragsgröße, der Qualität und der Vertriebsart sehr unterschiedlich. Es werden Standard- bzw. Systemlösungen je nach Design in allen Preisklassen angeboten. Die Kunden können sowohl einzelne Teile (Schreibtische, Schränke, etc.) kaufen und miteinander kombinieren als auch Komplettlösungen für ihr Büro erwerben. Darüber hinaus gibt es auch attraktive Auftragsfertigungen für große Unternehmen bzw. öffentliche Betriebe, die individuell kalkuliert werden.

Als wesentliche Marktsegmente lassen sich die Privatkunden, die Klein- und Mittelbetriebe sowie die Großbetriebe abgrenzen. Sie unterscheiden sich bezüglich der von ihnen nachgefragten Produkte, der präferierten Preislage (Angaben für ein durchschnittliches Büro mit 20 qm), der Distributionsart und der Dienstleistungsintensität (beispielsweise Einrichtungsberatung, Aufbau- und Installationsservice). Die Zuordnung ist in der Abbildung 119 dargestellt.

Abb. 119

Marktsegmente für Büromöbel

Marktseg-ment	Anteil	Produkt-kategorie	Preislage in TEuro	Distribution	Dienstleis-tungs-intensität
Privat-kunden (Heimbüro):	17,5 %	einfache Funktions-möbel	1,25 – 5,0	Versand-handel, (SB-) Waren-häuser, Verbrau-chermärkte, Sonstige	gering
Klein-/ Mittelbe-triebe:	54,2 %	komplette, modulare Systeme	1,25 – 20,0	Fachgroß-handel	bei Bedarf
Großbe-triebe:	28,3 %	komplexe Systeme individuelle Problemlö-sungen	4,0 – 25,0	Direktver-trieb, Kunden-manage-ment und Koordination ab Werk	sehr hoch Betreuung durch Spezi-alisten

---

4.1.3 Der Wettbewerb

Die deutsche Büromöbelbranche ist sehr stark mittelständisch strukturiert. Ca. 68 Firmen sind maßgeblich mit der Büromöbelherstellung befasst. Die 15 Größten davon haben einen Marktanteil von rund 50 %. Es gibt also keine marktbeherr-schenden Unternehmen. Daraus resultiert ein recht aktives Marktgeschehen. Der Standort Deutschland steht für die meisten Unternehmen im Vordergrund. Das Gros der Unternehmen hat dem Druck der Rezession standgehalten. Dennoch mussten zwei größere Firmen aus dem Markt ausscheiden.

Allgemein werden von allen Unternehmen Produkte mit hoher Qualität, vor-bildlicher Ergonomie und effizienter Flexibilität hergestellt. Die Produktion erfolgt auf hohem technologischem Niveau. Ökologische Kriterien werden weitaus besser als beim ausländischen Wettbewerb erfüllt. Die deutschen Produkte zeichnen sich durch ein eigenständiges, international anerkanntes Design aus. Dennoch versu-chen ausländische Hersteller in jüngster Zeit, auf dem deutschen Markt Fuß zu fassen. Die Produkte entsprechen i.d.R. jedoch nicht den geltenden Vorschriften und dem Stand der Technik. Der Import macht derzeit knapp 6 % vom Inlands-absatz aus.

4.1.4 Der Vertrieb

Am Vertriebsweg für Büromöbel dominieren mit einem Anteil von 71,4 % die Fachhändler. Diese bilden auf Grund ihrer guten Qualifikation und der engen Zusammenarbeit mit den Herstellern einen wichtigen Partner für die Büromöbelindustrie. Als problematisch werden daher Aufkäufe größerer deutscher Handelsfirfolgt der Direktvertrieb mit 11,1 % Vertriebsanteil. Der Rest verteilt sich auf Warenhäuser, SB-Warenhäuser, Verbrauchermärkte, Versandhandel und Sonstige (C&C; Radio-/Fernseh-/Elektronikhandel usw.). Die typische Vertriebsstruktur der Branche stellt Abbildung 120 dar.

Abb. 120

Vertriebsstruktur in der Büromöbelbranche im Jahr t-0

Vertriebsform	Anteil
Fach(groß-)handel	61,4 %
Direktvertrieb	21,3 %
Versandhandel	3,8 %
Warenhäuser	3,3 %
SB-Warenhäuser/Verbrauchermärkte	2,3 %
Sonstige (C&C; Radio-/Fernseh-/Elektronikhandel usw.)	7,9 %
Summe:	*100,0 %*

4.1.5 Die Kommunikationspolitik

Die Büromöbelhersteller geben durchschnittlich ca. 3–3,5 % ihres Umsatzes für kommunikationspolitische Maßnahmen aus. Die Verteilung des Budgets ist dabei stark abhängig von der Größe des Unternehmens und folgt durchschnittlich einer Abstufung wie in Abbildung 121 ersichtlich.

4.1.6 Das Unternehmen »BüroTop GmbH«

Das Fallstudienunternehmen, die »BüroTop GmbH«, ist ein mittelständisches Unternehmen mit 370 Mitarbeitern und zählt zu den 20 größten Anbietern. Es hat seinen Standort im südniedersächsischen Raum und existiert seit 35 Jahren. Der Umsatz betrug im abgelaufenen Jahr t-0 41,33 Mio. Euro. Im Vorjahr t-1 lag der Umsatz noch bei 43,28 Mio. Euro (Umsatzverlust t-1 – t-0: ca. 4,5 %). Der Markt-

**Durchschnittliche Verteilung des Kommunikationsbudgets
in der Büromöbelbranche im Jahr t-0**

Kommunikationsform	Budgetanteil
Mailing (Kataloge, Prospekte, Plakate, ...)	44 %
Fachzeitschriften	25 %
Werbekostenzuschüsse für den Handel	19 %
Handelsgerichtete Verkaufsförderung, Service, Schulung	12 %
Summe:	*100 %*

anteil der »BüroTop GmbH« ist bei einem insgesamt gestiegenen Gesamtabsatz auf dem deutschen Markt ebenfalls zurückgegangen, und zwar von 2,0 % auf 1,9 %. Trotz der Umsatzeinbußen werden noch immer positive Betriebsergebnisse erzielt.

Die »BüroTop GmbH« ist nur in den Produktbereichen der Stahl- und Holzbüromöbel tätig. Im Stahlmöbel-Segment hat das Unternehmen sich in den 1980er Jahren einen sehr guten Ruf erarbeitet. Das Unternehmen zählt in diesem Segment seit Jahrzehnten zu den Marktführern. Es werden hier zwei System-Modul-Pakete angeboten, die im mittleren und oberen Preissegment angesiedelt sind. Im Holzmöbel-Segment ist die »BüroTop GmbH« nach Produktionserweiterungen erst seit drei Jahren tätig. Hier wird bisher auch nur ein System-Modul-Paket im mittleren Preisbereich angeboten. Die Abbildung 122 zeigt das Programm des Unternehmens.

Vereinzelt hat das Unternehmen über Ausschreibungen Aufträge für Auftragsfertigungen im öffentlichen Sektor bekommen. Da diese jedoch aufgrund der Preissensibilität der Auftraggeber sowie des intensiven Wettbewerbs sehr knapp kalkuliert werden mussten, waren dies zumeist Verlustgeschäfte. Dennoch tragen sie zur Imageverbesserung der Produkte bei und machen das Unternehmen bekannt. Angestrebt werden darüber hinaus Auftragsfertigungen für privatwirtschaftliche Großunternehmen. Die Unternehmensleitung bedauert, dass solche Aufträge bisher ausblieben.

Die Produkte der »BüroTop GmbH« haben einen guten Ruf. Sie werden von den zumeist langjährigen Kunden, die zu 95 % aus Klein- und Mittelbetrieben bestehen, vor allem wegen ihrer Funktionalität geschätzt. Die Produkte gelten als langlebig und robust. Im Vergleich zu Konkurrenzprodukten haftet ihnen jedoch ein recht konservatives Image an, was auf das relativ gleichbleibende und schlichte Design zurückzuführen ist.

Die kommunikationspolitischen Ausgaben betrugen im vergangenen Jahr 1,05 Millionen Euro, wovon ca. 40 % für Werbung in Fachzeitschriften, 35 % für Di-

Abb. 122

Produktions- und Angebotsprogramm der »BüroTop GmbH« im Jahr t-0

Produkt	Umsatz in Mio. Euro	+/-	MA im Ge-samtmarkt	MA im Markt-segment
Holz-büromöbel:				
Büro-System-möbel-Kombi-nation (Mittel-preis)	12,40	12,00 %	0,57 %	0,92 %
Stahl-büromöbel:				
Büro-System-möbel-Kombi-nation (Hoch-preis)	13,65	−11,20 %	0,63 %	5,72 %
Büro-System-möbel-Kombi-nation (Mittel-preis)	15,28	−5,00 %	0,70 %	6,40 %
Gesamt:	41,33	−4,20 %	1,91 %	−

rektmailings, Prospekte und Plakate sowie 25 % für handelsgerichtete Verkaufsförderung ausgegeben wurden.

Der Vertrieb der Möbel erfolgt zu einem geringen Anteil von ca. 10 % über firmeneigene Vertreter im regionalen Raum. Der größte Teil der Produktion (ca. 90 %) wird über ausgewählte Fachhändler in Gesamtdeutschland abgesetzt. Export wird nicht betrieben.

Ziel der »BüroTop GmbH« ist es, im Geschäftsjahr t+2 einen Mindestumsatz von 44 Mio. Euro zu erreichen. Innerhalb der nächsten fünf Jahre wird ein Marktanteil auf dem Büromöbelmarkt von 2,5–3 % angestrebt. Damit will das Unternehmen zu den 15 größten Anbietern auf dem deutschen Markt zählen. Für gegebenenfalls notwendige Investitionen baut der Vorstand auf die guten Beziehungen zur Hausbank.

4.1.7 Aufgaben zur Fallstudie

4.1.7.1 Kapitel 1: Zur Analyse des Beschaffungsverhaltens

Nach einem erholsamen Urlaub erfährt Herr Boss, Vertriebsleiter der BüroTop GmbH, dass der Auftrag der Copy Company AG für die Einrichtung der Büros einer neuen Vertriebszentrale in Polen trotz intensiver Bemühungen an das Konkurrenzunternehmen Toll-Möbel AG gegangen ist. Daraufhin ruft er umgehend seine Mitarbeiter zu einer außerplanmäßigen Sitzung in sein Büro. »Meine Herren! Sie wissen, welche Bedeutung dieser Auftrag für unser Unternehmen hatte. Ich kann mir einfach nicht erklären, wie wir diesen Auftrag verlieren konnten.«

Herr Boss hatte durch Zufall von dieser Auftragsanfrage durch die Copy Company AG erfahren und sich erfolgreich um die Berücksichtigung bei der Angebotsanfrage bemüht. Der Auftrag wäre eine hervorragende neue Referenz für die BüroTop GmbH. Neben den Chancen, weitere Filialen der Copy Company AG einzurichten, brächte er die Möglichkeit mit sich, in Polen als einen bedeutenden Wachstumsmarkt Fuß zu fassen. Bei der Angebotsformulierung war man daher zu erheblichen Preiszugeständnissen bereit.

Jens Schlau, derzeit Praktikant bei Herrn Boss, wird damit beauftragt, eine Ursachenanalyse vorzunehmen und Empfehlungen für das zukünftige Vorgehen bei solchen möglichen Aufträgen zu geben. In seinen Recherchen erfährt Herr Schlau folgendes:

Geschäftsführer der Copy Company AG ist Herr Richter, der vor fünf Jahren die alleinige Geschäftsführung von seinem Vater übernommen hatte. Unter seiner Führung wird seither die Unternehmensstrategie der Erschließung ausländischer Absatzmärkte verfolgt. Bei Filialeröffnungen ist er an allen Entscheidungen umfassend beteiligt. Ebenso wie seine engen Berater und Vertraute:

▸ Herr Schmidt, Vertriebsleiter. Ein sehr dynamischer, karriereorientierter Mensch und »echter Verkäufer«, der sich in der Firma hochgearbeitet hat.
▸ Frau Weiß, Chefsekretärin. Bei ihr laufen alle Informationen des Unternehmens zusammen. Sie war bereits für Herrn Boss senior tätig und gilt als sehr zuverlässig und loyal.
▸ Herr Techner, Technischer Leiter. Ein sehr fähiger Ingenieur, der sehr innovationsfreudig ist. Allerdings hat er mit betriebswirtschaftlichen Themen und Zusammenhängen nicht viel am Hut.
▸ Herr Pfennig, Kaufmännischer Leiter. Ein Zahlenmensch wie er im Buche steht – sehr rational, aber vor allem sicherheitsorientiert.
▸ Herr Schreiber, Abteilungsleiter im Einkauf. Er ist Herrn Boss inzwischen besonders gut bekannt. Beide haben sich beim Golf kennen und schätzen gelernt. Er war es auch, der die BüroTop GmbH letztlich bei der Angebotsabfrage ins Spiel gebracht hat.

Jens Schlau findet heraus, dass neben der BüroTop GmbH sechs weitere Unternehmen Angebote abgegeben haben. Laut Auskunft von Herrn Schreiber kamen neben der BüroTop GmbH zwei davon in die engere Wahl. In ihren technischen Leistungen waren alle drei sehr ähnlich. Preislich war die BüroTop GmbH mit ihrem Angebot deutlich führend. Bei beiden Wettbewerbern handelte es sich um renommierte Hersteller. Mit einem wurde auch schon früher einmal zusammen gearbeitet. Dennoch hat die bis dato intern nicht bekannte Toll-Möbel AG den Zuschlag erhalten. Frau Weiß ließ in einem Telefonat durchblicken, dass auf Einladung der Toll-Möbel AG wohl mehrere Arbeitssessen mit Herrn Techner und Herrn Pfennig stattgefunden hätten. Sie selbst fand die Herren auch sehr sympathisch.

Aufgabenstellung

Bitte helfen Sie Herrn Schlau. Analysieren Sie, warum die BüroTop GmbH den Auftrag nicht bekommen hat. Zeigen Sie dies durch Bearbeitung der folgenden Teilaspekte:

---

1. *Durch welche Merkmale unterscheidet sich das **organisationale Beschaffungsverhalten** vom Individual- bzw. Konsumentenkaufverhalten? Zeigen Sie die Charakteristika des organisationalen Beschaffungsverhaltens auch unter Berücksichtigung der Fallstudie auf.*

---

2. *Skizzieren Sie, um welchen **Kauftyp** es sich bei der Beschaffung handelt. Welche Konsequenzen hat dies aus Sicht des Anbieters und des Nachfragers?*

---

3. *Untersuchen Sie das in diesem Fall evident werdende **Rollenverhalten** bei der BüroTop GmbH. Legen Sie Ihren Ausführungen das Rollenkonzept nach **Webster/Wind** zugrunde.*

---

4. *Welche weiteren **(Entscheider-)Typologien** lassen sich auf die Mitglieder des Buying Centers übertragen? Versuchen Sie eine Übertragung des **Kaufentscheider-Modells von Droege/Backhaus/Weiber**.*

---

5. *Welche **Empfehlungen** geben Sie der BüroTop GmbH hinsichtlich des zukünftigen Umgangs mit solchen potenziellen Aufträgen?*

Die Lösungen der Aufgaben zur Fallstudie finden Sie in Kapitel 5, S. 229 f.

4.1.7.2 Kapitel 2: Zur Analyse der Unternehmenssituation und Ableitung eines Strategieprofils

Herr Boss, Vertriebsleiter der BüroTop GmbH, war kürzlich auf einem Seminar mit dem Titel »Strategische Analyse und Strategieentwicklung für erfolgreiche Manager«. Nun ist ihm daran gelegen, das Gelernte zum Nutzen der BüroTop GmbH umzusetzen. Bitte unterstützen Sie Herrn Boss bei seinem Vorhaben.

Aufgabenstellung

1. *Erstellen Sie zunächst eine differenzierte **SWOT-Analyse** mit Hilfe der zur Verfügung stehenden Informationen aus der Fallstudie.*

2. *Ergänzen Sie die Informationen durch eine **Portfolio-Analyse**. Als Grundlage der Portfolio-Analyse stehen folgende Informationen zur Verfügung: Das Marktwachstum für Büromöbel aus Holz soll in allen Preislagen in den nächsten fünf Jahren ca. 5 % jährlich betragen. Stahl-Büromöbel werden hingegen in allen Preislagen und bei optimistischer Schätzung in den nächsten zwei Jahren um ca. 5–6 % zurückgehen. Danach kann auf ein Stagnieren und ggf. einen leichten Aufwärtstrend gehofft werden. Der größte direkte Wettbewerber erzielt derzeit in den von der »BüroTop GmbH« bearbeiteten Geschäftsfeldern die folgenden Umsätze (in Mio. Euro):*
   - *Holzbüro-Systemmöbel-Kombination (Mittelpreis):*   *17,40,*
   - *Stahlbüro-Systemmöbel-Kombination (Hochpreis):*   *11,20,*
   - *Stahlbüro-Systemmöbel-Kombination (Mittelpreis):*   *14,85.*

   Welche Konsequenzen lassen sich daraus bezüglich erforderlicher strategischer Maßnahmen für die »BüroTop GmbH« ziehen? Setzen Sie sich dabei bitte kritisch mit den Normstrategien auseinander.

3. *Formulieren Sie geeignete **Ziele** für das Unternehmen.*

4. *Leiten Sie ein differenziertes **Strategieprofil** für die BüroTop GmbH ab. Gehen Sie ein auf die Marktfeld-, Marktstimulierungs-, Marktparzellierungs- und Marktarealstrategien.*

Die Lösungen der Aufgaben zur Fallstudie finden Sie in Kapitel 5, S. 242 f.

4.1.7.3 Kapitel 3: Zum Einsatz des Marketinginstrumentariums

Herr Boss, Vertriebsleiter der BüroTop GmbH, hat kürzlich einen Beitrag zur Differenzierung von Geschäftstypen gelesen. Darin ging es unter anderem auch darum, dass Marketinginstrumente im Business-to-Business-Marketing möglichst optimal auf den jeweiligen Geschäftstyp abgestimmt sein müssen. Diese und ähnliche Fragestellungen möchte er nun mit Ihrer Unterstützung geprüft wissen.

Aufgabenstellung

1. Erläutern Sie die Unterschiede der **Geschäftstypen** Produkt-, Anlagen-, System- und Zuliefergeschäft. Ordnen Sie die Aktivitäten/Geschäftsbereiche der BüroTop GmbH entsprechend ein.

2. Herr Boss erwägt den Ausbau des reinen **Produktgeschäft**es, indem zukünftig die Systemausrichtung der Produkte eingestellt wird. Neue Produkte mit starkem Alleinstellungscharakter und deutlicher Designorientierung stellen seiner Meinung nach die Zukunft für die BüroTop GmbH dar. Welche Vor- und Nachteile hat dies ggf.? Was ändert sich hinsichtlich des Einsatzes der Marketinginstrumente? Was würden Sie empfehlen?

3. Ein befreundetes Unternehmen erstellt und vermarktet Produktionsanlagen für Textilhersteller. Für einen möglichen Auftrag sind Tische und Stühle in das Angebot zu integrieren. Herr Boss erhält die Anfrage, ob sich die BüroTop GmbH an der **Ausschreibung** beteiligen will.
Welche Besonderheiten bringt ein solcher Auftrag im Vergleich zum bisherigen Geschäft mit sich?

4. Ein Unternehmen, das Arztpraxen einrichtet, stellt eine Anfrage an die BüroTop GmbH, ob diese sich neben anderen Unternehmen als **Zulieferer** von Stühlen engagieren will. Welche Besonderheiten würden sich aus einem solchen Geschäft ergeben? Wie sollte die BüroTop GmbH vorgehen, wenn sie den Erhalt dieses Auftrags als strategisch besonders wichtig ansieht?

Die Lösungen der Aufgaben zur Fallstudie finden Sie in Kapitel 5, S. 255 f.

4.2 Fallstudie »Copy Company AG« für das Unternehmensplanspiel TOPSIM – General Management II

In Zusammenarbeit mit der Firma TATA Interactive Systems GmbH, Tübingen, wurde für den Einsatz des Unternehmensplanspiels TOPSIM – General Management II ein didaktisches Konzept zur Vermittlung und Vertiefung der Besonderheiten des Business-to-Business-Marketing erarbeitet. Die entsprechende Fallstudie sowie geeignete Materialien zum kombinierten Einsatz des vorliegenden Buches in Verbindung mit dem Planspiel TOPSIM – General Management II finden Sie zum Download auf der Homepage des Schäffer-Poeschel Verlages unter www.schaeffer-poeschel.de/webcode. Für den Zugriff auf die Daten verwenden Sie bitte Ihre E-Mail Adresse und Ihren persönlichen Webcode, der auf der ersten Seite dieses Buches zu finden ist.

5 Lösungshinweise

Wiederholungsfragen

1. »**Business-to-Business-Marketing**« *umfasst alle an Industrieunternehmen, staatliche Organisationen sowie Handels- und Dienstleistungsunternehmen gerichteten Absatzprozesse sowie alle Bereiche des Marketing, die nicht zum Konsumgütermarketing gehören bzw. sich nicht direkt an private Endabnehmer wenden.*
   B2B Marketing: *Betrachtung jeglicher Art organisationaler Geschäftsbeziehungen.*
   Investitionsgütermarketing: *Betrachtung jeglicher, auch staatlicher Investoren als Abnehmer.*
   Industriegütermarketing: *Betrachtung auf Produzenten als Nachfrager beschränkt.*

2.

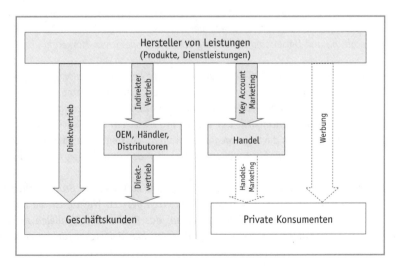

Alle grauen Felder gehören zum Business-to-Business-Marketing; alle hellen Felder zum Konsumgütermarketing.

3.

Markt	**Produkte**
▸ Starke Segmentierung, längere, interaktive Geschäftsbeziehungen → Individualität	▸ Sachgüter, Dienstleistungen, Rechte, Nominalgüter (Beteiligungen)
▸ Formalisierte Prozesse	▸ Technisch anspruchsvoll, erklärungsbedürftig
▸ Geografische Konzentration → Internationalität	▸ Hohe Kundenindividualität
▸ Weniger Marktteilnehmer → Oligopol	▸ Leistungspakete Produkt und Dienstleistung
	▸ Mitunter zugleich Konsumgut

Preise/Konditionen
▸ Sehr differenziert, individualisiert
▸ Hohe Verhandlungsintensität

Business-to-Business-Marketing

Vertriebswege
▸ Kürzere Vertriebswege
▸ Häufig direkt

Kommunikation
▸ Direkt, individuell
▸ Persönlicher Verkauf

Bedarf/Nachfrage
▸ Aus Organisationszielen abgeleitet, nicht originär
▸ Geringe Beeinflussbarkeit

Käufer
▸ Benutzer, Verbraucher, Verwender, Händler, »Berater«
▸ Unternehmen, Staatliche Stellen, »andere« Organisationen
▸ Nicht anonym
▸ Multipersonale Entscheidungsprozesse → Buying Center
▸ Rationalität
▸ Weitreichende Produktkenntnisse
▸ Mitunter Gegenseitigkeitsgeschäfte

4. *Die Vielfalt der in der empirischen Praxis vorkommenden Produkt- und Geschäfts-typen soll systematisiert und Forschungsbereiche abgegrenzt werden. Ziel dieser Typologien ist es aber vor allem, generalisierbare Empfehlungen für die Ausge-staltung und Umsetzung des strategischen und operativen Marketing abzuleiten.*

5. *Die Unterteilung nach Geschäftsarten beruht bei allen Typologisierungsansät-zen mehr oder weniger auf den folgenden zwei Ansatzpunkten:*
*1. Der **Grad der Spezifität bzw. Individualität der Leistungen**.*
*2. Die **Art bzw. Intensität der Beziehung zwischen den Geschäftspartnern**.*
In der Regel kann davon ausgegangen werden, dass mit zunehmender Spezifität auch die Intensität der Beziehungen zwischen den Geschäftspartnern höher ist.

6. *Die hier zugeordneten Beispiele sind als solche zu verstehen. Grundsätzlich sind der Kreativität des Bearbeiters keine Grenzen gesetzt. Wichtig ist die kritische Auseinandersetzung mit den Typologien, das Finden von Parallelen zwischen sowie das Finden von möglichst gegensätzlichen Beispielen für die einzelnen Typen.*

Ansatz	Ausprägungen	Beispiele
Kleinaltenkamp et al.	Spotgeschäfte	Schrauben zur Herstellung von Regalen
	Commodity-Geschäfte	Hersteller von Kopierern mit Reparaturservice

Ansatz	Ausprägungen	Beispiele
Kleinaltenkamp et al.	Anlagengeschäfte	Installation einer neuen Produktionsanlage für Verpackungen
	Customer-Integration-Geschäfte	Entwicklung einer neuen Produktionsanlage für ein neues Verpackungspatent
Richter	Mengengeschäfte	Siehe Spotgeschäfte
	Kundengeschäfte	Siehe Commodity-Geschäfte
	Kooperationsgeschäfte	Siehe Customer-Integration-Geschäfte
	Komplexgeschäfte	Siehe Anlagengeschäfte
	Kombinationsgeschäfte	Verkauf, Installation einer neuen EDV-Anlage, inkl. Standardsoftware sowie Programmierung von individuellen Benutzeroberflächen
Backhaus	Produktgeschäft	Standard Büromöbel
	Systemgeschäft	Büro-Systemmöbel, die in unterschiedlicher Kombination gekauft und ergänzt werden können, aber nicht mit anderen Produkten kombinierbar sind
	Anlagengeschäft	Öffentliche Baustelle, die durch einen Generalunternehmer angeboten wird
	Zuliefergeschäft	Motoren für Rasenmäher
Engelhardt et al.	Integrativ/materielles Geschäft	Spezielle Maschine für die Montage von Rasenmähern
	Integrativ/immaterielles Geschäft	Beratungsleistungen zur Ablauf-/ Prozessoptimierung der Produktion
	Autonom/materielles Geschäft	Vorproduzierte Motoren für Rasenmäher
	Autonom/immaterielles Geschäft	Programmierung einer Produktionsstraße für die Herstellung der Rasenmäher

Ansatz	Ausprägungen	Beispiele
Plinke	Projekt-Management	Einmalige, individuelle Beratung für den Aufbau eines neuen Standortes in China
	Markt(segment)-Management	Breite Vermarktung von Wellen für den Einsatz in verschiedenen Spezialmaschinen
	Kundenbindungs-Management	Verkauf von Software mit Updateservice
	Key Account Management	Zuliefergeschäfte; Subunternehmer für ein großes Bauunternehmen
Weiber/Adler	Dominanz von Sucheigen-schaften	Auswahl eines Reifenherstellers als Zulieferer für ein neues Modell eines Automobilherstellers
	Dominanz von Erfahrung	Nahezu alle Dienstleistungen, z. B. Reinigungsservice
	Dominanz von Vertrauen	Hochinnovatives und komplexes Bauteil für eine Anlage
Kaas	Austauschgüter	Schrauben oder andere Standardteile
	Kontraktgüter	Gemeinsame Entwicklung eines neuen Automodells durch mehrere Hersteller
	Geschäftsbeziehungen	Mehrere aufeinander aufbauende Beratungsaufträge für eine generalistisch aufgestellte Unternehmensberatung

7. *Eine eindeutige Zuordnung der Typen ist vielfach nicht möglich und von zusätz-lichen Annahmen abhängig. Dies gilt insbesondere für das Beispiel des Armatu-renherstellers, der verschiedene Geschäftsfelder bedient und dessen Produkte ggf. an der Grenze zwischen stark Individualisierung und Standardisierung stehen.*
Besonders schwierig wird die Zuordnung bei der Typologisierung von Kaas. Zum einen sind bei nahezu allen Geschäften auch alle der Eigenschaften vertreten. Zum anderen hängt die Dominanz einer Eigenschaft auch hier sehr stark vom Einzelfall und ggf. zu tätigenden Zusatzannahmen ab.
Die hier vorgenommenen Zuordnungen sind daher als Ansatzpunkte zu verstehen und sollen durchaus zur kritischen Auseinandersetzung mit den Typologien anregen.

Ansatz	Ausprä-gungen	1. WWS	2. Wind-kraft	3. Öl-platt-form	4. La-bor	5. IT-DL	6. Sy-stem-Möbel	7. Arma-turen
Kleinalten-kamp et al.	Spotge-schäfte							X
	Com-modity-Geschäfte	X	X	X		X		X
	Anlagen-geschäfte	X					X	X
	Customer-Integra-tion-Gesch.				X	X		X
Backhaus	Produkt-geschäft							X
	System-geschäft	X	X			X	X	X
	Anlagen-geschäft			X				
	Zuliefer-geschäft				X			X
Weiber/ Adler	Dominanz Sucheigen-schaften		X				X	
	Dominanz von Erfah-rung	X		X	X			X
	Dominanz von Ver-trauen					X		

8.

Beschaffungs-situation	Kauftyp	Ausprägung	Konsequenz	Verhaltens-empfehlung
Papier- und Büromaterial	Wert des Be-schaffungsob-jekts	Niedrig	▸ Geringes Risiko ▸ Routinisiertes Vorgehen möglich	▸ Delegation auf Sachbear-beiterebene ▸ Weitestmögli-che Standar-disierung und Automatisie-rung des Be-schaffungs-vorgangs
	Kaufanlass	Ersatzbeschaf-fung		
	Wiederholungs-grad	Modifizierter/identischer Wiederkauf		
	Produkt-technologie	Ggf. neu, »Ausprobieren« problemlos möglich		
Produktions-anlage	Wert des Be-schaffungsob-jekts	Hoch	▸ Hochkomple-xes Beschaf-fungsproblem ▸ Professionel-les Vorgehen nötig	▸ Einbezug von Spezialisten aus verschie-denen Unter-nehmensbe-reichen ▸ Entscheidung auf oberster Führungs-ebene
	Kaufanlass	Erstbeschaffung		
	Wiederholungs-grad	Neukauf		
	Produkt-technologie	Ggf. neu; Un-sicherheiten möglich		

9. *Regelmäßige Papier- und Büromaterialbeschaffung:* **Typ A**.
Beschaffung neue Produktionsanlage: **Typ C**.

10.

Phase	Papier- und Büromaterial	Neue Produktionsanlage
Voranfragephase	▸ Nur einmal zu Beginn der Geschäftsbeziehung ▸ Generelle, Marktanalyse und punktuelle Anfrage über regelmäßige Lieferfähigkeit von Standardprodukten	▸ Sehr intensive Problemanalyse unter Einbezug von potenziellen Anbieterunternehmen ▸ Differenzierung von »Make-« und »Buy-Bestandteilen« ▸ Definition von Zielen, Auswahlkriterien und qualitativen Anforderungen ▸ Stellen von Anfragen
Angebotserstellungsphase	▸ Nur einmal zu Beginn der Geschäftsbeziehung ▸ Rückfragen, ggf. inhaltliche Präzisierung	▸ Rückfragen, Konkretisieren der Anforderungen

Phase	Papier- und Büromaterial	Neue Produktionsanlage
Kundenverhandlungsphase	▸ Nur einmal zu Beginn der Geschäftsbeziehung ▸ Fokus: Konditionen, Kosten, Flexibilität, Schnelligkeit	▸ Intensive Verhandlung ▸ Fokus: Details bzgl. Qualität, Technik, Konditionen
Abwicklungsphase	▸ Auftragserteilung durch langfristigen Rahmenvertrag ▸ Weitgehende Routinisierung und Automatisierung der Prozesse	▸ Auftragserteilung und Umsetzung des Projektes unter starkem Einbezug des Kunden
Gewährleistungsphase	▸ Kaum relevant, ggf. bei Fehllieferungen	▸ Anpassungen, Kundendienst, Service ▸ Pflege der Kundenbeziehung

Empfehlung Anbieterverhalten:

▸ *Papier- und Büromaterial: Standardisierung sowie problemlose und flexible Prozesse stehen im Vordergrund. Der Anbieter sollte alles ihm Mögliche tun, um die routinisiert ablaufenden Prozesse für beide Seiten so effizient wie möglich und für den Kunden zusätzlich so flexibel wie möglich zu gestalten.*

▸ *Neue Produktionsanlage: Individualisierung steht im Vordergrund. Der Anbieter sollte über den gesamten Prozess hinweg intensiven Kontakt zum Kunden pflegen. In jeder Phase sollten geeignete und kompetente Ansprechpartner zur Verfügung gestellt werden. Mögliche auftretende Probleme sollten antizipativ erfasst und gelöst werden.*

11. *Organisationale Beschaffungen werden in der Regel durch mehrere Personen beeinflusst und begleitet. Diese Personen unterscheiden sich in ihren persönlichen und aufgabenbezogenen **Interessen** bzw. **Zielen**, in der Übernahme von **Rollen**, ihrem **individuellen Entscheidungsverhalten** sowie dem Ausüben verschiedener Arten von **Macht**.*

Der – eigentlich stark formalisiert ablaufende und an den Kaufphasen orientierte – Prozess der Entscheidungsfindung ist durch vielfältige Einflüsse seitens der Mitglieder des anbietenden und nachfragenden Unternehmens beeinträchtigt. Diese Einflüsse finden ihren Ursprung in den persönlichen und aufgabenbezogenen Interessen bzw. Zielen, der Übernahme von Rollen, dem individuellen Entscheidungsverhalten sowie dem Ausüben verschiedener Arten von Macht. All diese Faktoren lassen in der Praxis den Prozess der Entscheidungsfindung sehr dynamisch und zum Teil unvorhersehbar verlaufen.

In diesem Fall handelt es sich um eine Beschaffungsentscheidung seitens einer öffentlichen Verwaltung. Auch hier sind an der Beschaffung unterschiedliche Personen mit verschiedenen Zielen, Rollen etc. beteiligt.

Die gedankliche Zusammenfassung einer solchen Gruppe, die mit Beschaffungsent-
scheidungen betraut oder daran beteiligt sind, wird als Buying Center bezeichnet.

12. *Es gibt bestimmte Gemeinsamkeiten, die das organisationale Beschaffungsver-*
    halten charakterisieren. Gleichzeitig ist jede Beschaffung etwas sehr Individu-
    elles. Die Analyse des organisationalen Beschaffungsverhaltens, die Ableitung
    von Systematiken und die Entwicklung Instrumenten zur Analyse helfen:
    ▸ *Generalisierbare Handlungsempfehlungen zu geben.*
    ▸ *Ein individuelles Vorgehen zu ermöglichen.*
    *Die **öffentliche Verwaltung** ist durch eine Reihe von Besonderheiten charak-*
    terisiert. Dazu gehören:
    ▸ *Stark formalisierte Entscheidungswege.*
    ▸ *Kameralistik.*
    ▸ *Vergabe nach öffentlichen Ausschreibungen.*
    ▸ *Langwierige Prozesse.*
    ▸ *Neben ökonomischen Kriterien spielen häufig auch arbeitsmarkt- oder*
      strukturpolitische Kriterien eine Rolle.

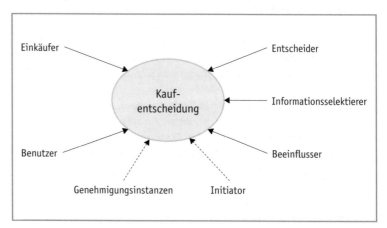

13. ▸ *Hr. Wichtig: Entscheider*
    ▸ *Fr. Helmerding: Einkäuferin/Informationsselektiererin/Beeinflusserin*
    ▸ *Hr. Techner: Initiator*
    ▸ *Fr. Küllmer: Benutzer(-vertretung)*
    ▸ *Hr. Meier: (Mit-)Initiator/Genehmigungsinstanz*
    Wie zum Teil erkennbar, ist es möglich, dass
    ▸ *gleiche/ähnliche Rollen mehreren Personen zuzuordnen sind (Hr. Techner,*
      Hr. Meier),
    ▸ *eine Person gleichzeitig mehrere Rollen übernimmt (Fr. Helmerding) und*
    ▸ *die Rollen sich im Zeitverlauf ändern können.*

14. **Entscheider-Typologien:**
    ▸ *Promotoren-Modell von Witte*

▸ *Innovatoren-Modell von Strothmann*
▸ *Kaufentscheider-Modell von Droege/Backhaus/Weiber*
Promotoren-Modell von Witte:
▸ *Fachpromotoren: Hr. Techner; Fr. Küllmer*
▸ *Machtpromotoren: Hr. Meier; Hr. Wichtig*
▸ *Prozesspromotor: Hr. Techner*
▸ *Fachopponent: Fr. Helmerding*

15. ▸ *Hr. Wichtig:*
  – *Gemeinsames Interesse »Jagd« – Aufbau emotionaler Bindung.*
  – *Begeisterungsfähigkeit für Technik – Herausstellen der technologischen Besonderheiten der Produkte.*
  – *Budgetverantwortlichkeit – Herausstellen/Eingehen auf besonderes Kosten-Nutzen-Verhältnis.*
▸ *Hr. Techner:*
  – *Technische Details – Herausstellen der technologischen Besonderheiten und Qualität der Produkte sowie der Qualität des Service/Kundendienstes.*
▸ *Fr. Küllmer:*
  – *Wünsche, Probleme, Meinungsbild der Anwender eruieren.*
  – *Anwendervorteile der Produkte herausstellen.*
▸ *Fr. Helmerding:*
  – *Ursachen für ablehnende Haltung herausfiltern; positive Beziehung aufbauen; Vertrauen schaffen.*
  – *Ggf. Budgetgrenzen herausbekommen.*
  – *Preise und Konditionen besprechen.*
▸ *Hr. Meier:*
  – *Infos über Stand der Beschaffungsplanung, Stimmungsbild einholen.*
  – *Ggf. Informationen über Fr. Helmerding einholen.*

16. ▸ *Referenzmacht: ggf. Hr. Techner*
▸ *Informationsmacht: Fr. Küllmer*
▸ *Experten-/Spezialistenmacht: Hr. Techner*
▸ *Aktivierungsmacht: Hr. Meier, Hr. Wichtig*
▸ *Legitimationsmacht: Fr. Helmerding*
▸ *Abteilungsmacht: ggf. Hr. Wichtig; Fr. Küllmer*
Herr Schmidt sollte die vorstehende Vermutung hinsichtlich der ggf. vorhandenen Machtpositionen evaluieren. Sofern diese Machtpositionen vorhanden sind, ist nach Möglichkeit zu überprüfen, inwieweit sie für die Beeinflussung der Entscheidung zugunsten oder gegen die Firma von Herrn Schmidt eingesetzt werden. Dafür helfen die Gespräche, die in der vorhergehenden Aufgabe thematisiert wurden.

17. *Empfehlung **Aufbau Selling Center:***
  ▸ **Papier- und Büromaterial:** *Normalerweise dürfte hier der Vertriebsverantwortliche (ggf. Key Accounter) weitgehend allein handeln und entscheiden. Zu bestimmten Fachfragen wird dieser ggf. Experten (Produktmanager) hinzuziehen.*

▸ **Neue Produktionsanlage:** *Der Vertriebsverantwortlichen fungiert als Koordinator und Hauptverantwortlicher des Selling Centers. Im Verlauf des Angebots- und Verkaufsprozesses wird dieser Fachspezialisten aus Entwicklung, Technik, Kundendienst etc. sowie verschiedene hierarchisch höhere Stufen einbinden. Wichtig ist es, jeweils punktuell kompetente und akzeptierte Ansprechpartner für die Mitglieder des gegenüberstehenden Buying Centers bereitzustellen.*

18.

	Voran-fragephase	Angebots-erstellungsphase	Kundenver-handlungsphase	Abwicklungs-phase	Gewährlei-stungsphase
Entscheider (decider)		X	X		
Verkäufer (seller, vendor)	X	X	X	X	X
(fachlicher) Reagierer (responder)		X	X	X	X
Hersteller (maker)				X	
Informationsverant-wortlicher (gatekeeper)		X	X	X	X
Anreger (stimulator)	X	X			
Genehmi-gungsinstan-zen		X	X		X

19. *Empfehlung* **Bindungsinstrumente***:*

▸ *Papier- und Büromaterial:*
   – **Vertraglich:** *Möglichst langfristige Liefer-/Abnehmerverträge; ggf. Exklusiv- und Just-in-time-Lieferverträge; Rabattsysteme, finanzielle Anreize.*
   – **Psychologisch:** *Aufbau persönlicher Beziehungen zu Mitarbeitern und Entscheidungsinstanzen.*

▸ *Neue Produktionsanlage:*
   – **Vertraglich:** *Lizenz- und Know-how-Verträge; Wartungs- und Reparaturverträge.*
   – **Technologisch:** *Systembindungen; Schnittstellenerklärungen.*
   – **Psychologisch:** *Aufbau persönlicher Beziehungen zu Mitarbeitern und Entscheidungsinstanzen.*
   – **Ggf. institutionell:** *Kapitalbeteiligung; Mandate im Aufsichtsrat; Tätigkeit in gemeinsamen Verbänden.*

Aufgaben zur Fallstudie »Büro Top GmbH«

1. *Organisationale Beschaffungen* werden in der Regel durch mehrere Personen beeinflusst und begleitet. Diese Personen unterscheiden sich in ihren persönlichen und aufgabenbezogenen Interessen bzw. Zielen, in der Übernahme von Rollen, ihrem individuellen Entscheidungsverhalten sowie dem Ausüben verschiedener Arten von Macht.

    Der – eigentlich stark formalisiert ablaufende und an den Kaufphasen orientierte – Prozess der Entscheidungsfindung ist durch vielfältige Einflüsse seitens der Mitglieder des anbietenden und nachfragenden Unternehmens beeinträchtigt. Diese Einflüsse finden ihren Ursprung in den persönlichen und aufgabenbezogenen Interessen bzw. Zielen, der Übernahme von Rollen, dem individuellen Entscheidungsverhalten sowie dem Ausüben verschiedener Arten von Macht. All diese Faktoren lassen in der Praxis den Prozess der Entscheidungsfindung sehr dynamisch und zum Teil unvorhersehbar verlaufen.

    In diesem Fall handelt es sich um eine Beschaffungsentscheidung seitens einer öffentlichen Verwaltung. Auch hier sind an der Beschaffung unterschiedliche Personen mit verschiedenen Zielen, Rollen etc. beteiligt.

    Die gedankliche Zusammenfassung einer solchen Gruppe, die mit Beschaffungsentscheidungen betraut oder daran beteiligt sind, wird als Buying Center bezeichnet.

2. *Hierbei handelt es sich aus Sicht des beschaffenden Unternehmens (Gesamtunternehmenssicht) um*
    - eine **Erweiterungsinvestition**
    - einen **modifizierten Wiederkauf.**

    Konsequenzen hat dies aus Anbieter-/Nachfragersicht:

	Nachfragersicht			Anbietersicht
Kaufklasse	Neuheit des Problems	Informationsbedarf	Betrachtung neuer Alternativen	Zielsetzung Marketing des Outsuppliers
Modifizierter Wiederkauf	Mittel	Eingeschränkt	Begrenzt	Erobern durch ▸ Qualität, ▸ Preisvorteile, ▸ Differenzierung

3.

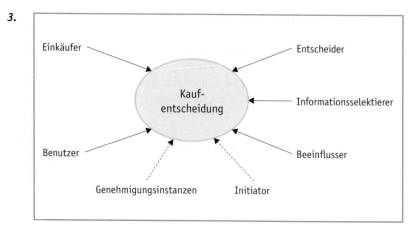

- ▸ *Herr Richter: Entscheider*
- ▸ *Herr Schmidt: Beeinflusser, Genehmigungsinstanz*
- ▸ *Frau Weiß: Informationsselektierer*
- ▸ *Herr Techner: Benutzer*
- ▸ *Herr Pfennig: Einkäufer*
- ▸ *Herr Schreiber: Einkäufer, Beeinflusser, ggf. Initiator*

Wie zum Teil erkennbar, ist es möglich, dass

- ▸ *gleiche/ähnliche Rollen mehreren Personen zuzuordnen sind,*
- ▸ *eine Person gleichzeitig mehrere Rollen übernimmt und*
- ▸ *die Rollen sich im Zeitverlauf ändern können.*

4. *Entscheider-Typologien*
- ▸ *Promotoren-Modell von Witte*
- ▸ *Innovatoren-Modell von Strothmann*
- ▸ *Kaufentscheider-Modell von Droege/Backhaus/Weiber*

Mögliche Übertragung des Kaufentscheider-Modells von Droege/Backhaus/Weiber (Mutmaßungen erforderlich):

- ▸ *Faktenorientiert: Herr Pfennig*
- ▸ *Imageorientierte: Herr Schreiber/Herr Schmidt*
- ▸ *Sicherheitsmaximierer Herr Pfenning/Herr Schmidt*
- ▸ *Inspekteure: Herr Techner*

5. *Die BüroTop GmbH sollte sich zukünftig intensiver mit der Zusammensetzung und den Personen des kundenseitigen Buying Centers auseinandersetzen. Über die formal professionelle Steuerung und Betreuung von Auftragsanfragen hinaus sollten verstärkt auch informale Betreuungsinstrumente eingesetzt werden. Dazu gehört vor allem der Aufbau von persönlichen Beziehungen und Vertrauen zu den Mitgliedern des Buying Centers, insbesondere den Entscheidern, Benutzern und Beeinflussern. Ggf. ist auch über standardisierte Prozesse und entsprechende Schulungen für die am Vertriebsprozess beteiligten Mitarbeiter nachzudenken.*

Lösungshinweise zu Kapitel 2

Wiederholungsfragen

1. »**SWOT**« steht für die Begriffe **S**trength, **W**eakness, **O**pportunities und **T**hreats. Es geht darum die unternehmensseitigen Stärken und Schwächen sowie die umwelt- bzw. marktseitigen Chancen und Risiken für ein Unternehmen zu ermitteln.
   Damit wird die Basis für die Ableitung der Ziele und Strategien im Rahmen der Entwicklung einer Marketing-Konzeption gelegt.

2. Das Vorgehen zur Erstellung einer SWOT-Analyse ist in der Abbildung dargestellt:

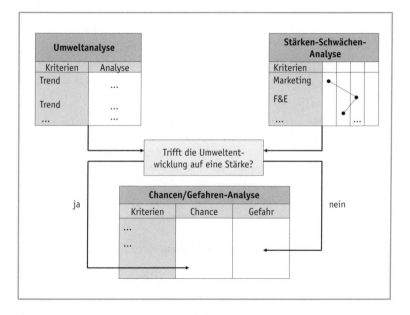

   Die ermittelten umweltseitigen Entwicklungen und Trends werden mit den ermittelten Stärken und Schwächen gespiegelt. Daraus leiten sich die Chancen und Risiken für das Unternehmen in dem betrachteten Markt ab.
   Aus der »Entwicklung der Stärken«, dem »Abbauen der Schwächen« sowie der »Nutzung der Chancen« und dem »Begrenzen der Risiken« lassen sich unmittelbar – zumindest auf qualitativer Ebene – die zu verfolgenden Ziele ableiten.

3. Die **Besonderheiten** für die Erstellung einer **SWOT-Analyse im Business-to-Business-Marketing** leiten sich aus den Besonderheiten wie sie im Kapitel 2.2 dieses Buches erarbeitet wurden ab.

Markt	**Produkte**
‣ Starke Segmentierung, längere, interaktive Geschäftsbeziehungen → Individualität	‣ Sachgüter, Dienstleistungen, Rechte, Nominalgüter (Beteiligungen)
‣ Formalisierte Prozesse	‣ Technisch anspruchsvoll, erklärungsbedürftig
‣ Geografische Konzentration → Internationalität	‣ Hohe Kundenindividualität
‣ Weniger Marktteilnehmer → Oligopol	‣ Leistungspakete Produkt und Dienstleistung
	‣ Mitunter zugleich Konsumgut

Preise/Konditionen
‣ Sehr differenziert, individualisiert
‣ Hohe Verhandlungsintensität

Business-to-Business-Marketing

Vertriebswege
‣ Kürzere Vertriebswege
‣ Häufig direkt

Kommunikation
‣ Direkt, individuell
‣ Persönlicher Verkauf

Bedarf/Nachfrage
‣ Aus Organisationszielen abgeleitet, nicht originär
‣ Geringe Beeinflussbarkeit

Käufer
‣ Benutzer, Verbraucher, Verwender, Händler, »Berater«
‣ Unternehmen, Staatliche Stellen, »andere« Organisationen
‣ Nicht anonym
‣ Multipersonale Entscheidungsprozesse → Buying Center
‣ Rationalität
‣ Weitreichende Produktkenntnisse
‣ Mitunter Gegenseitigkeitsgeschäfte

Beispielsweise sind aufgrund der geringeren Anzahl der Marktteilnehmer diese wesentlich detaillierter zu analysieren. Mitunter existieren für ein konkretes Produkt nur ein oder zwei Abnehmer bzw. Anbieter. Die Analyse richtet sich auf die jeweiligen Organisationen, aber die auch am Verkaufs-/Beschaffungsprozess beteiligten Selling-/Buying Center Mitglieder. Vielfach werden die (potenziellen) Kunden aktiv in die Analyse mit einbezogen. Vor allem dann, wenn z. B. gemeinsam Zulieferprodukte entwickelt werden sollen.

4. Grundsätzlich kann **Marktsegmentierung** nach Engelhardt/Günther (1981, S. 87) verstanden werden als
    ‣ die Zerlegunng eines gegebenen oder gedachten Marktes in Teilmärkte, den Marktsegmenten, zu denen Abnehmergruppen zusammengefasst werden, die homogener als der Gesamtmarkt auf bestimmte absatzpolitische Aktivitäten reagieren,
    ‣ die anschließende Auswahl der zu verarbeitenden Marktsegmente sowie
    ‣ die Ausrichtung des Marketing-Mix auf die Marktsegmente.
   Die **Aufgaben** der Marktsegmentierung bestehen in:
   1. der Analyse des Gesamtmarktes zur Bestimmung der Nachfragetriebkräfte und zur Identifizierung von Marktsegmenten
   2. der Auswahl der der Anbieterkompetenz am besten entsprechenden Segmente
   3. der Ausrichtung des Marketingmanagements auf die Anforderungen der verschiedenen Segmente mit dem Ziel der Gewinnung von wesentlichen Konkurrenzvorteilen (Richter 2001, S. 141; dort nach Bonoma/Shapiro 1984, S. 1; Kleinaltenkamp 1995, S. 665).

5. In der Marketingpraxis erfolgt die **Abgrenzung von Marktsegmenten**, d.h. die Identifizierung von (potenziellen) Nachfragern häufig ausgehend vom Produkt und dessen Verwendungsbereichen. Dieser sehr pragmatische Ansatz wird der Mehrdimensionalität von Business-Produkten und Marktsegmenten auf Business-Märkten jedoch meist nicht gerecht.

   Die Folge könnten zu pauschale oder gar völlig am Markt vorbei gehende Marketingkonzepte sein, da wesentliche kaufverhaltensrelevante Faktoren außer Acht gelassen werden könnten.

6. **Eindimensionale einstufige** Modelle berücksichtigen aus der Vielzahl an möglichen Kriterien nur einzelne, z.B. Nachfragebranchen oder regionale Merkmale. Damit sind sie in der Praxis leicht anwendbar, entsprechen aber oft nicht in ausreichendem Maße den Markterfordernissen.

   Mehrstufige Segmentierungsmodelle nehmen eine stufenweise Segmentierung vor. Häufig enthalten sie eine Unterteilung in die Stufen Makrosegmentierung und Mikrosegmentierung. Damit lässt sich meist ein besseres Abbild der Marktgegebenheiten erzeugen. Die Handhabung in der Praxis ist jedoch verhältnismäßig aufwendig.

7. In einem ersten Schritt erfolgt die **Makrosegmentierung** nach wichtigen organisatorischen Kriterien der Nachfragerorganisation. Dazu gehören beispielsweise geografische, demografische und organisatorische Merkmale des Unternehmens. Auf deren Basis werden entsprechende Makrosegmente gebildet. Sofern diese unterschiedliche Verhaltensweisen oder Reaktionen auf das Marketing der Anbieterorganisation zeigen, können die Makrosegmente bereits als Zielsegmente verwendet werden.

   Andernfalls erfolgt eine Mikrosegmentierung auf der Ebene der Entscheidungsbeteiligten. Demografische Merkmale, persönlichkeitsbezogene Merkmale sowie individuelle Motive der Personen können hier als Kriterien herangezogen werden.

8. Die **Drei-Ebenen-Segmentierung** nach Robertson/Barich unterscheidet Kundensegmente nach ihren nachfragebezogenen Anforderungen und zwar in Abhängigkeit ihrer Historie als potenzielle oder erfahrene Kunden des Unternehmens (potenzielle Kunden, Erstkäufer, erfahrene Kunden).

9. Der **mehrdimensionale Segmentierungsansatz von Abell** enthält drei Beschreibungsdimensionen:
   - Kundengruppen – Die durch das Produkt angesprochenen (potenziellen) Käufer (»Who is being satisfied?«).
   - Kundenfunktionen – Die durch das betreffende Gut zu befriedigenden Kundenbedürfnisse (»What is being satisfied?«).
   - Alternative Technologien – Die zur Befriedigung der Kundenbedürfnisse einzusetzenden Technologien (»How customer needs are satisfied?«).

Mittels dieser drei Dimensionen und auf Basis der jeweiligen Ausprägungen lassen sich Strategische Geschäftsfelder definieren, innerhalb denen das Unternehmen agiert.

10. Die **dynamische Marktsegmentierung** beinhaltet:
    ▶ eine kontinuierlich anpassende Aufteilung des heterogenen Marktes in homogene Teilsegmente anhand bedürfnisorientierter Kriterien (dynamische Segmentbildung),
    ▶ die kontinuierliche Neubewertung und -auswahl der Teilsegmente,
    ▶ die Anpassung des segmentspezifischen Marketing-Mixes an die sich verändernden Marktgegebenheiten
    ▶ und damit die Lebenszyklusbezogenheit der dynamischen Marktsegmentierung.

    Gerade in wettbewerbsintensiven Märkten sowie Märkten mit abgeleiteter Nachfrage ist es wichtig, Veränderungen auch in der Segmentierung und damit der Kundenansprache schnellstmöglich zu antizipieren. Daher sind dynamische Ansätze eine wesentliche Voraussetzung für den Erfolg von segmentbezogenen Marketingkonzepten im Business-to-Business-Marketing.

11. Basierend auf der Abgrenzung Strategischer Geschäftsfelder werden als internes Pendant im Unternehmen **Strategische Geschäftseinheiten (SGE)** bzw. Strategic Business Units gebildet. Solche Strategischen Geschäftseinheiten (SGE) stellen Produkte oder Programmteile dar, die im Hinblick auf markt- und wettbewerbsbezogene Merkmale gleichartig sind.
    Im Rahmen der strategischen Marketingplanung werden differenziert für die Strategischen Geschäftseinheiten Ziele, Strategien und Maßnahmen entwickelt. Viele bekannte Instrumente zur strategischen Analyse greifen auf die Bildung von Strategischen Geschäftseinheiten zurück.

12. Eine SGE sollte ein weitgehend eigenständiges Geschäft betreiben (oder in der Zukunft betreiben können).
    Für die Leitung einer SGE sollte ein Manager verantwortlich sein.
    Jede SGE sollte eine deutlich unterschiedliche Rolle im Unternehmen haben.
    Die SGEs sollten ausgeprägt marktorientiert gebildet werden.
    Der Schwerpunkt einer SGE sollte technologieorientiert sein.
    Jede SGE sollte groß genug sein, damit Volumen- oder Erfahrungseffekte wirksam werden können.
    Eine SGE sollte auch unter geografischen Aspekten sinnvoll sein.

13. Das Instrument der Lücken- oder **Gap-Analyse** dient der zukunftsorientierten Schwachstellenanalyse. Hierbei wird für einen planerisch übersehbaren Zeitraum (z. B. drei Jahre) die geplante Entwicklung einer quantitativen Zielgröße (z. B. Umsatz) der zu erwartenden Entwicklung, d. h. dem Zielerreichungsgrad gegenübergestellt. Eine sogenannte Ziellücke (Gap) besteht dann, wenn die erwartete Zielrealisierung unter der geplanten Zielgröße liegt.

Zur weiteren Differenzierung wird in eine operative und eine strategische Lücke unterschieden. Die operative Lücke kann dabei relativ leicht durch den intensivierten und optimierten Einsatz der Marketing-Instrumente geschlossen werden. Demgegenüber ist für das Schließen der strategischen Lücke der Einsatz umfassender und weitreichender Maßnahmen (Strategien) erforderlich.

14. *Das Modell des **Produktlebenszyklus (PLZ)** bezeichnet ein zeitbezogenes Marktreaktionsmodell und umfasst die Zeitspanne, in der sich ein Produkt am Markt befindet. Es beruht auf der Annahme, dass ein Produkt von dessen Markteinführung bis zu dessen Elimination bestimmten (zeitbezogenen) Gesetzmäßigkeiten unterliegt.*
   Das Modell kann als Informationsgrundlage für produkt- und programmpolitische Entscheidungen herangezogen werden. Je nach Position im Produktlebenszyklus können Rückschlüsse auf zukünftige Entwicklungen der Programm- oder Produktteile sowie die erforderliche Art und Intensität des Einsatzes der Marketinginstrumente gezogen werden.

15. *Die **Portfolio-Analyse** ist ein wichtiges Analyseinstrument zur Ableitung von Stärken und Schwächen bzw. Chancen und Risiken sowie darauf aufbauenden sogenannten Normstrategien für Strategische Geschäftseinheiten (SGE). Konkrete Ziele, Strategien und Maßnahmen können so festgelegt werden.*
   Die zwei bekanntesten Vertreter dieses Analyseinstrumentes sind die 4-Felder-Matrix (Marktwachstum-Marktanteil-Portfolio) der Boston Consulting Group und die 9-Felder-Matrix (Marktattraktivität-Wettbewerbsvorteil-Portfolio) von McKinsey. In beiden werden die Strategischen Geschäftseinheiten aus umweltbezogener und unternehmensbezogener Sicht beurteilt. Im Grundmodell sind Normstrategien empfohlen, die auf die konkrete Situation des jeweiligen Portfolios zu übertragen sind. Während die 4-Felder-Matrix sich nur der beiden Größen Marktwachstum und Relativer Marktanteil bedient, werden die Dimensionen Marktattraktivität und Relativer Wettbewerbsvorteil in der 9-Felder-Matrix aus einer Vielzahl an Kriterien mit Hilfe eines Scoring-Modells ermittelt.

16. *Das **Geschäftsbeziehungsportfolio** von Plinke beurteilt die Kunden nach ihrer Attraktivität für das Unternehmen sowie der Möglichkeit der Bindung dieser Kunden an das Unternehmen.*
   *Die **Kundenattraktivität** beinhaltet dabei alle zukünftigen Erfolgswirkungen, die im Rahmen einer Geschäftsbeziehung mit einem Kunden erzielt werden können. Dazu gehören quantitative Größen wie Umsätze und Deckungsbeiträge ebenso wie der durch die Zusammenarbeit erzielbare Know-how-Gewinn, die realisierbaren Referenz- und Ausstrahlungseffekte usw.*
   *Das **Bindungspotenzial** umfasst alle bestehenden und aufbaufähigen Möglichkeiten, einen Kunden bezüglich seiner Beschaffungsentscheidungen an das eigene Unternehmen zu binden. Dazu gehören nach Plinke (1989, S. 318):*
   ▸ *Technologische Bindungen, die aus einer technisch bedingten Alleinstellung, Systembindungen etc. resultieren können.*

▸ *Vertragliche Bindungen, die durch das Eingehen von langfristigen Liefer- und Abnahmeverträgen oder Rahmenverträgen, der Vereinbarung und Realisierung von Just-in-Time-Konzepten oder Forschungs- und Entwicklungskooperationen etc. entstehen können.*

▸ *Psychologische Bindungen, wie persönliche Bindungen, Gewohnheiten, Vertrauensverhältnisse etc.*

▸ *Institutionelle Bindungen, die durch Kapitalbeteiligungen, Mandate in Aufsichtsgremien etc. entstehen.*

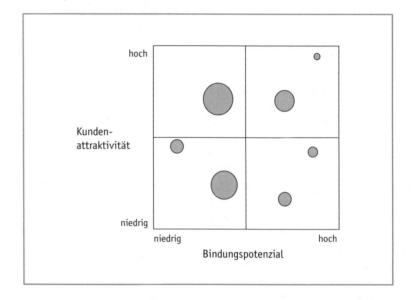

Folgende **Normstrategien** *sind denkbar:*

▸ *Bindungspotenzial niedrig – Kundenattraktivität niedrig: Keine oder nur geringe Aktivitäten zur Geschäftsanbahnung mit diesen Kunden. Hinsichtlich der möglichen Entwicklung hin zu mehr Attraktivität und höherem Bindungspotenzial beobachten.*

▸ *Bindungspotenzial hoch – Kundenattraktivität niedrig: Sofern ökonomisch sinnvoll/vertretbar Kunden halten, sonst gehen lassen.*

▸ *Bindungspotenzial hoch – Kundenattraktivität hoch: Bindungsmöglichkeiten ausnutzen und Potenzial weiterentwickeln.*

▸ *Bindungspotenzial niedrig – Kundenattraktivität hoch: Weiter nach nicht entdeckten Bindungsmöglichkeiten suchen und ggf. entwickeln.*

17. Portfolio 1:

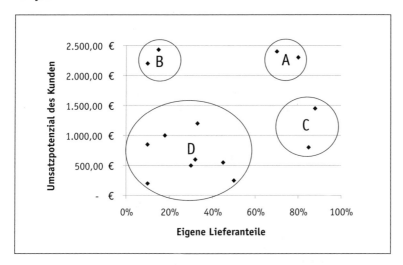

Hierbei handelt es sich um eine **Kunden-Potenzialanalyse**. Das Umsatzpotenzial der bestehenden Kunden unseres Unternehmens ist dem Anteil gegenübergestellt, den unsere Lieferungen an der Gesamtbeschaffung des Kunden
ausmachen.

Es gibt zwei »Star-Kunden« (Kreis A), die ein hohes Umsatzpotenzial versprechen und bei denen die eigenen Lieferanteile hoch sind. Diese sollten an dieser
Position gehalten werden; wenn möglich, ist der eigene Lieferanteil noch weiter
auszubauen.

Auf der anderen Seite gibt es eine Vielzahl an Kunden (Kreis D), die wenig
Umsatzpotenzial versprechen und bei denen das eigene Unternehmen einen
geringen Lieferanteil besitzt. Sofern ohne großes Investment möglich, sollte
der eigene Anteil ausgebaut werden; sonst halten.

Zwei Kunden (Kreis C) kaufen nahezu ausschließlich beim eigenen Unternehmen, versprechen aber relativ wenig Umsatzpotenzial. Der Lieferanteil sollte
unter möglichst geringem Aufwand gehalten werden.

Portfolio 2:

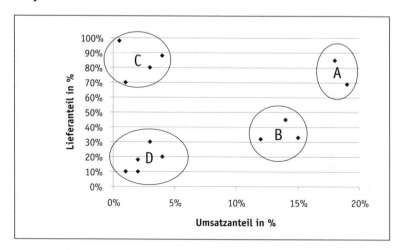

Vergleicht man den Lieferanteil (unser Anteil an den Gesamtbeschaffungen des Kunden in diesem Produktbereich) mit dem Umsatzanteil, den ein Kunde bei unserem Unternehmen ausmacht, erhält man ein **Macht-Portfolio**.

Die Kunden in C sind relativ stark von unserem Unternehmen abhängig, während unser Unternehmen relativ wenig auf diese Kunden angewiesen ist. Aktivitäten können hier ggf. geringer gehalten werden.

Dagegen ist unser Unternehmen stärker von den Kunden in A und B abhängig. Der Einfluss aufgrund des Beschaffungsvolumens ist bei den Kunden B aber relativ gering. Hier sollte ein Ausbau des Volumens angestrebt werden. Die Kunden A sollten mit möglichst geringem Aufwand dort gehalten werden, da nur noch relativ wenig Ausbaupotenzial gegeben ist.

Portfolio 3:

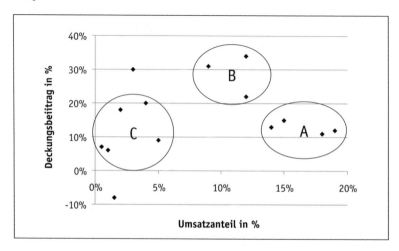

Hier handelt es sich um ein **Kunden-Rendite-Portfolio**.

Die größten Kunden A sind offensichtlich nicht die rentabelsten. Hier sollte versucht werden, Kosten einzusparen oder den Preis zu erhöhen, um eine bessere Rendite zu erlangen.

Die Kunden B bringen eine relativ bessere Rendite. Ein Ausbau des Umsatzes bei gleichem Ertrag sollte versucht werden.

Die Kunden C sind relativ unprofitabel. Das Geschäft sollte umfassend überprüft werden und nach Möglichkeit hinsichtlich Umsatz und Deckungsbeitrag entwickelt werden.

18. Unternehmensziele (»Wunschorte«) stellen ganz allgemein Orientierungs- bzw. Richtgrößen für unternehmerisches Handeln dar (»Wo wollen wir hin?«). Sie sind konkrete Aussagen über angestrebte Zustände bzw. Ergebnisse, die auf Grund von unternehmerischen Maßnahmen erreicht werden sollen.

▸ Unternehmensziele müssen nach den drei Dimensionen Zielinhalt (Was soll erreicht werden?), Zielausmaß (Wie viel soll erreicht werden?) und Zeitbezug (Bis wann soll das Ziel erreicht werden?) operationalisiert werden. Außerdem sind die Zielbeziehungen zu analysieren und bei der Bildung von Zielsystemen zu berücksichtigen.

▸ Komplementäre Ziele (»Zielharmonie«) können in Ober-, Zwischen- und Unterziele unterteilt werden. Die bestehende Mittel-Zweck-Beziehung wird dabei ausgenutzt.

▸ Das Problem der Zielkonflikte sollten über Prioritätsvergabe, die Formulierung von Nebenbedingungen oder die wechselweise Dominanz (entsprechend der jeweiligen Entscheidungssituation) angegangen werden.

19. Das **Zielsystem** könnte wie folgt aussehen:

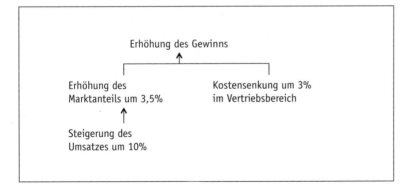

Problematisch hierbei ist der **Zielkonflikt** zwischen der Umsatz- bzw. Marktanteilserhöhung. Dieser könnte in der Art behandelt werden, dass die Kostensenkungsziele als Nebenbedingung formuliert werden. Darüber hinaus ist das Gewinnziel nicht ausreichend operationalisiert. Das Ausmaß sollte festgelegt und ergänzt werden.

20. Die mögliche Anwendung der **Marktfeldstrategien** könnte wie folgt aussehen:

Märkte Produkte	gegenwärtig	neu
gegenwärtig	Ansprache bisheriger Nicht-kunden durch intensivierte Kommunikationsmaßnahmen	Erweiterung des Kundenkreises auf andere Institutionen (z. B. Anwaltskanzleien
neu	Erweiterung der Angebots-palette um PC-Ausstattungen für die bestehenden Kunden	Angebot von Softwarelösungen für Anwaltskanzleien

21. Dem Unternehmen ist eine klare Ausrichtung auf eine preis-mengen- oder (!) präferenzorientierte Positionierung zu empfehlen. Bisher scheint die Preisorientierung zu dominieren, aber keine klare Entscheidung für eine der Strategieformen vorzuliegen. Aufgrund des guten Qualitätsimages und der Größe des Unternehmens sollte die Möglichkeit einer präferenzstrategischen Ausrichtung geprüft werden.

22. Die mögliche Aufteilung bzw. **Parzellierung des Marktes** hängt von der Definition des relevanten Marktes aus Sicht des Unternehmens ab. Zum gegenwärtigen Zeitpunkt scheint es keine Differenzierung des Marktes »Arzt-Praxis-Einrichtungen« zu geben. Es kann daher für den allgemeinen Markt der Arzt-Praxis-Einrichtungen von einer undifferenzierten Marketingtrategie gesprochen werden.
Eine Differenzierung wäre ggf. für verschiedene Facharztgruppierungen mit unterschiedlicher Intensität der Gerätediagnostik und damit zusammenhängend ggf. anderen Anforderungen an die Innenausstattung denkbar. Bei Abdeckung einzelner dieser Segmente könnte von einer differenzierten Marketingtrategie gesprochen werden.
Würde das Unternehmen nur Teile der Einrichtung (z. B. nur die Möbel) anbieten, wäre bei Konzentration auf einzelne Segmente von einer selektiv-differenzierten Marketingtrategie zu sprechen.

23. Für die **Marktarealstrategie** würde sich vermutlich zunächst eine konzentrische Gebietsausdehnung auf den mittleren Raum Deutschlands anbieten. Es könnte jedoch auch eine selektive Gebietsausdehnung auf einzelne Großstädte naheliegend sein. Hier – wie bei den meisten Strategieempfehlungen – sind weiter gehende Informationen erforderlich.

24. Ein eher mittelfristig angelegtes **Strategieprofil** könnte – unter Berücksichtigung der wenigen Informationen – wie folgt aussehen.

Marktfeld-strategien	Durchdringungs-strategie ○	Marktentwick-lungsstrategie ○	Produktentwick-lungsstrategie ○	Diversifikations-strategie ○
Stimulierungs-strategien		Präferenz-strategie ○	Preis-Mengen-Strategie ○	
Marktparzellierungs-strategien	Massenmarkt-strategie ○ total	○ partiell	Segmentierungs-strategie ○ total	○ partiell
Marktareal-strategien	○ lokal ○ regional ○ über-regional ○ national		○ multi-national ○ inter-national ○ weltweit	

Längerfristig ist sicher eine Marktentwicklung und bei Erfolg auch Produktent-wicklungen anzustreben. Damit einher könnten eine Aufteilung und eine stär-kere Ausrichtung auf einzelne Segmente des Marktes erfolgen. Auch die Markt-gebiete könnten bei Erfolg im Stammgebiet schrittweise ausgedehnt werden.

25. *In dem **Strategiewürfel** sollte vor dem Hintergrund der Lösungsvorschläge zu den vorstehenden Aufgaben eine im Vergleich zur Konkurrenz bessere Qualität, bei gleichen oder höheren Preisen angestrebt werden. Aufgrund der Größe des Unternehmens und der damit möglicherweise höheren Flexibilität könnte ein schnelleres Agieren in Form von First-to-Market-Strategien angestrebt werden.*

26. *Das **Strategiemosaik** nach Richter könnte – unter Berücksichtigung der weni-gen Informationen und der in den vorstehenden Lösungsansätzen getätigten Annahmen – wie folgt aussehen:*

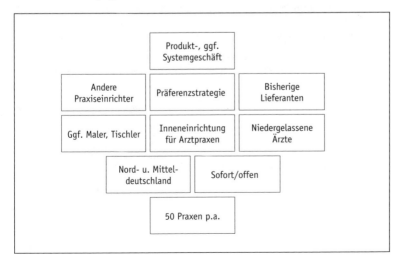

Aufgaben zur Fallstudie »Büro Top GmbH«

1. »**SWOT**« steht für die Begriffe Strength, Weakness, Opportunities und Threats. Es geht darum die unternehmensseitigen Stärken und Schwächen sowie die umwelt- bzw. marktseitigen Chancen und Risiken für ein Unternehmen zu ermitteln.
Damit wird die Basis für die Ableitung der Ziele und Strategien im Rahmen der Entwicklung einer Marketing-Konzeption gelegt.
Das Vorgehen zur Erstellung einer SWOT-Analyse ist in der Abbildung dargestellt:

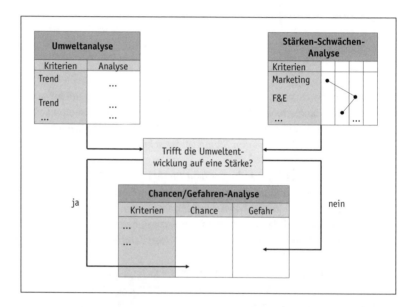

2. Für die BüroTop GmbH lassen sich folgende Inhalte ermitteln:

Stärken	Schwächen
▸ Existiert seit 35 Jahren	▸ Umsatzverluste t1 zu t2 ca. 4,5 %
▸ Positive Betriebsergebnisse	▸ Weniger Marktanteil von 2,0 % auf 1,9 %
▸ Sehr guter Ruf (Funktionalität)	▸ Weniger Anteile im Holzmöbel Segment
▸ Marktführer im Stahlmöbelbereich	▸ Export wird nicht betrieben
▸ Gute Beziehung zur Hausbank	▸ Image konservativ (uniformes & schlichtes Design)
▸ Guter Standort (zentral)	▸ Holzmöbelsegment gering ausgebaut (Hochpreissegment)
	▸ im Marktsegment Bürositzmöbel nicht vertreten

Chancen	Risiken
▸ *Gesamtmarkt*	▸ *Gesamtmarkt*
– keine marktbeherrschenden Unternehmen	– beständig schrumpfende Absatzzahlen
– Investitionsstau der Käufer	– Preiskampf
▸ *Segmente*	– ausländische Anbieter drängen in den Markt
– wachsender Umsatz bei Bürositzmöbeln	▸ *Segmente*
– Potenzial bei Holzmöbeln (Designmöglichkeiten)	– starker Rückgang der Nachfrage bei Stahlmöbeln
– starker Anstieg der Nachfrage bei Bürositzmöbeln aus Holz	

*Folgende Daten bzw. Ergebnisse liegen der **Portfolio-Analyse** zugrunde:*

	Holz (Mittelpreis)	Stahl (Hochpreis)	Stahl (Mittelpreis)
eigener Umsatz:	12,40	13,65	15,28
Umsatz des größten Konkurrenten:	17,40	11,20	14,85
aktuelles Marktvolumen:	443,85	59,75	78,87
erwartetes Marktvolumen:	554,81	56,50	74,50
rel. MA	0,71	1,22	1,03
MW	25,00%	-5,44%	-5,54%
MA	2,79%	22,85%	19,37%
MA Konk.	3,92%	18,74%	18,83%

Das Ergebnis sieht wie folgt aus:

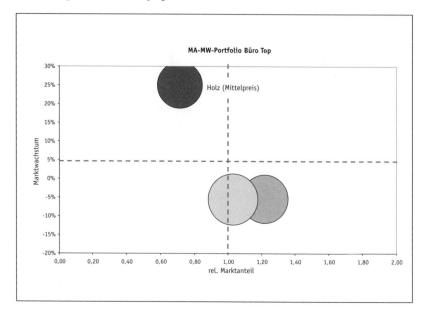

Nach der Situation in dem Portfolio empfiehlt sich in jedem Fall eine Investition in die Holzmöbel, da es sich um einen Wachstumsmarkt handelt. Die gemäß der Normstrategie zu empfehlende Abschöpfungsstrategie der beiden Stahlmöbelsegmente ist mit Vorsicht zu empfehlen, da derzeit keine alternativen Geschäftseinheiten verfügbar sind und derzeit ca. zwei Drittel des Umsatzes mit diesen Segmenten erwirtschaftet werden. Das Unternehmen scheint hier Marktführer zu sein und kann ggf. trotz rückläufiger Marktdaten in dieser Nische profitabel und erfolgreich sein.

3. Die **Ziele** sollten sich konsequent aus den Ergebnissen der SWOT-Analyse ableiten. Darüber hinaus ist auf eine ausreichende Operationalisierung der Ziele zu achten – beispielsweise:
   ▸ Im Geschäftsjahr t+2 einen Mindestumsatz von 44 Mio. EUR erreichen.
   ▸ Innerhalb der nächsten fünf Jahre wird ein Marktanteil von 2,5–3 % angestrebt.
   ▸ Innerhalb der nächsten fünf Jahre in den Rang der 15 größten Anbieter aufsteigen.
   ▸ Den Umsatz in den nächsten zwei Jahren konstant halten.
   ▸ Langfristig eine Umsatz-Steigerung um 1–2 % jährlich erreichen.

4. Ein nahe liegendes **Strategieprofil** ist in der Abbildung ersichtlich. Grundsätzlich empfiehlt sich eine intensive Bearbeitung der bereits bedienten Märkte/Segmente. Darüber hinaus sollten Produkt(-weiter-)entwicklungen verfolgt werden, um den Entwicklungen des Marktes zu entsprechen (Fokus: Holzmöbel

und Design). Betrachtet man den relevanten Markt als den, der bisher bedient wird (Büromöbel aus Holz und Stahl, ohne Sitzmöbel), so sollte die Entwicklung und der Vertrieb von Bürositzmöbeln in Form einer Diversifikation angestrebt werden (ja nach Abgrenzung des relevanten Marktes auch als Produktentwicklung anzusehen.)
In jedem Fall empfiehlt es sich, eine Präferenzstrategie zu verfolgen.
Es sollten zukünftig alle Segmente angesprochen werden.
Zunächst sollte sich auf den nationalen Markt konzentriert werden. Langfristig ist die Marktbearbeitung auf andere internationale Märkte auszudehnen.

Marktfeld-strategien	Durchdringungs-strategie	Marktentwick-lungsstrategie	Produktentwick-lungsstrategie	Diversifikations-strategie

Stimulierungs-strategien	Präferenz-strategie	Preis-Mengen-Strategie

Marktparzellierungs-strategien	Massenmarkt-strategie		Segmentierungs-strategie	
	total	partiell	total	partiell

Marktareal-strategien	lokal	regional	über-regional	national	multi-national	inter-national	weltweit

Wiederholungsfragen

1.

Verkaufstransaktion	Produkt-geschäft	Anlagen-geschäft	System-geschäft	Zuliefer-geschäft
Kauf eines Rechners für einen einzelnen separaten Arbeitsplatz.	X			
Kauf eines Rechners, welcher mit anderen PCs in einem »local area network« vernetzt wird.			X	
Eine Telefonanlage wird sukzessive nach Bedarf ausgebaut, indem immer wieder Elemente erworben werden.			X	
Für eine gesamte Zweigniederlassung wird eine Telefonanlage mit 1000 Anschlüssen erworben.			X	
Es werden 10 Mio. Spezialschrauben für einen neues Motorenmodell (Automobilindustrie) entwickelt und exklusiv an einen Automobilhersteller verkauft.				X
Es werden weltweit von einem Globalplayer neue Spezialschrauben auf den Markt gebracht.	X			(X)
Bau einer Erdölraffinerie für einen Großkunden im Energiesektor.		X		

2. »Leistungen, die im **Produktgeschäft** vermarktet werden, sind dadurch gekenn-zeichnet, dass sie nicht einzelkundenspezifisch, sondern für eine Gruppe von Nachfragern – ein Marktsegment oder einen Gesamtmarkt – entwickelt worden sind (»anonymer Markt«). Darüber hinaus bindet sich ein Käufer bei Folge-kaufentscheidungen nicht an vormals getroffene Entscheidungen. Der Käufer ist vielmehr bei allen Folgeentscheidungen völlig frei und kann demnach unabhängig von vormaligen Entscheidungen zwischen den Leistungen verschiedener Wettbe-werber wählen. Im theoretischen Idealfall handelt es sich quasi um »Spotmärkte«, bei denen die einzelnen Markttransaktionen ohne Verbundwirkungen auf andere Transaktionen sind (»Einzeltransaktionen«).« (Backhaus/Voeth 2007, S. 205).
Ein Beispiel für Leistungen im Produktgeschäft sind Büromaterialien (Bleistifte, Papier etc.) die regelmäßig von Unternehmen beschafft werden. Diese Leistungen sind nicht besonders für einen Kunden spezifiziert, häufig sogar identisch mit Kon-

sumgütern. Es besteht kein Kaufverbund zu vormals getroffenen Kaufentscheidungen. Im Unterschied zum Konsumgütermarketing werden unter anderem andere Verpackungsgrößen angeboten, die Verpackung übernimmt kaum oder gar keine Werbefunktion, in der Preispolitik kommen verstärkt Instrumente der Rabattpolitik und der Preisbündelung zum Einsatz. Die Distribution und Kommunikation erfolgt häufig kataloggestützt, mitunter auch über den persönlichen Verkauf.

3. *Phasen des **Produktinnovationsprozesses***

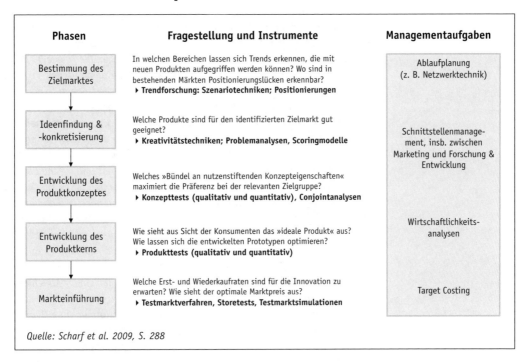

Phasen	Fragestellung und Instrumente	Managementaufgaben
Bestimmung des Zielmarktes	In welchen Bereichen lassen sich Trends erkennen, die mit neuen Produkten aufgegriffen werden können? Wo sind in bestehenden Märkten Positionierungslücken erkennbar? ▸ **Trendforschung: Szenariotechniken; Positionierungen**	Ablaufplanung (z. B. Netzwerktechnik)
Ideenfindung & -konkretisierung	Welche Produkte sind für den identifizierten Zielmarkt gut geeignet? ▸ **Kreativitätstechniken; Problemanalysen, Scoringmodelle**	Schnittstellenmanagement, insb. zwischen Marketing und Forschung & Entwicklung
Entwicklung des Produktkonzeptes	Welches »Bündel an nutzenstiftenden Konzepteigenschaften« maximiert die Präferenz bei der relevanten Zielgruppe? ▸ **Konzepttests (qualitativ und quantitativ), Conjointanalysen**	
Entwicklung des Produktkerns	Wie sieht aus Sicht der Konsumenten das »ideale Produkt« aus? Wie lassen sich die entwickelten Prototypen optimieren? ▸ **Produkttests (qualitativ und quantitativ)**	Wirtschaftlichkeitsanalysen
Markteinführung	Welche Erst- und Wiederkaufraten sind für die Innovation zu erwarten? Wie sieht der optimale Marktpreis aus? ▸ **Testmarktverfahren, Storetests, Testmarktsimulationen**	Target Costing

Quelle: Scharf et al. 2009, S. 288

Besonderheiten Business-to-Business-Marketing: *Der Kunde/Abnehmer ist häufig Initiator und ggf. Auftraggeber der Produktentwicklung. Meist ist er in den Prozess aktiv eingebunden, wenn nicht sogar durchweg Treiber des Innovationsprozesses. Häufig ist eine aus dem Endabnehmermarkt abgeleitete Nachfrage zu beachten.*

▸ *Phase 1: Einbezug des Endabnehmermarktes in die Analyse: Welche Endprodukte werden zukünftig nachgefragt? Welche Produkte fließen in entsprechende Endprodukte ein oder sind zur Sortimentsergänzung der jeweiligen Anbieter geeignet?*

▸ *Phase 2: Kunde ist oft Initiator, Ideengeber und Bewerter der Ideen*

▸ *Phase 3/4: Häufig Kooperation zwischen den Entwicklungsabteilungen von Anbieter und Nachfrager; gemeinsame Durchführung von Konzepttests*

▸ *Phase 5: gemeinsame Durchführung; aktive Tests durch Kunden*

4. *Bei der Preisfestsetzung auf **Vollkostenbasis** werden alle im Unternehmen anfallenden variablen und fixen Kosten auf die Kostenträger (Produkte) verteilt. Der ermittelten Kostensumme wird ein Gewinnaufschlag zugeschlagen. Das Ergebnis ist der Preis (progressive Kalkulation). Gängige Verfahren der Vollkostenrechnung sind die (ein-, zwei- oder mehrstufige) Divisionskalkulation und die Zuschlagskalkulation.*

*Bei der Preisfestsetzung auf **Teilkostenbasis** werden nur die variablen, unmittelbar durch die Produktion des jeweiligen Produktes entstandenen Kosten, in die Kalkulation einbezogen. Zentrales Instrument ist die Deckungsbeitragsrechnung, deren Ausgangspunkt der Preis darstellt (retrograde Kalkulation). Unterschieden werden hier zwei Methoden: Beim Direct Costing werden alle Fixkosten der Summe der Deckungsbeiträge als Block gegenüber gestellt. Bei der Stufenweisen Fixkostendeckungsrechnung werden die angefallenen Fixkosten in mehrere Teilbereiche aufgespalten und so Deckungsbeiträge auf verschiedenen Ebenen mit unterschiedlicher Aussagekraft erzeugt.*

Grundsätzlich müssen neben den Kosten immer markt- und unternehmensseitige Faktoren berücksichtigt werden. So ist auch die Entscheidung einer Kalkulation nach Voll- oder Teilkosten davon abhängig, welches Gewicht ein Auftrag im Rahmen des gesamten Angebotsportfolios hat und welche Einflüsse auf ggf. zukünftige Aufträge zu erwarten sind. Demgemäß ist es für Aufträge im Produktgeschäft mitunter eher möglich, kleinere Aufträge im Rahmen einer Mischkalkulation nur mit Teilkosten zu kalkulieren, während ein solches Vorgehen im Anlagengeschäft aufgrund des großen Volumens und der Bedeutung des einzelnen Auftrags eher selten verfolgt wird. Allerdings kann es auch hier vorkommen, dass einzelne Aufträge aus Vollkostensicht nicht kostendeckend kalkuliert und angeboten werden, beispielsweise um mit einem Abnehmer ins Geschäft zu kommen und lukrativere Folgeaufträge zu erhalten.

Im Systemgeschäft werden demgegenüber durchaus häufiger (aus Überlegungen der Mischkalkulation heraus) einzelne Bestandteile der Einstiegs- oder Folgeinvestition »nur« mit Teilkosten kalkuliert. Ähnlich verhält es sich im Zuliefergeschäft, sofern hier Parallelgeschäfte laufen. Ansonsten gilt das für das Anlagengeschäft erörterte.

5.

	Produkt-geschäft	Anlagen-geschäft	System-geschäft	Zuliefer-geschäft
Eigene Absatzorgane	Ja	Ja	Ja	Ja
Marktveranstaltungen	Ja	Ja	Ja	Ja
Distributionshelfer	Ja	Ja	Ja	Ja
Großhandel	Ja	Nein	Ja	Nein
Einzelhandel	Teilweise	Nein	Teilweise	Nein

6.

	Produkt-geschäft	Anlagen-geschäft	System-geschäft	Zuliefer-geschäft
(Absatz-) Werbung	Hoch	Niedrig	Niedrig	Niedrig
Verkaufs-förderung	Hoch	Niedrig	Niedrig	Niedrig
Öffentlich-keitsarbeit	Hoch	Mittel	Mittel	Mittel
Corporate Identity Policy	Hoch	Mittel	Hoch	Mittel
Product Placement	Niedrig	Niedrig	Niedrig	Niedrig
Persönliche Akquisition	Hoch	Hoch	Hoch	Hoch

7. Die Vermarktung im **Anlagengeschäft** ist durch eine direkte Beziehung zum einzelnen Kunden geprägt: Jedes Geschäft wird als einzelnes Projekt betrachtet. Die Vermarktung erfolgt vor Erstellung der Leistung, was ein entsprechendes Risiko für den Kunden mit sich bringt. Die Leistung wird stark auf den Kunden abgestimmt. Der Kunde wird häufig aktiv am Erstellungsprozess beteiligt. Die Leistung wird mitunter in Kooperation mit anderen Anbietern erbracht.

Für den Hersteller von Druckmaschinen bedeutet dies u. a.:

▸ potenzielle Kunden sollten direkt angesprochen werden, und zwar durch eine kompetente und erfahrene Person;

▸ diese sollte den Kunden über einen langen Zeitraum während und nach dem Verkauf der Anlage betreuen;

▸ zur Unterstützung des Verkaufs sollten gute Referenzen von erfolgreichen Projekten herangezogen werden;

▸ bei einer notwendigen Kooperation mit anderen Anbietern sollte auf deren Qualität bei Produkten und Prozessen geachtet werden. Weitestmöglich sollte der Kontakt zum Kunden in der Hand behalten werden.

8. **Voranfrage**: Mittels vorhandener Referenzen sollte das Interesse für eine Zusammenarbeit erzeugt werden. Für die Angebotsvorbereitung sollten intensive Gespräche und Beratungen erfolgen, die mögliche technische und wirtschaftliche Details unter dem Aspekt der Umsetzbarkeit/Leistungsfähigkeit betreffen.

Angebotserstellung: Ein umfassendes Angebot ist – unter Bezugnahme auf Referenzprojekte – zu erstellen. Intern sind die Kapazitäten (Personal, Maschinen etc.) zu prüfen. Ggf. ist ein notwendiger Ausbau vorzubereiten (z. B. durch Stellenausschreibungen) und/oder Kapazitäten vorzureservieren.

Kundenverhandlungen: Auf Basis des Angebots werden bei Interesse des Auftraggebers Verhandlungen geführt, deren Ergebnis i. d. R. ein sogenannter

Letter of Intent ist. Dieses Dokument enthält die Zuschlagssicherung für den Anbieter, ohne jedoch einen formal juristischen Anspruch zu begründen. Es bildet die Basis für weitere Verhandlungen zu den Vertragsinhalten. Den Abschluss bildet der Anlagenvertrag (Auftragseingang/Auftragsvergabe).

Abwicklung: *Während der Erstellung der Anlage fallen vielfältige Durchführungsentscheidungen im Beschaffungs-, Fertigungs-, Logistik- und Montagebereich an, bei denen Anbieter und Nachfrager häufig eng zusammenarbeiten.*

Betrieb *(Gewährleistung und Service): Nach dem Probelauf und der formalen Übergabe beginnt die Gewährleistung und Abwicklung der verbleibenden Finanzierung.*

9. *Es besteht die Möglichkeit der Angebotsabgabe und Abwicklung durch eine* **Anbietergemeinschaft**. *Mögliche Organisationsformen sind Generalunternehmerschaft, Offenes Konsortium, Stilles Konsortium, Arbeitsgemeinschaft.*
   Generelle Vorteile/Chancen aus Sicht des Anbieters sind:
   ▸ *höhere Qualität der Teilleistungen, da diese ggf. von Spezialisten erbracht werden,*
   ▸ *geringeres Risiko einer Fehlkalkulation, da Spezialisten beteiligt sind und das Risiko zwischen mehreren Unternehmen aufgeteilt wird.*
   ▸ *leichtere Finanzierung,*
   ▸ *mehr Referenzen.*
   Generelle Nachteile/Risiken aus Sicht des Anbieters sind:
   ▸ *Imageschaden bei schlechten Leistungen der Subunternehmer,*
   ▸ *möglicher Verlust (zukünftiger) Aufträge an Subunternehmer, die direkt anbieten,*
   ▸ *möglicher Know-how-Verlust an Subunternehmer und*
   ▸ *größerer Organisationsaufwand, höhere Kosten durch Koordinationsaufwand und mögliche Schnittstellenprobleme.*

10. *Die Projekte sind in der Regel einzigartig und erfordern daher eine individuelle Kalkulation und Festlegung der Preise. Dabei sind neben den Kosten, der Zahlungsbereitschaft und -fähigkeit der Kunden auch die Mitanbieter zu beachten. All diese Faktoren sind schwer einzuschätzen und bringen eine erhebliche Unsicherheit mit sich.*

11. *Aufgrund der Individualität der einzelnen Projekte existiert in der Regel kein Marktpreis. Für die Preisfindung sollte sich daher zunächst an den unternehmensseitigen (Voll-)Kosten orientiert werden. Preisrisiken, die aus der Langfristigkeit des Anlagengeschäftes resultieren, sind mit einzukalkulieren.*
    Die so gewonnene Preisvorstellung ist ggf. mit den Teilpreisen der Mitanbieter abzustimmen, um zu einer Gesamtpreisvorstellung zu kommen.
    Die – ggf. innerhalb einer Anbietergemeinschaft – ermittelte Preisvorstellung ist schließlich mit den Marktgegebenheiten (Kundenpreisvorstellungen; ggf. bekannte Konkurrenzpreise etc.) abzustimmen.

12. Mögliche **Finanzierungsinstrumente** sind:

▸ *Lieferantenkredit – Finanzierung der Auszahlungsüberhänge durch eine Bank.*

▸ *Bestellerkredit – Finanzierung über Zahlungen seitens der Bank des Bestellers.*

▸ *Forfaitierung – Verkauf der Forderung an einen Forderungsankäufer.*

13. *Gegenstand der* **Verhandlungen** *sind im Wesentlichen Angebotsbestandteile, über die noch kein Konsens zwischen Anbieter und Nachfrager besteht. Meist geht es um die schrittweise Klärung technischer, logistischer, finanzieller und sonstiger abwicklungsorganisatorischer Details. Ein entsprechend kompetent zusammengesetztes Team sollte die Verhandlungen führen.*

Das Ergebnis wird im sogenannten Anlagenvertrag dokumentiert. Hier sind alle Rechte und Pflichten der beteiligten Vertragsparteien niedergelegt.

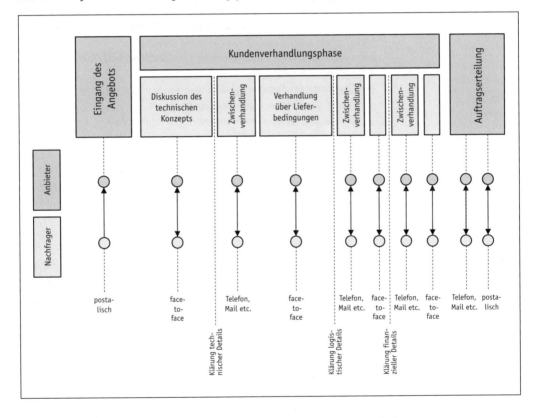

Referenzen *sind erfolgreiche Projekte aus der Vergangenheit, die vielfach angegeben werden, um die beim Nachfrager empfundene Unsicherheit bzw. das empfundene Risiko zu reduzieren. Der Nachfrager hat die Möglichkeit, bisherige Kunden (Referenzen) hinsichtlich ihrer Erfahrungen zu befragen. Je nach Eignung der jeweiligen Referenz werden bei geringer »Passigkeit« einer Referenz für das anstehende Projekt ggf. auch nur Ausschnitte angegeben. Die Ausschnitte können sich beziehen auf*

▸ das eingebrachte oder erworbene Know-how (Know-how-Referenzen),

▸ eingebrachte Komponenten, Zwischenfertig- oder Zulieferteile (Komponenten-Referenzen) und/oder

▸ eine erfolgreiche Zusammenarbeit mit bestimmten Unternehmen/Branchen/Bereichen/Personen (Koalitions-Referenzen).

15. Leistungen des **Systemgeschäftes** richten sich in der Regel an einen **anonymen Markt** und sind durch einen **zeitlichen Kaufverbund** charakterisiert. Ein Anbieter von Büro-Systemmöbeln produziert und vermarktet seine Produkte an einen anonymen Markt, der meist über den Fachgroßhandel bedient wird.

16. Hat ein Kunde sich einmal für das System des Anbieters entschieden, wird er Ergänzungskäufe in der Regel bei diesem Anbieter tätigen. In diesem Fall handelt es sich um eine **technisch basierte Form der Kundenbindung**.

17. Für den Kunden birgt diese Bindung eine **Unsicherheit/Risiko** in Bezug auf die folgenden Punkte:

▸ Die Preise für Systemerweiterungen können sich verändern bzw. stark von denen des Einstiegspaketes abweichen.

▸ Die Qualität der Systemerweiterungen (Folgeinvestitionen) kann ggf. nicht umfassend beurteilt werden bzw. kann diese sich zum Negativen hin verändern.

▸ Die Service-Bereitschaft des Anbieters kann zu Beginn nicht umfassend beurteilt werden.

▸ Die Weiterentwicklung der Systemarchitektur steht ggf. nicht fest.

▸ Ebenso der Zeitpunkt/Zeitraum, bis zu welchem Systemteile, -ergänzungen oder -erweiterungen angeboten werden.

18. In diesem Fall handelt es sich um eine **geschlossene Systemarchitektur**. Die Nachfrager sollen zum Einstieg in ein geschlossenes Gesamtsystem veranlasst werden. Der Systemcharakter wird offengelegt. Quersubventionen sind nicht erforderlich.
Dies sollte insbesondere im Rahmen der Kommunikationspolitik beachtet werden. Für die **Marketinginstrumente** bedeutet dies u. a.:

▸ Produktpolitik: gute Abstimmung und Variantenvielfalt

▸ Preispolitik: Nutzung von Rabattsystemen und Preisbundling

▸ Distribution: Fachgroßhandel, Katalog, Außendienste/Reisende, intensive Schulung der Verkäufer

▸ Kommunikation: Verdeutlichung der Systemvorteile (Kombinationsvielfalt, Haltbarkeit, Zeitlosigkeit, Arbeitseffizienz, Corporate Identity)

19. Die **Wechselkosten** steigen mit jeder weiteren Investition (jedem Ergänzungskauf) des Kunden in das System, da er sich stärker an das System bindet. Gleichzeitig sinken die Wechselkosten mit zunehmender Alterung des Systems (sinkender Restbuchwert). Da es mitunter die Möglichkeit des Wiederverkaufs (außerordentliche Erträge) gibt, bestimmen sich die konkreten Wechselkosten aus der Differenz von Restbuchwert und Wiederverkaufserlös.

20. Der Hersteller von Autositzen beliefert einen einzelnen Automobilhersteller mit fertigen Sitzen. Diese sind in der Regel individuell auf dessen modellspezifische Anforderungen angepasst (**Leistungsindividualisierung**) und (zum Teil) gemeinsam mit dem Automobilhersteller entwickelt worden (**Interaktionskomplexität**). Daraus ergibt sich mindestens für die Dauer der Herstellung des entsprechenden Automodells eine wechselseitige Abhängigkeit: Beide haben kaum oder keine Ausweichmöglichkeiten bezüglich alternativer Abnehmer bzw. Lieferanten.

21. Folgende **Informationen** sollten eingeholt werden, um sich entsprechend darauf einzurichten:
  ▸ Zeitpunkt eines Modellwechsels – hier besteht generell die größte Chance für den Einstieg in eine Geschäftsbeziehung.
  ▸ Art der Sourcing-Strategie – bei Multiple Sourcing ist der Wettbewerb nicht ganz so groß und daher die Chance eines Einstiegs höher; beim Modular-Sourcing besteht beispielsweise die Chance, eine Anbietergemeinschaft aufzubauen oder sich in eine solche zu integrieren; bei einer lokalen Ausrichtung hat ein Hersteller ggf. aufgrund seines Standortes bessere Chancen.
  ▸ Kriterien der Auswahl von Lieferanten – z.B. Qualität, Zuverlässigkeit, Preise, Zahlungsbedingungen, Leistungspotenziale etc.
  ▸ Verfahren/Methoden der Lieferantenbewertung – Scoringmodelle, Portfolioanalysen etc.
  ▸ Prozesse der Lieferantenauswahl – Bieterverfahren, Assessmentcenter etc.

22. Der nachfragerseitige Prozess zur Auswahl von Zulieferern kann grundsätzlich in **zwei Phasen** unterteilt werden:
  ▸ Die **Vorauswahl** – hier geht es um das Auffinden und die Selektion von Anbietern, die in der Lage sind, die Anforderungen zu erfüllen.
  ▸ Die **Konzeptauswahl** – hier werden die selektierten Anbieter aufgefordert, ein Angebotskonzept zu erarbeiten, auf dessen Basis die Endauswahl erfolgt. Dem Anbieter stehen hier die Möglichkeiten der Anpassung (möglichst starke Ausrichtung auf die Anforderungen/Kriterien des Nachfragers) oder bewussten Emanzipation (gezielte Beeinflussung der Anforderungen/Kriterien des Nachfragers) zur Verfügung.

23. Ist die Entscheidung für eine Zusammenarbeit getroffen, finden in der Regel auf beiden Seiten – Zulieferer und Abnehmer – spezifische Investitionen in Maschinen und Personal statt, um die Geschäftsbeziehung mit Leben zu füllen. Diese Investitionen stellen einerseits gewisse Austrittsbarrieren für jeden der Partner dar. Andererseits stellen die eigenen Investitionen auch einen Grund dar, weshalb ein Austritt des jeweils anderen Partners verhindert werden sollte. Dies ist vor allem dann erforderlich, wenn die Investitionen zwischen den Partnern asymmetrisch verteilt sind.
In diesen Fällen kann ein Ausgleich der einseitig getätigten spezifischen Investitionen durch den anderen Partner erfolgen. Ist dies nicht möglich, sinnvoll oder gewollt, können zur Absicherung Verträge genutzt werden, die einseitig

*erfolgte Investitionen kompensieren und die entstehenden Pflichten und An-
sprüche der Parteien fixieren. Hierin können sämtliche Konditionen der Zusammenarbeit sowie insbesondere die Kündigungsklauseln festgelegt werden.
Ist eine Geschäftsbeziehung entstanden, muss zunächst das reibungslose
Funktionieren sichergestellt werden, bevor im Weiteren ein Ausbau der Geschäftsbeziehung angestrebt wird. Wesentliches Instrument zur Unterstützung
eines Ausbaus der Geschäftsbeziehung aus Sicht des Marketing stellt die kontinuierliche Kommunikation mit dem Kunden dar. Ziel muss es sein, die Geschäftsbeziehung auf andere Projekte oder Gebiete auszudehnen – angefangen
von gemeinsamer Forschung und Entwicklung bis hin zum Insourcing ganzer
Geschäftsaktivitäten des Kunden. Die informationstechnische Vernetzung stellt
hierfür ein hilfreiches Instrument dar.*

24. *Unter **E-Commerce** wird die Unterstützung und Abwicklung jeglicher Formen von Handelsaktivitäten zwischen Marktpartnern über elektronische
Kommunikationsnetze verstanden (Merz 2002, S. 19f.). Dazu gehören in einer
umfassenden Sichtweise alle unternehmensübergreifenden Geschäftsprozesse,
die mit dem Verkauf von Leistungen zu tun haben – von der ersten Informationsanbahnung über die Transaktion bis zum Service nach der Transaktion.
Einflussfaktoren auf das Potenzial und die Eignung E-Commerce im B2B-Mar-
keting sind:*
    ▸ *der Grad der Spezifität bzw. Individualität der Leistungen (Individualisie-
    rung vs. Standardisierung),*
    ▸ *die Komplexität der Produkte bzw. Leistungen,*
    ▸ *die Art bzw. Intensität der Beziehung zwischen den Geschäftspartnern
    (einmalig vs. wiederholt stattfindende Geschäftsbeziehungen),*
    ▸ *die Fragmentierung des Marktes,*
    ▸ *die Größe von Anbieter und Nachfrager.*
    *Beispiel: Eine hohe Standardisierung der Produkte (Produktgeschäft) und enge
    Geschäftsbeziehungen (Zuliefergeschäft, Systemgeschäft) wirken sich positiv
    auf die Eignung und das Potenzial von E-Commerce-Lösungen aus.*

25.

Eignung für ...	Suchmaschinen-marketing	Newsletter	Social Networking
Einkäufer	Sehr wichtig (z. B. gute Auffind-barkeit für Alterna-tivangebote)	Wichtig (Kontaktpflege, Anregung von Ergänzungs-/Alter-nativkäufen)	Wichtig (Kontaktaufnahme und –pflege; Wei-terempfehlung)
Entscheider	Sehr wichtig (schnelles Finden, hohes Ranking ver-mittelt von Größe/ Kompetenz etc.)	Wichtig (Kontaktpflege, Anregung von Ergänzungs-/Alter-nativkäufen)	Sehr wichtig (Kontaktaufnahme und –pflege; Wei-terempfehlung)
Benutzer		Sehr wichtig (z. B. Information über technische Neuerungen)	

Aufgaben zur Fallstudie »Büro Top GmbH«

1. Das **Produktgeschäft** bezieht sich auf reproduzierte Standardleistungen (Norm- bzw. DIN-Teile, Standardmaschinen etc.). Der niedrige Individualisierungsgrad eröffnet dem Produktgeschäft einen großen, anonymen Markt. Es handelt sich um Einzelgeschäfte ohne Kaufverbund. Es entstehen keine Abhängigkeiten und dementsprechend keine Quasi-Renten zwischen Anbieter und Nachfrager. Beide können mehr oder weniger beliebig wechseln.

   ▸ Das **Systemgeschäft** beinhaltet kundenunabhängig entwickelte Leistungen, die in Kaufverbunden auf einem anonymen Markt angeboten werden. Die Kaufverbunde können aus technologisch und zeitlich determinierten Teilprozessen bestehen (Fertigungssysteme, Informationssysteme). Auf der Nachfragerseite entsteht eine Abhängigkeit und damit eine Quasi-Rente. Der Anbieter bleibt aufgrund seines Angebotes auf einem anonymen Markt unabhängig, erhält damit aber auch keine Quasi-Rente.

   ▸ Beim **Anlagengeschäft** verkaufen ein oder mehrere Anbieter (Konsortium) in einer abgeschlossenen Transaktion (Einzeltransaktion) komplette Projekte. Diese bestehen aus funktionsfähigen Bündeln kundenindividueller Leistungen (Montagewerke, Ölraffinerien etc.). Für den Anbieter ergibt sich aus der hohen Individualität eine hohe Quasi-Rente und damit eine starke Abhängigkeit vom Kunden. Beim Nachfrager entsteht keine Quasi-Rente, da eine abgeschlossene Transaktion ohne Kaufverbund vorliegt.

   ▸ Das **Zuliefergeschäft** (z. B. Komponentenlieferung in der Automobilindustrie mittels Just in Time) beinhaltet aufgrund der stark individuellen Leistungen eine hohe wechselseitige Abhängigkeit zwischen Anbieter und Nachfrager. Beide erzielen dadurch Quasi-Renten. Die Geschäftsbeziehungen sind langfristig angelegt und durch eine hohe Intensität gekennzeichnet (Kaufverbund).

   Die Aktivitäten der BüroTop GmbH sind schwerpunktmäßig dem Systemgeschäft zuzuordnen. Es spielen auch Aspekte des Produktgeschäftes eine Rolle.

2. Der **zeitliche Kaufverbund** und damit ein wesentlicher Faktor der Kundenbindung würde aufgegeben werden. Wird das Systemgeschäft vollständig eingestellt, ständen bisherige Systemkunden vor dem Problem, keine (passenden) Erweiterungs- und Ersatzbeschaffungen tätigen zu können. Diese wären ggf. verärgert und würden sich von dem Lieferanten vollständig abwenden.
   Das Marketing würde sich noch stärker dem für Konsumgüter (an einen weitgehend anonymen Massenmarkt gerichtet) annähern. Ggf. könnte eine deutlich größere Kundengruppe, auch der Privatkunden, erreicht werden.
   Empfehlung: Das Unternehmen sollte den Vorteil der Bindung nicht vollständig aufgeben. Auch mit stärkerer Ausrichtung auf das Produktgeschäft sollte das Systemgeschäft mindestens parallel bestehen bleiben.

3. Es handelt sich um die Beteiligung an einem **Anlagengeschäft**. Die Vermarktung im Anlagengeschäft ist durch eine direkte Beziehung zum einzelnen Kun-

den geprägt: Jedes Geschäft wird als einzelnes Projekt betrachtet. Die Vermarktung erfolgt vor Erstellung der Leistung, was ein entsprechendes Risiko für den Kunden mit sich bringt. Die Leistung wird stark auf den Kunden abgestimmt. Der Kunde wird häufig aktiv am Erstellungsprozess beteiligt. Die Leistung wird in Kooperation mit anderen Anbietern erbracht, was weitere Abstimmungserfordernisse mit sich bringt. Zudem ist die BüroTop GmbH voraussichtlich in einen längerfristigen Verkaufs- und Verhandlungsprozess eingebunden. Im Vergleich zum bisherigen Geschäft würde ein wesentlich intensiveres Management der Beziehungen und des Verkaufsprozesses erforderlich. Auch stellt sich die Frage nach der Organisation der Anbieterkooperation und daraus resultierenden Rechten und Pflichten für das Unternehmen.

4. Die Vermarktung von Leistungen im **Zuliefergeschäft** ist dadurch charakterisiert, dass Anbieter und Nachfrager eine längerfristige Geschäftsbeziehung eingehen. Die Leistungen werden in der Regel unter Einbezug des Kunden entwickelt und sind dementsprechend stark individualisiert. Daraus folgt eine hohe starke wechselseitige Abhängigkeit zwischen Anbieter und Nachfrager. Die Phasen der Geschäftsbeziehung lassen sich unterteilen in die **Einstiegs-, Absicherungs-/Ausbau-** und die **Beendigungsphase**.

   Für das Management der Einstiegsphase ist es aus Sicht der BüroTop GmbH wichtig, sich mit der Sourcingstrategie (Single- versus Multiple Sourcing, Modular- versus Component-Sourcing, Local- versus Global-Sourcing) sowie dem Prozess, den Kriterien und verwendeten Verfahren der Lieferantenauswahl seitens des beschaffenden Unternehmens auseinanderzusetzen. Aus dieser Kenntnis heraus hat die BüroTop GmbH die Möglichkeit, sich an diese Kriterien weitestmöglich auf die Kriterien einzustellen (Anpassungsstrategie). Alternativ kann die BüroTop GmbH versuchen, die Kriterien des beschaffenden Unternehmens aktiv zu beeinflussen (Emanzipationsstrategie).

Literaturverzeichnis

Abell, D. F. (1980): Defining the Business – The Starting Point of Strategic Planning, Englewood Cliffs.

Ahlert, D. (1996): Distributionspolitik: Das Management des Absatzkanals, 3. Aufl., Stuttgart.

Ansoff, H. I. (1965): Corporate Strategy. An Analytical Approach to Business Policy for Growth and Expansion, New York.

Ansoff, H. I. (1966): Managementstrategie, München.

Backhaus, K. (2003): Industriegütermarketing, 7. Aufl., München.

Backhaus, K.; Gnam, P. (1999): Vertragsmanagement im internationalen Anlagengeschäft, Hektographiertes Manuskript, Berlin.

Backhaus, K.; Günter, B. (1976): A Phase-Differential Interaction Approach to Industrial Marketing Decisions, in: Industrial Marketing Management, 5. Jg., S. 255–270.

Backhaus, K.; Voeth, M. (2010): Industriegütermarketing, 9. Aufl., München.

Barcley, D. W.; Ryan, M. J. (1996): Microsegmentation in Business Markets: Incorporating Buyer Characteristics and Decision-Oriented Determinants, in: Journal of Business-to-Business Marketing (JBBM), Vol. 3, No. 2, S. 3–35.

Bartelt, A. (2002): Vertrauen in Zuliefernetzwerken: eine theoretische und empirische Analyse am Beispiel der Automobilindustrie, Wiesbaden.

Becker, J. (2009): Marketing-Konzeption, 9. Aufl., München.

Bernecker, M.; Beilharz, F. (2009): Online-Marketing – Tipps und Hilfen für die Praxis, Köln.

Bonoma, T. V. (1982): Major Sales: Who Really Does The Buying?, in: Harvard Business Review, Vol. 60, May/June, S. 111–119.

Bonoma, T. V.; Shapiro, B. P. (1984): Segmenting the Industrial Market, Lexington/Toronto.

Breuer, W. (1993): Dynamisches Marktsegment-Management auf Hochtechnologiemärkten, Wiesbaden.

Bruhn, M. (2009): Marketing: Grundlagen für Theorie und Praxis, Wiesbaden.

Campbell, N. C. G.; Cunningham, M. T. (1983): Customer analysis for strategy development in industrial markets, in: Strategic Management Journal (SMJ), Oct/Dec.

Chisnall, P. (1995): Strategic Business Marketing, Hemel Hempstead.

Creative360 (2010): B2B Online-Marketing Trends 2010, http://www.creative360.de/info-lounge/b2b-online-marketing-trends-2010.html. Abruf 10.8.2010.

Day, R. L.; Michaels, R. E.; Purdue, B. C. (1988): How Buyers Handle Conflicts, in: Industrial Marketing Management (IMM), S. 153–169.

Dehr, G.; Biermann, T. (1998): Marketing Management, München/Wien.

Diller, H. (1995): Beziehungsmarketing, in: Wirtschaftswissenschaftliches Studium, 24. Jg., Nr. 9, S. 442–447.

Diller, H. (2008): Preispolitik, 4. Aufl., Stuttgart.

Doney, P. M.; Cannon, J. P. (1997): An Examination of the Nature of Trust in Buyer-Seller Relationships, in: Journal of Marketing, 61. Jg., April, S. 35–51.

Droege, W.; Backhaus, K.; Weiber, R. (Hrsg.) (1993): Strategien für Investitionsgütermärkte, Landsberg/Lech.

Dubinsky, A. J.; Ingram, T. N. (1984): A Portfolio Approach to Account Profitability, in: Industrial Marketing Management, Vol 13, S. 33–41.

Eckardt, G.; Funck, D.: Angewandtes Marketing – Konzeptionelle Grundlagen und Fallstudien, 2. Aufl., Göttingen.

Engelhardt, W. H. (1997): Investitionsgütermarketing, in: Tietz, B.; Köhler, R.; Zentes, J. (Hrsg.): Handwörterbuch des Marketing, Sp. 1056–1067.

Engelhardt, W. H.; Günther, B. (1981): Investitionsgüter-Marketing, Stuttgart et al.

Engelhardt, W. H.; Kleinaltenkamp, M.; Reckenfelderbäumer, M. (1993): Leistungsbündel als Absatzobjekte: Ein Ansatz zur Überwindung der Dichotomie von Sach- und Dienstleistungen, in: Zeitschrift für betriebswirtschaftliche Forschung, 45. Jg., Nr. 5, S. 395–426.

Esch, F.-R. (2008): Strategie und Technik der Markenführung, 5. Aufl., München.

Esch, F.-R.; Herrmann, A.; Sattler, H. (2007): Marketing. Eine management-orientierte Einführung, 2. Aufl., München.

Fitzgerald, R. (1989): Investitionsgütermarketing auf Basis industrieller Beschaffungsentscheidungen, Wiesbaden.

Frank, R. E.; Massy, W. F.; Wind, Y. (1972): Market Segmentation; Engelwood Cliffs, N.J.

Godefroid, P.; Pförtsch, W. A. (2008): Business-to-Business-Marketing, 4. Aufl., Ludwigshafen.

Gröne, A. (1977): Marktsegmentierung bei Investitionsgütern, Wiesbaden.

Günther, B. (1990): Markt- und Kundensegmentierung in dynamischer Betrachtungsweise; in: Kliche, M. (Hrsg.): Investitionsgütermarketing, Positionsbestimmungen und Perspektiven; Karl-Heinz Strothmann zum 60. Geburtstag, Wiesbaden, S. 113–130.

Gutenberg, E. (1984): Grundlagen der Betriebswirtschaftslehre, Bd. 2, Der Absatz, 17. Aufl., Berlin et al.

Harting, D. (1994): Lieferanten-Wertanalyse, Schriften zum Marketing, Reihe Absatzwirtschaft, Bd. 11, Stuttgart.

Hauschildt, J.; Chakratbarti, A. K. (1988): Arbeitsteilung im Innovations-management, in: Zeitschrift für Führung und Organisation, 66. Jg., 1997, S. 68–73.

Hauschildt, J; Schewe, G. (1997): Gatekeeper und Promotoren: Schlüsselpersonenkonzepte in Innovationsprozessen in statischer und dynamischer Perspektive, in: Die Betriebswirtschaft, 57. Jg., Nr. 4, S. 506–616.

Hauschildt, J; Schewe, G. (1999): Gatekeeper und Prozesspromotoren, in: Hauschildt, J.; Gemünden, H. G. (Hrsg.): Promotoren, 2. Aufl., Wiesbaden, S. 159–176.

Havelock, R. G. (1982): The change agent's guide to innovation in education, Englewood Cliffs/N.J.

Hawes, J. M.; Barnhouse, S. H. (1987): How Purchasing Agents Handle Personal Risk, in: Industrial Marketing Management (IMM), S. 287–293.

Heger, G. (1988): Anfragenbewertung im industriellen Anlagengeschäft, Berlin.

Ivens, B. (2002): Beziehungsstile im B2B-Geschäft, Nürnberg.

Johnston, W. J.; Bonoma, T. V. (1981): The Buying Center: Structure and Interaction Patterns, Journal of Management, Summer, S. 143–156.

Kaas, K. P. (1995): Marketing und Neue Institutionenökonomik, in: zfbf, Sonderheft 35, S. 2–17.

Kirsch, W.; Kutschker, M. (1978): Das Marketing von Investitionsgütern: Theoretische und empirische Perspektiven eines Interaktionsansatzes, Wiesbaden.

Kleinaltenkamp, M. (1995): Einführung in das Business-to-Business-Marketing, in: Kleinaltenkamp, M.; Plinke, W. (Hrsg.): Technischer Vertrieb, Berlin et al., S. 135–192.

Kleinaltenkamp, M. (1997): Business-to-Business-Marketing, in: Gabler Wirtschaftslexikon, 14. Aufl. Wiesbaden, S. 753–762.

Kleinaltenkamp, M. (2002a): Wettbewerbsstrategie, in: Kleinaltenkamp, M.; Plinke, W. (Hrsg.): Strategisches Business-to-Business-Marketing, 2. Aufl. Aufl., Berlin/Heidelberg, S. 57–190.

Kleinaltenkamp, M. (2002b): Marktsegmentierung, in: Kleinaltenkamp, M.; Plinke, W. (Hrsg.): Strategisches Business-to-Business-Marketing, 2. Aufl., Berlin/Heidelberg, S. 191–234.

Kliche, M. (1991): Industrielles Innovationsmarketing, Wiesbaden.

Köhler, R.; Uebele, H. (1983): Segmentierung des Industrieelektronik-Marktes, Würzburg.

Kohli, A.; Zaltmann, G. (1988): Measuring Multiple Buying Influences, in: Industrial Marketing Management (IMM) 17, S. 197–204.

Kollmann, Tobias (2001): Virtuelle Marktplätze: Grundlagen, Management, Fallstudien, München.

Kotler, Ph.; Keller, K. L.; Bliemel, F. (2007): Marketing-Management. Strategien für wertschaffendes Handeln. 12. aktualisierte Aufl., München u. a.

Kreilkamp, E. (1987): Strategisches Management und Marketing, Berlin/New York.

Loebbecke, C. (2001): ECommerce: Begriffsabgrenzung und Paradigmenwechsel, in: Betriebswirtschaftliche Forschung Praxis, 53. Jg. Nr. 2, S. 93–108.

Macharzina, K. (1995): Unternehmensführung. Das internationale Managementwissen, 2. Aufl., Wiesbaden.

Meffert, H.; Burmann, Ch.; Kirchgeorg, M. (2008): Marketing. Grundlagen marktorientierter Unternehmensführung. Konzepte – Instrumente – Praxisbeispiele. 10. vollständig überarbeitete und erweiterte Aufl., Wiesbaden.

Mellerowicz, K. (1963): Markenartikel. Die ökonomischen Gesetze ihrer Preisbildung und Preisbindung, München/Berlin.

Merz, M. (2002): E-Commerce und E-Business: Marktmodelle, Anwendungen und Technologien, 2. Aufl., Heidelberg.

Mitchel, V.-W.; Wilson, D. F. (1998): Balancing Theory and Practice – A Global Perspective, in: Industrial Marketing Management, 27. Jg., Nr. 5, S. 429–445.

Nieschlag, R.; Dichtl, E.; Hörschgen, H. (2002): Marketing, 19. Aufl., Berlin.

Oliveira Gomes, O. D. (1987): Angebotspreisfindung bei der konsortialen Vermarktung von Industrieanlagen, Diplomarbeit am Institut für Anlagen und Systemtechnologien, Münster.

Oxenfeldt, A. R. (1966): Executive Action of Costs for Price Decision, in: Industrial Marketing Management, 6. Jg., S. 38–40.

Oxenfeldt, A. R. (1979): The Differential Method of Pricing, in: European Journal of Marketing, 13. Jg., S. 199–212.

Pfeiffer, W.; Metze, G.; Schneider, W.; Amler, R. (1991): Technologie-Portfolio zum Management strategischer Zukunftsgeschäftsfelder, Göttingen.

Pfohl, H.-C. (2004): Logistiksysteme. Betriebswirtschaftliche Grundlagen, 7. Aufl., Berlin.

Pförtsch, W.; Schmid, M. (2005): B2B-Markenmanagement: Konzepte-Methoden-Fallbeispiele, München.

Plinke, W. (1989): Die Geschäftsbeziehung als Investition, in: Engelhardt, W. H.; Specht, G.; Silberer, G. (Hrsg.): Marketing-Schnittstellen, Stuttgart, S. 305–325.

Plinke, W. (1991): Investitionsgütermarketing, in: Marketing ZFP, S. 172–177.

Plinke, W. (1997): Grundlagen des Geschäftsbeziehungsmanagements; in: Kleinaltenkamp, M.; Plinke, W. (Hrsg.): Geschäftsbeziehungsmanagement, Berlin et al., S. 1–62.

Porter, M. E. (2008): Wettbewerbsstrategie: Methoden zur Analyse von Branchen und Konkurrenten (Competitive Strategy), 11. Aufl., Frankfurt a. M. et al.

Puri, S. J.; Korgaonkar, P. (1991): Couple the Buying and Selling Teams, in: Industrial Marketing Management (IMM), 20, S. 311 317.

Raffée, H. (1984), Marktorientierung der BWL zwischen Anspruch und Wirklichkeit, in: Die Unternehmung, S. 1–18.

Reeder, R. R.; Brierty, E. G.; Reeder, B. H. (1991): Industrial Marketing. Analysis, Planning and Control, 2. Aufl., Englewood Cliffs, N. J.

Reichmann, T. (2001): Controlling mit Kennzahlen und Managementberichten: Grundlagen einer systemgestützten Controlling-Konzeption, 6. Aufl., München.

Richter, H. P. (2001): Investitionsgütermarketing: Business-to-Business-Marketing von Industrieunternehmen, München/Wien.

Rieker, S. (1992): Kundenorientierung als tragender Erfolgsfaktor des Key Account Managements, in: Hofmeier, R. (Hrsg.): Erfolgsstrategien in der Investitionsgüterindustrie, Landsberg/Lech.

Robertson, T. S.; Barich, H. (1992): Successful Approach to Segmenting Industrial Markets, in: Planning Review, Vol. 20, No. 6.

Robinson, P. J.; Faris, C. W.; Wind, Y. (1967): Industrial Buying and Creative Marketing, Boston.

Rudolphi, M. (1981): Außendienststeuerung im Investitionsgütermarketing: eine Problemanalyse unter praxeologischen Gesichtspunkten, Frankfurt/Main.

Scharf, A.; Schubert, B.; Hehn, P. (2009): Marketing, 4. Aufl., Stuttgart.

Scheuch, F. (1975): Investitionsgüter-Marketing, Opladen.

Schneider, D./Schnetkamp, G. (2000): E-Markets: B2B-Strategien im Electronic Commerce, Wiesbaden.

Schweiger, G.; Schrattenegger, G. (2005): Werbung, 6. Aufl., Stuttgart.

Sebastian, K.-H.; Maessen, A. (2003): Optionen im strategischen Preismanagement, in: Diller, H.: Hermann, A. (Hrsg.): Handbuch Preispolitik, Strategien – Planung – Organisation, Wiesbaden, S. 49–68.

Simon, H.; Fassnacht, M. (2009): Preismanagement: Analyse – Strategie – Umsetzung, 3. Aufl., Wiesbaden.

Spiegel-Verlag (1988): Innovatoren: Eine Pilotstudie zum Innovationsmarketing in Maschinenbau und Elektroindustrie, Hamburg.

Steffenhagen, H. (2003): Konditionensysteme, in: Diller, H.; Hermann, A. (Hrsg.): Handbuch Preispolitik, Strategien – Planung – Organisation, Wiesbaden, S. 575–596.

Strothmann, K.-H. (1979): Investitionsgütermarketing, München.

Strothmann, K.-H.; Kliche, M. (1989): Innovationsmarketing – Markterschließung für Systeme der Bürokommunikation und Fertigungsautomation, Wiesbaden.

Trommen, A. (2002): Mehrstufige Kundenintegration in Wertschöpfungssystemen: Ableitung einer Marketingstrategie für Lieferanten, Diss., Berlin.

Voeth, M.: Gruppengütermarketing, München.

Voeth, M.; Rabe, C. (2004): Preisverhandlungen auf Industriegütermärkten, in: Backhaus, K.; Voeth, M. (Hrsg.): Handbuch für Industriegütermarketing: Strategie – Instrumente – Anwendungen, Wiesbaden, S. 1015–1038.

Walter, A. (1998): Der Beziehungspromotor, Wiesbaden.

Webster, F. E.; Wind, Y. (1972): Organizational Buying Behavior, Englewood Cliffs.

Weiber, R. (1997): Das Management von Geschäftsbeziehungen im System-geschäft, in: Kleinaltenkamp, M./Plinke, W. (Hrsg.): Geschäftsbeziehungs-management, Berlin et al., S. 277–349.

Weiber, R.; Adler, J. (1995a): Informationsökonomisch begründete Typolo-gisierung von Kaufprozessen, in: Zfbf, Heft 1, S. 43–65.

Weiber, R.; Adler, J. (1995b): Positionierung von Kaufprozessen im informations-ökonomischen Dreieck, in: Zfbf, Heft 2, S. 99–123.

Weiber, R.; Beinlich, G. (1994): Die Bedeutung der Geschäftsbeziehung im Systemgeschäft, in: Marktforschung & Management, 38. Jg., Nr. 3, S. 120–127.

Weiber, R.; Pohl, A. (1996): Das Phänomen der Nachfrage-Verschiebung – Informationssucher, Kostenreagierer und Leapfrogger, in: Zeitschrift für Betriebswirtschaft, 66. Jg., Nr. 6, S. 675–696.

Wind, Y.; Cardozo, R. (1974): Industrial Market Segmentation, in: Industrial Marketing Management (IMM), No. 3, S. 153–166.

Wirtz, B. W. (2002): Multi-Channel-Management – Struktur und Gestaltung multipler Distribution, in: WISU, 31, 5, S. 676–681.

Witte, E. (1973): Organisation für Innovationsentscheidungen – Das Promotoren-modell, Göttingen.

Witte, E. (1976): Kraft und Gegenkraft im Entscheidungsprozeß, in: Zeitschrift für Betriebswirtschaft, 46. Jg., Nr. 4/5, S. 319–326.

Witte, E. (1988): Kraft und Gegenkraft im Entscheidungsprozeß, in: Witte, E.; Hauschildt, J.; Grün, O. (Hrsg.): Innovative Entscheidungsprozesse, Tübingen 1988, S. 162–169.

Sachregister